두 얼굴의
베트남

두 얼굴의 베트남

초판 1쇄 인쇄 2023년 11월 24일
초판 1쇄 발행 2023년 12월 1일

지은이 이미지

책임편집 정은아 **디자인** 박은진
마케팅 임동건 **마케팅지원** 안보라 **경영지원** 이지원
출판총괄 송준기 **펴낸곳** 파지트 **펴낸이** 최익성

출판등록 제2021-000049호
주소 경기도 화성시 동탄원천로 354-28 **전화** 070-7672-1001
이메일 pazit.book@gmail.com **인스타** @pazit.book

THE STORY FILLS YOU
책으로 펴내고 싶은 이야기가 있다면, 원고를 메일로 보내주세요.
파지트는 당신의 이야기를 기다리고 있습니다.

뜻밖의 기회와
낯선 위험의 비즈니스

두 얼굴의 베트남

VIETNAM

이미지 지음

pazit

목차

목차

프롤로그

　10년 차 기자가 되는 해에 베트남으로 떠났다. 그 후로 5년이 지났지만 지금도 베트남이란 나라가 궁금해 하늘길을 오가고 있다. 처음 베트남에 가게 됐다고 하자 너도나도 자신이 아는 베트남에 대해 이야기해줬다. '아직 못사는 나라' '한국의 1980년대'부터 '음식이 맛있는 나라' '포스트 차이나' '성장 잠재력이 높은 나라'까지 다양한 정의가 쏟아졌다.

　경제 산업 관련 기사를 주로 써온 기자로서, 베트남에서도 기업과 경제 구조 등을 먼저 파악해야겠다는 꿈을 갖고 베트남에 갔다. 하지만 가장 시급한 것은 그들을 이해하는 것이었다. 직업상 많은 사람을 만나면서 다시 한번 확신한 것이 있다. 이곳에서는 좋은 사업 아이템도, 풍부한 사업 자금도, 언어 장벽도, 역사적 배경도 중요한 것이 아니었다. 제1의 필수 요건은 그들을 이해하는 것이었다.

　그들의 문화를 이해하기 전까지는 모든 일상이 '사고'에 가까웠다. 왜 갑자기 물건을 안 팔겠다고 하지, 왜 갑자기 친절하지, 왜 갑자기 정색하지? 계약이 바뀔 수도 있다는 게 무슨 소리지? 의문투성이었던 머릿속은 베트남 사람들과 어울리며 하나씩 정리되어갔다.

베트남은 너무나도 다양한 얼굴과 다채로운 성격을 가진 나라여서 한마디로 정의하기 어렵다. 한국의 1980년대 같은 면도 있지만 우리의 미래 모습이 아닐까 싶은 부분도 존재한다. 왜 아직도 이런 방식의 삶을 살까 고민하고 있을 즈음 우리가 본받을 만한 부분이 툭 튀어나오곤 했다. 나는 기다란 종이에 우리나라의 1980년대부터 2030년까지의 모습을 순차적으로 적은 뒤 그 종이를 접었을 때 맞닿는 끝부분이 바로 베트남이라고 말하곤 했다. 우리나라의 1980년대 모습과 미래의 모습이 공존하는 나라가 베트남이기 때문이다.

초등학교 때 IMF(국제통화기금) 외환위기를, 이후 치열한 입시와 취직 경쟁을 겪으며 자란 나에게 경제성장률 7퍼센트대의 베트남은 그야말로 '겪어보지 못한 나라'였다. 베트남을 우리나라 1990년대 수준으로 봐야 한다는 주장도 있지만 나는 그렇지 않다고 단언한다. 베트남을 단순히 못사는 나라, 앞으로 잘살 나라로 구분하는 것은 무의미하다. 우리 경제가 유선전화에서 무선전화, 시티폰, 스마트폰으로 진화한 것과 비슷하다면 베트남은 중간 단계를 생략한 채 유선전화에서 스마트폰으로 발전해온 것과 같다. 우리의 과거 모습도 있지만 우리가 경험하지 못한 미래 모습도 베트남에서 볼 수 있다.

베트남 호찌민시로 입국한 바로 다음 날, 제2차 미북 정상회담을 취재하러 하노이로 이동했다. 거리마다 사람이 가득했다. 덕분에 처음 만난 베트남 사람들과 어깨를 맞대고 서로의 들숨과 날숨을 느끼며 한 떼로 우르르 몰려다녔다. 어깨에 총을 메고 길거리를 지키는 공안들, 박물관에서나 볼 법한 탱크가 곳곳에 깔린 모습을 보며 사회주의국가 베트남에서의 생활을 시작했다.

호찌민 집의 발코니에 서면 호찌민시 최고最高층인 81층짜리 건물이 보였다. 7억~8억 원짜리 아파트를 짓는 건설 현장 노동자들은 길바닥에 앉아 500원짜리 사탕수수 음료를 마시며 간장 뿌린 1000원짜리 쌀밥을 먹었다. 나도 길거리 목욕탕 의자에 앉아 1000원짜리 샌드위치나 1500원짜리 밥을 먹으며 평당 5000만 원이 넘는 고층 아파트가 올라가는 걸 목격했다. 오토바이 기사들은 건당 100~700원의 배달료를 받기 위해 벤틀리 같은 고급 자동차 사이를 곡예 운전하며 내달렸다. 노트북으로 애플리케이션을 개발하는 청년들 사이로 다리 저는 상이군인이 복권을 팔러 지나다녔다.

베트남 생활을 마치고 한국에 와보니 베트남을 '기회의 땅'이라 부르고 있었다. 내 주변의 베트남도 보였다. 을지로의 맥줏집에도, 대학 캠퍼스에도, 동대문과 안산에도 그들이 있었다. 베트남 사람을 직원으로 쓰는 사장님부터 베트남 사람들에게 물건을 팔아야 하는 사업가, 베트남 동료가 생긴 회사원과 베트남에 직원을 보내야 하는 사장님까지. 베트남과 연을 닿은 사람도 급속히 늘었다. 그럼에도 '베트남은 가난하다' '사기를 잘 친다' 등의 수식어들이 여전했다. 마음속 한구석이 간질간질 불편해지면서 베트남에 관해 이야기하고 싶어졌다. 내가 경험한 베트남은 다른 이들의 정의와 조금 달랐기 때문이다.

베트남에 대한 '정답'을 말하는 책들이 넘쳐나는 지금, '하나로 정의할 수 없는 베트남'을 말하고 싶어 펜을 들게 됐다. 많은 사람이 베트남에서 무엇을 해야 성공할 수 있느냐를 묻는다. 하지만 나는 베트남에서 '1+1은 2'라는 공식을 말하는 것은 무의미하다고 생각한다. 투자가나 사업가로서 베트남을 대하기 전에 생활인으로서 마주한 베트남 사람들의 다양한 특성을 통해 베트남에 대한 이해를 넓혀야만 그들의 생활 속에 침투할 수 있다.

나의 경험이 보편성을 가진다는 말은 아니다. 베트남에 수십 년을 살았다는 사람들도 매일 같이 '베트남은 이렇다'는 것을 두고 끊임없이 논쟁한다. 나는 그런 논쟁 자체가 '베트남의 특수성'에서 기인한다고 생각한다. 이곳은 정책의 작용, 법의 집행, 투자에 대한 판단 등 모든 부분에서 딱 떨어지는 것이 없다. 베트남에 대해 말하는 모든 사람이 '각자의 베트남'을 정의하는 이유일 것이다.

글을 쓸 때면 눈을 감고 베트남을 떠올리곤 했다. 독자들도 내가 만났던 형형색색의 장면들을 함께 구경할 수 있으면 좋겠다고 생각하며 한 글자 한 글자 느리게 적어나갔다.

지금까지도 베트남살이를 함께 고민하는 분들, 하노이 다꺼우 메이트, 시시콜콜 하루를 공유하며 외로움을 달래준 동료들, 언제나 반겨주는 베트남 친구들. 이들이 없었다면 내 마음속 베트남이라는 그림이 이렇게 화려한 색으로 남지 못했을 것이라고 확신한다. 걱정된다는 핑계로 찾아와 준 선후배와 친구들, 사랑하는 가족, 나를 응원해준 한국의 모든 사람이 나를 버티게 해줬다는 것도 안다. 이 경험의 기회를 준 회사와 이 책의 1호 독자님께도 감사를 전하며 이 글을 읽는 모든 분이 베트남을 더 궁금해하길 바라본다.

This is
Vietnam!

음식으로 시작하는
우리 관계

입맛부터 현지화하겠다는 다짐은 그리 오래가지 못했다. 도착 첫
날, 주린 배를 안고 들어간 첫 식당은 베트남식 김밥천국 같은 곳이
었다. 메뉴판에는 국물이 있는 쌀국수와 없는 쌀국수, 볶음밥과 흰
밥에 각종 토핑을 얹은 것들, 튀긴 것, 찐 것, 구운 것 등 다양한 방식
으로 조리된 메뉴들이 주르륵 나열되어 있었다.

한국에서 먹어본 베트남 음식이라고는 국물 있는 쌀국수, 공심채
(모닝글로리) 볶음 정도밖에 없었지만, 한국에서 먹고 마시는 걸로
꽤 인정받던 내가 베트남에서의 첫 끼니를 '안전함'에 기댈 수는 없
었다. 나는 용감하게, 베트남어로만 적힌 메뉴들 사이에서 비빔 쌀
국수로 추정되는 메뉴를 하나 시켰다. 사이드 메뉴는 무려 종업원
의 '추천'을 받아 주문을 완료했다.

쌀국수 위에 잘게 썬 채소를 얹어낸 단순한 요리가 맛이 없을 수
없다 생각했는데, 그게 가능했다. 베트남 생활 내내 나를 긴장하게

만든 '비린내 나는 어항 맛 풀'을 이때 처음 만났다. 당시에는 대체 무엇이 잘못된 건지 알지 못한 채, 주린 배를 부여잡고 버무려진 쌀국수를 황망히 바라볼 뿐이었다. 도저히 다시 젓가락질을 할 자신이 없어 종업원의 추천을 받은 사이드 메뉴로 눈길을 돌렸다. 대나무 이파리에 덜 익은 찹쌀풀을 얹고 그 위에 새우 가루 부스러기를 뿌린 떡이었다. 외할머니가 해주는 떡은 쫀득쫀득하게 제 모양을 유지했는데 이건 아무리 떼어내어도 열기에 축 늘어진 풀떼기처럼 처져 있기만 했다. 나의 베트남 첫 끼니는 굶주림만 남긴 채 실패로 끝났다.

초반 실패는 여기서 끝나지 않고 계속됐다. 안전하게 쌀국수와 분짜, 볶음밥을 먹으면 됐건만 베트남어도, 베트남 문화도 모르는 나의 도전 정신은 '음식'이라는 영역에서 가장 불타올랐다. 얼큰한 맛을 기대하고 빨간 국물 쌀국수를 시켰더니 새우 내장을 발효시킨 보라색 젓갈 넣은 토마토 쌀국수가 나왔다. 저 멀리 주방에서 나온 건 내가 주문한 쌀국수가 맞는데, 강렬한 비린내가 앉은 자리로까지 뿜어져 나왔다. '저걸 갖고 온다고 해서 먹을 수 있을까?' 고민하는 사이 푸드 코트 전광판에서는 띵동띵동 내 주문 번호가 반짝이고 있었다.

내 영혼의 포 보

집 앞에서 오토바이 뒷자리에 실려 3분 정도를 달리면 '포 부이 지아'라는 식당에 도착할 수 있었다. 나에게는 이모네 백반집이나 서울 식당 같은 곳이다. 특별한 메뉴를 고민하지 않고, 김치볶음밥이나 순두부찌개 같은 걸 시키면 어느 정도 맛이 보장된 식사를 제공하는 그런 곳 말이다. 아니, 심지어 맛도 훌륭하다.

눈도 제대로 뜨지 못한 아침 7시, 슬리퍼를 찍찍 끌고 가면 온 동네 사람들이 다 이곳에서 밥을 먹고 있었다. 늙은 아버지를 모시고 온 아저씨, 어린아이를 데리고 온 부부, 삼대三代가 모인 대가족이 빽빽이 둘러앉아 쌀국수를 먹었다. 한국의 어떤 유명 콩나물국밥집이나 미역국집도 아침 7시부터 몰려든 손님들로 합석마저 자연스러운 풍경은 만들어내지 못할 것이다. 아침부터 앉을 자리를 찾을 수 없을 정도로 사람이 많은 이 집은 쌀국수만 유명한 게 아니었다. 대대로 이어온 식당답게 곳곳에 창업자의 사진과 그의 뛰어난 업적을 알리는 기사가 붙어 있었다. 베트남식 김치인 갓 장아찌를 얹은 볶음밥, 전분을 둘러 볶은 소고기와 채소를 얹어 먹는 튀김 쌀국수도 맛있어 먹을 때마다 즐거웠다. 별다른 고민을 하고 싶지 않은 날이면 이곳에서 끼니를 해결하곤 했다. 음식을 잘 만든다는 건 사람들을 행복하게 해주는 뛰어난 업적임이 분명하다.

이 식당보다 가까운 작은 쌀국수집은 조금 더 허름한 스타일이었다. 그 식당에서는 오래된 설렁탕집이나 곰탕집에서 나는 쿰쿰한 냄새가 났다. 매일 끓여내는 육수 냄새가 가게 곳곳에 배인 탓이다. 식당이라 부르기에 너무 작은 그곳 주방에는 육수 낸 고기가 쇠갈 고리에 주렁주렁 매달려 있었다. 다른 집에 비해 진하게 낸 육수를 술안주 삼기도 딱이었다.

가끔 소주를 들고 찾아가 "이거 좀 마셔도 되나요?"라고 물으면 주인아주머니는 흔쾌히 고개를 끄덕였다. 일종의 콜키지 프리corkage free인 셈이다. 6만~7만 동(3200~3800원)짜리 쌀국수를 먹다 배가 부르면 짧은 베트남어로 "국수 빼고 고기만"이라고 요청했다. 나만의 수육을 만들어 먹는 것이다. 가격은 알아서 책정하라고 했더니 아주머니가 쭈뼛거리며 "10만 동은 받아야겠는데…"라고 말했다. 한국, 아니 베트남 어느 한식당에서도 5000원을 내고 수육 한 접시를 먹을 수 있는 곳은 없다. 근처 주당들이 알게 되면 손해가 막심할 것 같아 누구에게도 알리지 않고 숨겨뒀다.

보글보글 러우를 먹어야 친구가 되지

베트남 출근길, 스케치가 필요한 기사를 쓰거나 사람들이 많은 현장을 촬영하려면 아침에 움직여야만 했다. 일이 끝나면 근처 현지 시장을 찾아 출근길 아침을 해결하려는 아줌마들과 아저씨들 속에 섞여 밥을 먹었다. 외국인이 들어서면 손님들조차 젓가락질을 멈추고 '저 외국인이 여기 왜 들어왔을까' 하며 쳐다봤다. 대충 테이블을 훑고 "이거 줄까?"라며 그릇을 가리키는 주인아주머니에게 긍정의 신호를 보낸다. 사람들은 일제히 자기 그릇을 조금씩 옮겨 내 자리를 만들어주었다. 어떤 날에는 얇은 면 쌀국수, 또 어떤 날에는 굵은 면 쌀국수가 담겨 있었다. 국물 색도 뽀얀 것부터 빨간 것까지 다양했다. 국수 위에는 완자나 새우가 들어 있기도 했고 곱창이나 족발, 선지가 한 덩이씩 얹어 있기도 했다.

베트남에서는 한국에서처럼 쌀국수에 숙주만 넣어 먹지 않는다. 테이블에 놓인 공용 플라스틱 바구니에서 나뭇가지에 달린 초록 잎을 툭툭 떼어 넣고, 기다란 풀떼기를 대충 잘라 쌀국수에 담가본다. 주인아주머니도, 식당 손님들도 곁눈질로 나를 보고 있다는 걸 알기 때문에 첫 젓가락질은 최대한 크게 해서 넣고, 그게 어떤 맛이든 한 번씩 웃어준다. 그래야 잠시 멈춘 듯했던 그네들의 젓가락질도 다시 시작되곤 했다.

베트남 사람들의 밥상은 우리와 닮은 점이 많다. 흙으로 빚어낸 뚝배기에 간장으로 조린 돼지고기나 생선, 새우를 반찬 삼아 풀풀 날리는 쌀밥에 얹어 먹다 보면 '김치만 있으면 완벽한 한 상'이라는 생각이 들었다. 엄마가 만들어준 적은 없지만, 한국 어느 식당에서 시키면 나올 만한 음식이랄까.

국물이 있어야 밥을 먹는 것도 우리네 식탁과 비슷하다. 보통 밥 종류에 딸려 나오는 국은 단호박이나 수세미 같은 커다란 채소 한 조각을 넣고 약간의 소금 간을 한 맹물 같은 게 대부분이지만, 국물 없이는 밥을 못 먹는 나는 뒤뜰에서 뜯어온 잡초 같은 딜Dill과 별 모양으로 생긴 새콤한 스타 프루트Star Fruit, 토마토를 한데 넣고 끓인 국이 가장 좋았다. 짭조름하고 구수한 국이 대부분인 우리와 달리 베트남 국은 새콤하고 달콤한 것도 많았는데 태국의 똠양꿍을 좋아하는 사람이라면 입에 맞을 맛이다.

내가 가장 좋아하는 건 베트남식 샤브샤브인 '러우'다. 큰 냄비에 국물을 바글바글 끓여 고기나 해산물, 채소 등을 담가 익혀 먹는다. 베트남 사람들에게 러우는 접대 음식이나 명절 음식의 대명사다. 사람이 여럿 모이는 즐거운 날이면 다 같이 둘러앉아 러우를 먹는다. 음식으로서 러우가 좋은 건지 베트남 친구들과 둘러앉아 먹는 러우가 좋은 건지 모르겠지만 어찌 됐든 나는 러우를 좋아했다. 베트남 축구 국가대표팀의 결승전 날에도 처음 만난 친구들과 다 같이 러우를 먹었다.

탄수화물을 먹어야 제대로 밥 먹은 것 같은 건 우리나라와 같다. 인심 좋은 주인장들은 새우 그림이 그려진 라면 사리나 물에 불린 쌀국수를 잔뜩 쌓아준다. 내 테이블의 바구니가 내 앞 아저씨 테이블, 뒤에 앉은 언니 테이블을 전전하겠지만.

러우는 세심한 마음이 필요한 음식이다. 러우를 먹을 때면 무리 중 한 명이 '투입 조'가 되어 기다란 젓가락을 전담한다. 보글보글 끓는 탕에 들어간 재료가 너무 익지도 설익지도 않게 하는 것은 생각보다 마음을 많이 써야 하는 일이기 때문이다. 익는 데 시간이 오래 걸리는 재료를 먼저 넣고, 모든 재료가 조금씩 자기 지분을 차지하도록 신경 써서 넣어야 한다. 오래 끓여야 익는 박이나 호박 같은 재료는 일찍 넣고, 뜨거운 기운만 스쳐도 익는 엽채소나 쌀국수는 그때그때 건져준다. 일행의 마음도 읽어야 한다. 배고픈 일행들의 속도에 맞춰 초반에는 건더기를 넉넉히 넣어주고, 수다를 떠느라 먹는 속도가 느려지면 조금씩 자주 넣어야 가장 맛있는 상태로 먹을 수 있다.

한국이었으면 내 역할이었을 텐데, 베트남 친구들은 외국인 친구에게 젓가락을 넘겨주지 않았다. 나는 가끔 러우를 먹고 싶어서 친구들을 모았다. 한국에서 온 손님들에게도 굳이 러우를 맛보였다. 채소와 면을 잔뜩 쌓아놓고 러우를 먹고 나면 외로움이나 헛헛함 따위는 접근하지 못했다.

남들은 베트남 음식이 한국 사람 입맛에 딱이라고 했는데 나는 왜 이렇게 실패하는 게 많나 고민했었다. 하지만 관광객이 아니라 생활인으로 마주하는 음식들은 다양할 수밖에 없었다. 불고기나 비빔밥만 먹어보고 "나는 한국 음식이 입에 잘 맞아"라고 하는 외국인처럼 보이긴 싫었다. 우리 역시 곱창, 족발, 오징어볶음 정도는 섭렵한 외국인이어야 한식을 좀 안다고 해줄 테니까.

한국에 와서 만난 베트남 친구들은 베트남 음식을 그리워하는 나를 위해 보라색 젓갈에 찍어 먹는 베트남 가정식 한 상과 얼큰한 빨간 쌀국수, 반미, 코코넛을 차려놓는다. 나는 이제 맘똠이라고 불리는 베트남 새우젓갈도 잘 먹는 어른이 됐다. 날이 쌀쌀해지면 고마운 친구들에게 러우를 먹자고 해야겠다. 그때는 내가 기다란 젓가락을 잡고 놓지 말아야지.

'사 먹는 밥'이 익숙한 베트남 외식 시장

외식 문화가 발달한 베트남은 외식으로 판매하는 음식의 형태나 가격대, 유형이 다양하다. 소비를 주도하는 여성들이 대부분 맞벌이를 하는 데다가 도시가스가 보급되지 않아 집에 조리 시설이나 냉장고가 없는 가정도 많아서 외식이 보편화된 것이다.

이들의 외식은 매일 먹는 일상식日常食부터 시작된다. 아침에는 2만 동(1100원) 수준의 먹을거리를 파는 길거리 노점이 붐빈다. 출근, 등교하는 사람이 많이 지나는 교차로나 대학교 앞 길거리는 작은 길거리 뷔페로 변한다. 중식 레스토랑에서나 볼 법한 게살 수프, 선지나 곱창을 고명으로 얹은 죽이나 다양한 과일을 손질해 파는 노점상도 있다. 우리나라 돈으로 500~1000원 수준으로 가격 역시 저렴하다.

글로벌 프랜차이즈들은 최근 10여 년 사이 베트남에 속속 자리를 잡았다. 베트남의 프랜차이즈 시장은 2009년 외국인에게 개방되기 시작하면서 본격적으로 형성되었다. 30세 이하 인구가 전체 인구의 절반을 차지하는 데다가 '사 먹는 밥'이 익숙한 베트남에서 중산층이 늘어나고, 국민 소득이 증가하면 길거리 노점상이 아닌 레스토랑 중심의 외식업이 확대될 거란 기대를 반영한 것이다.

프랜차이즈들은 인구가 많고, 소비 여력이 있는 대도시를 초기 진출 지역으로 삼는다. 특히, 유럽과 미국 브랜드들은 호찌민을 테스트베드로 삼았다. 맥도날드, 버거킹, 스타벅스 등이 모두 호찌민을 시작으로 매장을 넓혀갔다. 대규모 아파트 단지들에 들어선 대형 쇼핑몰의 3~5층은 푸드코트로 꾸미는 게 일반적이다.

베트남은 외식 시장의 스펙트럼이 굉장히 넓다. 우리나라에서는 '고급' 식당에 한정돼 있는 프랑스식 음식을 파는 식당도 저렴한 곳부터 고급스러운 곳까지 가격대가 다양하고, 일식과 중식은 본토를 능가하는 수준의 음식을 제공한다. 우리나라에서는 이제야 생기기 시작한 비건(채식) 레스토랑 역시 길거리 뷔페부터 고급 레스토랑까지 다양한 방식으로 판다.

한국식 BBQ 레스토랑이나 무한 리필 떡볶이 프랜차이즈는 이미 베트남에서 대중적인 인기를 끌고 있다. 국내 유명 요리 연구가인 백종원 씨의 브랜드 '본가'는 호찌민 랜드마크81 등 주요 쇼핑몰에 입점해 있다. 국내 떡볶이 프랜차이즈 '두끼'는 이미 베트남에서만 80개가 넘는 점포를 운영하고 있다. 빙수 전문 프랜차이즈 '설빙'이나 제과 전문 브랜드 '뚜레쥬르' 같은 디저트 매장도 쉽게 발견할 수 있다. 가장 진출이 활발한 분야는 한국식 치킨 프랜차이즈이다. 본촌, 돈치킨, BBQ, 굽네 등의 한국 치킨 프랜차이즈가 베트남에서 경쟁하고 있다.

베트남 업체가 '한국식'을 표방해 베트남식으로 변형한 프랜차이즈들도 성행하고 있다. 베트남 현지 프랜차이즈 기업인 골든게이트 그룹은 한국식 BBQ 전문점 '고기하우스'와 함께 일본식 1인 샤브샤브 프랜차이즈 '키치키치', 일본식 야끼니꾸 전문점 '스모 BBQ' 등을 운영하며 베트남 식·음료 부문 매출의 40퍼센트를 차지하는 대형 기업으로 성장했다.

베트남 고객들은 아침엔 우리 돈 1000원짜리 음식을 먹고, 저녁에는 1인당 수십만 원짜리 고급 레스토랑을 찾는 폭넓은 소비를 한다. 그만큼 진출할 수 있는 외식업의 분야도 다양하다.

현지에서 외식 사업에 도전하는 사람들은 음식의 맛과 서비스로 승부를 보기에 앞서 부동산 계약·식자재 공급·직원 교육과 관리 등에서 애를 먹다 실패하는 경우가 많다. 앞서 미스터피자·할리스커피·스쿨푸드·카페베네 등의 한국 업체들도 베트남에 진출했다가 철수한 경험이 있다.

구름으로 예측하는
베트남 날씨

건기와 우기, 두 가지 날씨밖에 존재하지 않는 호찌민에서는 일기예보가 필요 없다. 건기는 마냥 더울 뿐이고, 우기에는 저 멀리 하늘에 있는 비구름과 나의 거리를 가늠하는 것만으로 일기예보에 족하다. "어느 구름에 비가 올지 모른다"라는 속담이 호찌민에서는 통하지 않는다. 모든 구름은 손쉽게 자신의 존재 이유를 증명하곤 했다. 파란 하늘에 떠 있는 구름들에 이름을 붙이고, 보이는 대로 예측하면 됐다. 이건 뭉게구름이고 저건 양털 구름, 그리고 저 검은 건 비구름이다. 비구름을 마주할 때면 비구름과 나, 누가 더 빠를지 계산해야만 한다. 그래야 내가 이동할 수 있는 시간을 가늠할 수 있기 때문이다. 비가 오면 꼼짝없이 모두 그 자리에 멈춰 서야 한다. 비구름보다 빨리 움직일 수 없을 때는 비구름이 나보다 빨리 달려가기를 기다리는 수밖에 없다.

빗방울이 떨어지기 시작하면 오토바이 운전자들은 모두 그 자리에 서서 안장 밑에 접어둔 우비를 꺼내 입는다. 머리를 넣는 구멍이 하나인 우비는 1인용, 머리 구멍이 두 개인 우비는 2인용이다. 하나의 포대기에 앞뒤로 두 개의 구멍이 뚫린 2인용 우비를 입으면 비가 내려도 앞사람의 허리를 안기 수월한 것 같았다. 연인 사이가 아닌 이들도 2인용 우비를 입는지는 알 수 없었다. 길을 걷던 사람들은 재빨리 근처 건물로 몸을 피했다. 눈앞이 새하얘질 만큼 밀도 높은 굵은 빗방울은 피하는 게 상책이기 때문이다.

비가 오면 모두가 멈춰 섰다. 지각을 탓하는 이는 없었다. 저 멀리 비구름이 보이면, 그 아래에 있던 사람들 모두 발걸음을 멈췄겠구나라고 생각할 뿐이었다. 나와의 약속 시간에 맞추기 위해 이동하던 친구는 '내 앞에 큰 바다가 생겼어'라고 문자를 보냈다. 나는 그게 결코 과장이 아니었다는 걸 안다. 하늘을 뒤덮은 구름과 저 멀리 새하얗게 빗방울이 쏟아지는 모습을 봤기 때문이다. 그 도로 위에 큰 바다, 아주 커다란 바다가 생겼을 게 분명했다. 그는 약속된 시간보다 20여 분 정도 늦었다. 나는 그가 앞에 있는 커다란 바다를 어떻게 건너왔을지 궁금했다.

우기가 되면 집 앞 도로가 말 그대로 커다란 바다가 됐다. 바다에는 물고기와 해초 대신 하수구에 버린 쌀국수 국물, 오토바이에서 나온 기름, 누군가 목을 축였던 음료수병과 축 처진 비닐봉지들이 둥실둥실 떠다녔다. 바다가 생겼던 어느 아파트 입구에는 물뱀이 이사를 왔다고 했다. 물뱀은 경비원들에게 목덜미가 잡혀 멀리 쫓겨났다. 친구는 "비 온 뒤 물뱀을 조심해"라고 일러줬다.

내가 아는 가장 비싼 식당은 강변에 있었다. 화려하게 차려입은 손님들이 테이블에 놓인 촛불 빛에 의지해 일렁이는 강물을 보며 스테이크를 썰고 와인을 마시는 식당이었다. 강물이 손에 닿을 듯한 발코니 자리는 언제나 예약 중이었다. 비가 많이 온 어느 날, 검은 강물이 식당으로 밀려 들어오는데도 그 자리에 앉아 식사하는 사람들의 영상을 봤다. 종업원은 연신 물을 퍼내고 있었다. 물뱀과 비닐봉지가 둥둥 떠다니던 그 물이 넘실거리며 들어오는데도 언제나 예약 중인 그 테이블에서는 손님들이 우아하게 칼질을 하고 있었다. 나는 깔깔거리며 그 영상을 보다가 왠지 모르게 조금 슬퍼졌다.

베트남 구름은 낮게 흐른다

맑은 하늘 밑에 앉아 검은 비구름이 움직이는 모습을 보고 있으면 경외감인지 뭔지 모를 신비한 느낌이 들었다. 나는 분명 쨍쨍하게 더운 하늘 아래에 있는데, 저 멀리 검은 구름 아래에만 비가 쏟아지고 있었기 때문이다. 그 구름이 빠르게 달려와 내 머리 위 하늘을 차지하면 세상은 이내 어두컴컴해졌다.

베트남 하늘은 한국보다 낮았다. 34층 집에서는 낮은 하늘에 빼곡히 채워 넣은 구름과 천둥, 번개가 바로 옆에서 내리치는 것 같았다. 번개가 집 안까지 들어오면 어쩌나 불안해지곤 했다. 저 멀리 공항에 비가 올 때면 구름 속 번쩍이는 번개 옆을 오가는 비행기들이 보였다. 하늘에 박아둔 브라운관에서 재난 영화 한 장면을 반복 재생해주는 것 같았다.

창문을 등지고 있다가 갑자기 거실이 깜깜해져 고개를 돌려보면 어김없이 굵은 빗방울이 창문을 흔들고 있었다. 문틈으로 들어오는 바람이 문을 열어젖힐 것만 같았다. 문 틈새를 통과한 바람은 귀신이라도 나타날 것 같은 소리를 냈다. 밖으로 나갈 수도, 누군가를 부를 수도 없는 집에 혼자 덩그러니 앉아 떨다가 투명 박스테이프를 몇 겹으로 접어 문 틈새를 막았다. 그제야 공포스러운 소리가 줄어들었다.

골프장 캐디들은 비구름이 달리는 속도를 정확히 파악했다. 우리의 속도와 구름의 속도를 계산하고는 황급히 카트를 몰아 꼬불꼬불한 길을 달렸다. 비는 캐디들이 우리를 지붕 있는 정자에 밀어 넣고 나서야 쏟아졌다. 비가 오는 동안 우리는 또 멈춰 있을 수밖에 없었다. 시원하게 내리는 비를 보며 챙겨간 술을 꺼내 목을 축였다. 우리는 가끔 비구름이 시간을 잠깐 멈춰 세워주기를 바랐는지도 모른다.

우기에도 하루 종일 비가 내리는 경우는 흔하지 않았다. 비구름은 넓은 도시 곳곳을 훑고 다니느라 바빴다. 이 동네를 적시고 나면, 바람과 비를 챙겨 저 동네로 떠나버렸다. 비가 오면 모두가 멈춰 섰지만, 곧 해가 쨍쨍해질 거라는 걸 알았다. 굵은 빗방울도, 귀를 쩌렁쩌렁하게 울리는 천둥도, 날카롭게 하늘을 찢는 번개도 이내 사라질 것이다. 다시 해가 뜨면, 땅을 때리던 빗방울은 수증기가 되어 날아가고, 다시 쨍하고 뜨거운 날씨로 돌변할 테니까.

한 나라, 다른 날씨

하노이의 날씨는 다채로웠다. 우리나라 같은 사계절을 기본으로 공기가 안 좋거나, 날씨가 좋거나, 춥거나, 공기가 나쁘거나, 습하게 덥거나, 으슬으슬 추운 날을 조합해 수십 가지 날씨를 만들어냈다. 중국에서 온 미세먼지로 가득한 날에는 눈을 깜빡일 때마다 모래알이 눈알을 긁는 것 같은 느낌이 났다. 한국은 미세먼지 농도가 100 이상이면 외출을 자제하라고 하는데, 그날의 미세먼지 농도는 300을 넘어선 상황이었다. 길을 함께 걷던 일행과 조금만 멀리 떨어지면 영화의 마지막 장면처럼 사람이 희뿌옇게 사라지는 모습을 볼 수 있었다. 영화의 한 장면 같다는 생각과 함께 눈이 뻑뻑해 다시 눈물이 고이길 반복했다.

하노이 날씨에 적응하기란 여간내기가 아니었다. 한국과 비슷하면서 묘하게 더 칙칙한 느낌이었다. 하노이에 처음 간 건 2월이었다. 내리쬐는 태양에 땀이 줄줄 흐르던 호찌민과 달리 하노이에는 희뿌연 미세먼지와 안개가 묵직하게 내려앉아 있었다. 묘하게 서늘하고 축축한 공기가 피부에 달라붙었다. 거리에는 반팔 입은 이들과 패딩 잠바, 모피 코트 입은 이들이 죄다 섞여 있었다. 옷을 어떻게 입어야 할지 몰라 반팔을 입고 나갔다가 패딩 잠바를 입은 사람을 보고 긴팔 재킷을 입고 나왔더니 반팔에 짧은 치마를 입은 여성들이 지나갔다. 어떻게 대응해야 할지 도저히 예측할 수 없었다.

내가 베트남에 가기 전, 하노이에서 동사자가 발생했다. 영상

18도였다고 했다. 한국에서는 가을 밤 날씨 정도였을 텐데, 인력거를 끌던 베트남 사람은 길거리에서 자다 동사했다. 하늘도 구름도 한국과 다른 하노이의 서늘하고 축축한 공기가 그에게 달라붙어 결국 그를 하늘로 데려간 건 아닐까 생각했다.

가라앉는 도시 위 떠다니는 꿈

굽이굽이 강물이 감싸 안고 있는 베트남 최대의 경제도시 호찌민은 침몰하고 있었다. 실제로 도시 전체가 매년 조금씩 가라앉고 있다고 했다. 돈을 벌기 위해, 공부를 위해 도시로 몰려든 이들은 제각각의 용도로 물을 퍼내 썼다. 물렁한 이 도시의 지반은 수많은 사람을 이고 살기 버거워하는 것 같았다. 지하수를 뺏긴 땅은 하루하루 더 낮아져 갔다. 하지만 학업과 취직, 결혼과 성공이라는 각자의 꿈을 가진 이들은 도시로 몰려들었다. 물렁한 땅 위에 각자의 꿈들이 떠다니고 있었다. 도시의 땅 60퍼센트 이상은 도시를 감싸는 강물보다 낮은 곳에 있었다. 그리고 점점 더, 점점 더, 도시를 감싸는 강물보다 낮아져 갔다. 도시는 지난 25년간 0.5미터 가라앉았다고 했다. 강물보다 낮은 도시는 침수로 고통받는다. 재작년에도 작년에도 올해도 어김없이 매년, 우기마다 물에 잠긴 집과 도로, 가슴께까지 찬 빗물을 헤치며 오토바이를 끌고 다니는 사람들의 사진이 보도되곤 한다.

도시를 품은 강물이 순식간에 넘쳐 도시를 집어삼키지는 않을까 걱정이 됐다. 동네마다 "어느 건물이 기울었다" "저기는 지반이 약해 무너질 수 있단다" 하는 소문이 돌다가 어느 순간 사라지기를 반복했다. 누군가는 매일 기울어지는 빌딩을 기록한 사진을 봤다고 하고, 누군가는 몰래 보수공사를 했다는 말을 들었다고 했다. 하지만 어느새 소문은 불경한 정보 취급을 받아 뒷골목으로 사라졌다.

어느 날, 정부는 동네의 우물을 막도록 명령했다. 그렇게 막아야 하는 우물이 10만 개나 된다고 했다. 높이 높이 쌓아 올린 아파트 사람들은 수도꼭지에서 물을 길어 마시는데, 우물을 사용하던 아낙들은 이제 무엇으로 밥을 짓고 빨래해야 할지 걱정됐다. 우물물을 길어 마시던 사람들은 가라앉는 도시에 치솟는 빌딩을 보며 무슨 생각을 할까도 궁금해졌다. 빌딩 숲에 사는 사람들을 원망할까. 언젠가 저곳에 가야지라는 꿈을 길어 올리고 있을까.

베트남 도시화와 침수

베트남은 2022년 처음으로 도시화율 40퍼센트(41.7퍼센트)를 넘어섰다. 베트남 건설부는 2023년 국가 도시화율을 53.9퍼센트로 높이겠다고 발표했다. 전년도에 비해 10퍼센트 이상 올리겠다는 것이다. 베트남은 싱가포르, 말레이시아, 인도네시아, 태국, 필리핀 같은 다른 아세안 국가에 비해 도시화율이 낮은 편이다. 한정된 자원에서 도심에 인프라를 집중시키고, 도시 인구를 기반으로 한 성장을 도모하는 건 개발도상국의 특징이다. 우리나라는 1990년에 도시화율 40퍼센트를 넘어섰고, 2019년 기준 도시화율은 91퍼센트로 이미 포화 상태이다.

도시화에는 필수적 상하수도나 도로 같은 인프라 시설 확충이 뒤따른다. 하지만 베트남 곳곳은 아직도 비만 오면 도로가 잠기고, 교통이 마비되기 일쑤이다. 그로 인한 사회·경제적 손실은 베트남 정부로서도 골칫덩이일 수밖에 없다.

문제는 단순히 도로가 잠기는 데서 끝나는 게 아니라는 점이다. 미국 기후변화 연구 단체 클라이밋센트럴은 2021년 '2030년까지 수몰 위험이 높은 세계 6대 도시' 중 하나로 호찌민을 지목했다. 해당 단체는 호찌민에서도 사이공 강 동부 지역과 투티엠 저지대 일부 지역의 침수 가능성이 크다고 분석했다. 세계은행 역시 2050년까지 해수면이 30센티미터 상승할 경우 베트남 해안 도시의 피해 인구는 450만 명, 이재민은 120만 명에 달할 것으로 예상했다. 2010~2050년 도로 등 인프라 손실만 550억 달러에 이르는 등 경제적 손실도 상당한 것으로 추정된다.

모든 동네가 상하수도 공사를 하는 것처럼 보일 정도로 '배수'에 중점을 둔 보완이 지속적으로 이뤄지고 있지만 해가 갈수록 우기雨期 집중호우로 인한 침수 피해가 커지는 상황이다. 우기와 건기가 모호해지고, 우기가 길어지는 등 이상 기후 현상도 일어난다. 베트남 동남부 지역의 우기는 해가 갈수록 빨라지고, 한 번에 내리는 비의 양도 많아지고 있다. 북부 지역인 하노이와 중부 지역인 달랏에서도 폭우로 인한 침수 피해가 커지고 있다. 국립수문기상예보센터 NCHMF에 따르면 남부와 중부 고원지대에 내리는 비의 양은 전년보다 50~130퍼센트까지 증가했다. 우기와 건기가 뚜렷했던 날씨도 점점 경계가 흐려지면서 예측 가능성이 작아지고, 태풍 같은 자연재해로 인한 비 피해도 기존보다 커지고 있다.

홍수 피해가 빈번한 호찌민 등 베트남 남부 지역에서는 이미 여러 차례 침수 방지를 위해 상하수도 확충과 저수지 건설 같은 인프라 구축 계획을 세워왔다. 2016년에도 10조 동 규모의 침수 예방 사업을 진행했다. 하지만 베트남 대부분의 건설사업이 그렇듯 시공사의 자재 바꿔치기, 예산 부족 등의 다양한 이유로 사업 진행률은 목표 예상치에 도달하지 못하는 실정이다.

그렇다고 마냥 손을 놓을 순 없는 노릇. 호찌민시는 지난 2022년 홍수 방지를 위해 2025년까지 빗물을 저장할 수 있는 대규모 저수지 104개를 조성한다는 계획을 또다시 내놓았다. 우선 투득시와 떤빈군, 4군 지역에서 저수지 건설사업을 시작한다. 작은 것은 1000평 남짓 규모에서 큰 것은 7만 평 가까운 규모로 건설될 예정이다. 폭우로 한꺼번에 비가 쏟아져도 빗물을 저수지에 저장할 수 있으면 하수 시스템에서 처리할 수 있는 용량만큼 천천히 내보낼 수 있다. 베트남 정부는 이와 함께 배수·폐수 시스템도 함께 구축하면 수질 개선에도 도움이 될 것으로 기대하고 있다.

도시로 인구가 집중되는 도시화는 필연적으로 집값 상승·교통체증·대기오염 같은 문제를 수반한다. 상하수도 인프라 외에 베트남 정부가 해결해야 할 과제가 여전히 많다는 뜻이다.

커도 너우큰
베트남 화폐

베트남 생활에 어느 정도 적응했다고 느꼈던 건 물건을 살 때 자연스럽게 베트남 돈을 계산해내는 나를 발견했을 때였다. 단위가 조금 커지면 손가락으로 가격표 맨 뒷자리에 있는 숫자 0을 하나 가린 뒤 둘로 나눠 가격을 가늠하곤 했지만, 끝자리 '000' 세 개를 떼고 말하는 베트남식 가격을 익숙하게 말하고 지폐를 착착 내는 나 자신을 보면 이제 조금 적응했나 보다 싶은 것이다.

처음 시작하는 베트남 생활은 모든 게 돈으로부터 시작됐다. 모든 기반이 마련되어 있고 익숙한 한국과 달리 생활 터전을 닦는 것에서부터 유지하는 것까지 모든 일은 '얼마냐'로 시작해 '얼마를 쓸 수 있느냐'로 결정됐다. 돈을 제대로 가늠하기 시작하면서, 이 생활이 어느 정도 익숙해졌구나라는 뿌듯함을 느끼게 된 것도 당연했다. 얼마가 적절한 가격일까, 사기당한 건 아닐까, 제대로 돈을 주고받은 걸까, 더 이상 고민할 필요가 없었다.

입국해서야 베트남 지폐를 처음 봤다. 공항 환전소에서 돈을 환전하고는 숨을 곳부터 찾기 시작했다. 출국 전부터 악명 높은 베트남 소매치기와 사기꾼에 대한 경고를 내내 듣고 온 나였다. 덜컥 겁이 났다. 주변에는 나처럼 돈뭉치를 확인하려는 외국인 여러 명이 쭈그려 앉아 있었다. 잔뜩 겁먹은 나는 같은 처지에 놓인 사람조차 믿을 수 없어 구석에 자리를 잡고 몸통만 한 캐리어로 담을 쌓았다. 호찌민 주석의 얼굴이 새겨진 베트남 지폐는 권종별 색깔도 비슷해 제대로 센 게 맞는지 헷갈렸다. 돈을 하나하나 분류하고도 두 번 세번 자꾸만 세어봤다. 50만 동짜리 수십 장은 아기 손바닥만큼 두툼했다. 50만 동이면 우리나라 돈으로 2만 5000원 정도인데, 50만 원짜리 지폐인 것처럼 가슴이 콩닥거렸다. 따로 둘러맨 가방 깊숙이 지폐를 찔러 넣고는 연신 주변을 두리번거리며 공항을 나섰다. 내가 소매치기를 교육하는 두목이었다면 딱 나 같은 사람을 노리라고 했을 것이다. 누가 봐도 방금 도착해 지폐를 한 무더기 품고 불안해하는 초보 여행자의 모습이었으니 말이다.

일상생활이 시작되자 혼란은 극에 달했다. 처음에는 계산할 때마다 곤욕스러웠다. 뒤로 사람들이 줄줄이 선 마트에서, 길가에 정차한 택시에서 지폐를 세고 있으면 사람들이 죄다 나만 쳐다보는 것 같았다. 5000동, 5만 동, 50만 동… 숫자 0이 세 개, 네 개, 다섯 개 붙은 지폐들이 뒤섞이면 뭐가 뭔지 정신이 없었다. 택시에서 급하게 내리느라 또는 잠깐 정신이 팔려서 5만 동 대신 50만 동을 내는 시행착오가 빈번했다. 어리바리한 한국인이 준 50만 동을 돌려주는 사람은 없었다. 집에 돌아와 지갑 속에 남은 현금을 세어보고서야 내가 누군지 모를 택시 기사와 점원에게 통 큰 기부를 했다는 사실을 깨달았다.

매일 같이 장을 보면서도 가격을 가늠하는 일은 쉽지 않았다. 과자 한 봉지, 커피 한 잔이 어느 정도 수준인지 한참을 고민해야 했다. 1만 동짜리 가격표가 붙은 과자를 보고 놀랐다가 정신을 차리고 숫자를 하나하나 계산해보면 500원짜리였다. 물건 하나를 집을 때마다 놀랐다가, 안도했다가, 장바구니에 담는 지루한 과정이 계속됐다. 가격을 가늠하는 가장 쉬운 방법은 맨 마지막 0 하나를 손으로 가리고 남은 숫자를 절반으로 나눠보는 것이었다. 7만 5000동이면 뒤에 0 하나를 떼고(7500) 반으로 나눠 한국 돈으로 3750원 수준이 겠다고 생각하는 식이다. 물가가 천차만별인 베트남에서 어떨 때는 예상보다 비싼 가격에, 또 어떤 때는 너무 싼 가격에 한동안은 쇼핑이 곤욕스러웠다.

나중에 알게 된 사실이지만, 베트남 여행객들 사이에서는 지폐 종류별로 각기 다른 칸마다 지폐를 보관할 수 있는 '동 지갑'이라는 게 유행한다. 종이를 접어 칸칸이 지폐의 단위를 적고 이를 이어 붙여 지갑을 만드는 식이다. 궁하면 통한다는 깨달음과 '역시 한국인'이 라는 감탄이 나올 만하다.

세계에서 가장 싼 돈

베트남 지폐는 1978년 발행돼 사용되기 시작했다. 지폐마다 베트남 국부 호찌민의 얼굴이 새겨져 있다. 현재 일상생활에서 볼 수 있는 화폐단위는 500동부터 50만 동까지다. 동전도 가끔 있기는 하지만 500, 1000, 2000, 5000, 1만, 2만, 5만, 10만, 20만, 50만 동 이렇게 열종이 주로 쓰인다.

베트남 동(VND)은 세계에서 화폐가치가 가장 낮은 화폐로 유명하다. 크디큰 화폐 단위와 달리 실제 가치는 낮다. 베트남에서 500동은 물론 1000동이나 2000동 단위 숫자 정도는 과감하게 떼어내고 계산하는 게 일상화되어 있다. 처음에는 '외국인이라고 천 단위 거스름돈은 주지도 않네?'라는 불쾌감이 먼저 들었다. 1000~2000동짜리 거스름돈을 제대로 주지 않은 상인에게 거스름돈을 달라고 하면 5000동처럼 더 큰 단위의 지폐를 거슬러주기도 했다. 물론 그의 표정에는 '별 쪼잔한 인간 다 보겠네'라는 속마음이 묻어났지만, 베트남 생활이 익숙하지 않은 외국인 눈에는 '외국인이라고 돈을 빼먹으려고 했지?'라는 오해만 커질 뿐이었다. 나중에서야 현지인들 역시 500~2000동 단위는 반올림하거나 내림해 계산한다는 걸 알게 됐다.

화폐 단위가 커서 불편해하는 건 외국인뿐만이 아니다. 베트남 사람들 역시 불편하기는 마찬가지다. 아직 카드가 일상화되지 않은데다가 전자 결제에 익숙하지 않은 어르신들은 비싼 물건을 살 때마다 현금 뭉치를 들고 다녔다. 집을 살 때 현금이 담긴 캐리어 여럿을 끌고 와 결제한다고 해서 돈을 세느라 힘들었다는 이야기가 들린다. 백화점이나 골프장에서 고무줄에 둘둘 말아놓은 지폐를 내어놓는 게 목격되기도 한다. 자신이 쓰는 돈의 출처와 사용처가 밝혀져서는 안 되기 때문에 현금을 쓰는 경우도 많다.

베트남 사람들 역시 불편함을 줄일 수 있는 방법을 찾는다. 이미 일상생활에서는 리디노미네이션redenomination(화폐 단위 변경)이 이뤄지고 있다. 천 단위 숫자를 생략해 말하거나 K로 표기하는 식이다. 메뉴판 같은 데서 5만 동은 50K로 표기된다. 말로 할 때는 50이라고 말한다. 처음에는 이 생략법을 몰라 도둑놈 취급을 받았다. 망고 10만 동어치를 사겠다 해놓고 천 단위가 생략된 걸 몰라 1000동짜리와 1만 동짜리를 내놓고 "뭘 말하는 거냐"라고 물은 것이다. 그들이 보기에는 도둑놈 심보가 맞기는 하다. 조금 더 살다 보니 10만 동이라는 가격 역시 외국인 특별 가격이었다는 걸 알게 됐지만. 베트남 사람에게는 6만 동이다!

이러지도 저러지도 못하는 정부

이쯤 되면 베트남 정부가 왜 화폐 단위를 바꾸지 않을까라는 생각이 든다. 이미 현실 사회에서 리디노미네이션이 이뤄진 상황이니 현실에서 쓰이는 방식으로 화폐 단위를 바꾸면 될 것 아닌가? 하지만 상황은 그렇게 간단하지 않다. 베트남 정부는 화폐 단위를 낮추는 개혁 대신 현금 자체를 없애버릴 생각이다. 현금을 쓰지 않는 캐시리스cashless 사회로 넘어가겠다는 계획을 내놨다. IT 기술 발전이라는 좋은 구실을 내세웠지만 조금 더 들여다보면 이런 정책 기조는 아직도 만연한 뇌물과 뒷돈 문화 때문이기도 하다. 화폐개혁을 하게 되면 공무원과 기업가들의 반발이 클 것이라는 예상이다.

지하경제의 규모를 파악할 수 없지만, 베트남 부자들은 집에 금과 현금을 쌓아놓고 산다는 말이 정설로 퍼져 있다. 공무원들도 마찬가지다. 40만 원 수준의 낮은 월급을 받으면서도 고급 주택에 거주하고 있고 외제차를 여러 대 끌며 여유롭게 생활한다. 이 돈은 어디서 왔을까? 기업과 이권 관계자들이 주는 각종 리베이트와 뇌물 같은 가외 수입이 부富의 근원이라는 건 공공연한 비밀이다. 뒤를 밟히면 안 되는 돈일수록 현금으로 주고받는 것 역시 모든 나라 공통의 방법인데, 정부가 구권舊券 화폐를 휴지 조각으로 만드는 정책을 추진한다면 정책을 수립하고 시행해야 할 공무원들부터 반대하고 나설 것이다. 우리나라가 1993년 8월, 금융실명제를 결정했을 당시 불법 정치자금이나 뇌물 공여자, 범죄 조직, 불법 사채 시장의 반발이 컸던 것과 비슷하다. 우리나라 전체 경제 규모의 29.1퍼센트에 달했던 지하경제는 금융실명제 이후 줄어 10퍼센트 이하로 떨어졌다. 베트남도 비슷한 효과를 기대할 수는 있을 것이다.

반발에도 불구하고 베트남이 언젠가는 화폐개혁을 실시할 수밖에 없다는 의견도 나온다. 경제 규모가 커지고 있는 데다가 해외에서 지속적으로 투자를 받아야 하기 때문이다. 해외 자본을 끌어들이기 위해서는 실제 경제 규모를 파악하고 자본 흐름의 투명성을 높일 수밖에 없다. 사람들은 베트남 기득권층의 피해와 반발을 줄이면서 자본 흐름을 파악하는 방법이 바로 '전자 결제 시스템'이라고 말한다. 돈의 흐름이 데이터화한다는 뜻이기 때문이다. 베트남 권력자들이 현금을 부동산 같은 실물 자산으로 바꾸고 있다는 소문도 있다. 실제로 사이공 강 강변에 있는 불 꺼진 대저택들은 고위직 공무원들이 검은돈을 세탁하기 위해 현금으로 구매해놓은 집이라는 말이 돌았다. 나는 베트남이 화폐개혁을 하면 베트남 청년들의 선호 직종이었던 공무원의 인기부터 떨어질 거라고 본다. 뒷돈을 주고받는 게 어려워지면, 낮은 월급에도 호화로운 생활을 가능하게 한 공무원들의 주 수입원이 사라질 테니 말이다.

베트남 사람들은 "은행이 망하면 어떻게 하느냐"며 여전히 현금 거래를 선호한다. 은행에서 보장해주는 원금도 우리 돈 500만 원 수준에 불과하다. 하지만 500원짜리 주스를 파는 곳에서도, 2000원짜리 쌀국수를 파는 곳에서도 슬슬 전자 결제 바람이 불고 있다. 고무줄에 돌돌 만 50만동짜리 지폐가 추억이 되는 날이 오겠지.

TIV

현금 없는 베트남 올까?

베트남은 현금 거래 비중이 아시아에서 세 번째로 높은 나라이다. 미국 전자 결제 솔루션 FIS가 내놓은 '2022년 아시아 국가의 현금 결제 비중'에 따르면 베트남의 현금 거래 비중은 47퍼센트로 태국(56퍼센트), 일본(51퍼센트)의 뒤를 이었다. 그나마 코로나 기간을 거치면서 현금 결제 대신 전자 지갑이나 신용카드 같은 비현금 거래를 이용하는 비중이 빠르게 늘어난 덕분이다. 지난 2019년만 해도 현금 거래 비중은 두 배 수준인 85퍼센트였다.

성인 인구의 73.5퍼센트가 스마트폰 사용자인 베트남에서는 스마트폰을 이용한 전자 결제 서비스가 보편화할 것이라는 전망이 우세하다. 국제 신용카드 브랜드 비자가 조사한 결과에 따르면 베트남 소비자 10명 중 9명이 QR코드나 카드 결제, 전자 결제 등 '비현금 결제를 사용한 적이 있다'고 응답했다. FIS는 "2026년 아시아·태평양 지역 전자 지갑 결제 규모는 36조 7000억 달러(59퍼센트)로 전 세계 전자 결제 시장을 주도할 것"이라고 전망했다.

시장 규모도 확대하고 있다. 싱가포르의 유나이티드오버시즈뱅크에 따르면 2022년 베트남의 전자 결제 시장은 1~9월 기준 43억 달러 수준이었는데, 2024년에는 180억 달러까지 성장할 것으로 전망된다.

베트남 전자 지갑 시장은 모모와 쇼피페이, 잘로페이, 비엣텔페이 등 4대 사업자가 시장 점유율 90퍼센트 이상을 차지하고 있다. 그중에서도 2007년 설립된 모모MOMO는 베트남 최대의 전자 지갑 플랫폼으로 자리 잡았다. 2021년 미즈호은행을 중심으로 한 글로벌 투자자들에게 2억 달러의 투자를 받기도 했다. 2021년 말 진행한 5차 펀딩에서는 기업 가치가 20억 달러를 넘어서며 역대 최대 규모를 경신했다. 모모는 글로벌 금융 전문 매체 아시안뱅커의 리서치기관 탭인사이트가 발표한 '세계 10대 금융 플랫폼'에도 이름을 올렸는데 한국의 토스(8위)보다 한 계단 높은 7위였다.

우리 기업들의 베트남 시장 진출도 활발하다. 신용카드 사용을 꺼리는 베트남 사람들에게 맞춰 '후불 결제' 시장을 공략하거나 추후 다가올 신용카드 시장을 준비하고 나서는 것이다. 롯데카드는 국내 카드사 중 가장 먼저 베트남에 진출해 베트남 이커머스 기업 '티키'와 손잡고 소액 후불 결제 서비스를 제공하고 있다. 온라인에서 먼저 물건을 구매한 뒤 나중에 구매 대금을 지불하는 간편 결제 서비스로, 신용카드와 비슷한 서비스를 제공하는 것이다. 신한카드는 베트남 소비자의 소비 성향 변화에 대비해 신용카드 사업을 확장하고, 비씨카드는 2021년 결제 단말기 시장 1위 업체의 지분을 인수해 베트남 카드 결제 시장에 본격 진출했다.

베트남 정부는 '2030년까지 완전한 디지털 경제 전환'을 목표로 내걸고, 2025년까지 전자 결제 비중을 70퍼센트까지 끌어올린다는 계획이다. 베트남 정부는 대중교통이나 공과금 납부 등을 전자 결제로 할 수 있는 시스템도 마련 중이다. 호찌민시는 2023년 시내버스에 전자 결제 시스템을 본격 도입한다고 밝혔다. 2019년 처음 시범 서비스를 시작한 지 4년 만이다.

하지만 현금 없는 사회가 쉽게 올지는 의문이다. 이미 베트남에서도 온라인 쇼핑몰이나 그랩 같은 애플리케이션에서는 카드나 전자 결제가 보편화돼 있다. 문제는 15만 개(2019년 기준)가 넘는 베트남 길거리 노점 식당들이다. 베트남 외식 매장의 절반 가까이 차지하는 길거리 노점상에서는 여전히 현금 거래를 선호한다. 일부 대학교 앞 노점상들이 아닌 경우 전자 결제를 위한 계좌 자체를 갖고 있지 않는 게 대부분이다. 10년 전까지만 해도 현금 결제를 선호하던 중국은 위챗페이와 알리페이가 보편화하면서 '거지도 QR코드로 구걸을 한다'는 말이 나올 정도로 전자 결제가 일반화됐다. 현금 없는 베트남을 만들기 위해 중국 모델을 참고해야 한다는 말이 나오는 이유이다.

소매치기
주의보

처음 소매치기 이야기를 듣고 오싹했던 건 아마도 택시를 기다리던 시청 앞 광장에서였을 것이다. "아, 맞다. 소매치기를 만나면 가방이고 뭐고 어차피 잃어버린 거라고 생각해야 해." 친구가 아무렇지 않은 표정으로 말했다. 대체 이게 무슨 말이람. 갸우뚱하는 나에게 그는 이렇게 설명했다. "괜히 가방을 놓지 않고 끌려가다가 얼굴까지 다치는 경우가 많아. 목에 차고 있던 목걸이도 낚아채간다고. 다치지 않는 걸 우선으로! 내 말 꼭 기억해."

무더운 호찌민 광장 한가운데인데도 한기가 도는 것 같았다. 처음 베트남에 도착해 영사관에서 들은 경고도 "여권 들고 다니지 마세요"였다. 괜히 여권 들고 다니다가 소매치기 당하면 재발급받는 데 상당한 시일이 걸리니 아예 들고 다니지 않는 게 안전하다는 것이었다. 조언은 모두 사실이었다. 오토바이 기동력을 기반으로 한 베트남 소매치기는 당해낼 재간이 없었다.

47

사실 베트남에 오기 전부터 소매치기 이야기는 귀에 못이 박히도록 들은 터였다. 베트남 도착 전과 후, 다른 게 있다면 바로 이것이다. 베트남에 가기 전에 들은 것은 '소매치기 구별하는 법' '소매치기당하지 않는 법' 같은 사전 예방적 조언이라면, 베트남에 와서 들은 조언은 모두 '소매치를 만났을 때 다치지 않는 법' '소매치기당하고 나서 할 수 있는 것' 같은 사후 조치적 조언이었다는 점이다. 전자가 예방법이었다면 후자는 대처법이랄까. 어찌 됐거나 막상 베트남에 오니 소매치기는 피할 재간이 없는 천재지변 같은 일이었다.

소매치기는 거주 경력이나 나이, 지위를 막론하고 일어났다. 베트남에 5년간 근무했던 사람도 귀국 일주일 전에 소매치기를 당했다며 허탈해했다. 반 $\frac{1}{2}$ 현지인이라던 사장님도 몇 년에 한 번씩은 소매치기를 당한다고 했다. 외국인이 당할 확률이 높긴 하지만 베트남 친구들도 소매치기로부터 자유롭지 않았던 걸 보면 현지인에게도 '운이 없으면' 벌어지는 일로 여겨질 뿐이었다. 장소도 불문이다. 베트남 사람들이 두려워 마지않는 공안국 근처에서 소매치기당한 사람도 있었다. 한국 영사관 바로 앞에서도 범죄는 일어났다. 하지만 그게 무슨 소용이랴. 경찰이 온 동네 곳곳에서 벌어지는 소매치기를 잡으러 다닐 여력이 없으니 신고해도 소용없다는 건 모두 아는 사실. 소매치기범도 언제나 오늘 '한 건'을 해낼 자신감이 가득할 것이다.

우리나라 드라마나 영화에서 묘사되는 소매치기는 가방이나 옷을 커터 칼로 슬쩍 그어낸 틈으로 지갑을 빼내는 수법을 쓴다. 손기술이 뛰어난 한국인답다. 베트남 소매치기는 오토바이를 자유자재로 다루는 재능을 십분 활용한다. 베트남 소매치기의 정의를 내려 보자면, '강도가 오토바이의 순간적인 가속을 이용해 타인의 가방이나 휴대전화, 목걸이 등 재물을 탈취하는 행위' 정도로 정리할 수 있을 것 같다. 1988년 서울올림픽 당시, 한국 소매치기들이 국위 선양을 위해 잠깐 커터 칼을 내려놓고 범죄 행위를 멈췄다고 하는데, 베트남 소매치기들이 같은 상황에 놓인다면 커터 칼 대신 오토바이 시동을 꺼야 했을 것이다.

당하는 건 순식간

여름 휴가철을 맞아 지인들이 놀러 왔을 때였다. 시내 마사지숍에서 나온 지인들을 데리고 저녁을 먹으러 갈 생각이었다. 어스름한 푸른빛이 내려앉아 곧 컴컴해질 분위기였지만 정말 딱 10분만 걸으면 식당에 닿을 수 있었다. 마사지숍과 식당이 몰려 있는 번화가에서 한 블록 들어가면 있는, 현지인들이 자주 찾는 식당으로 향했다. 지인들이 '누가 봐도 관광객'이라는 생각은 하지 못했다. 횡단보도를 건너려는데, 오토바이 위에 앉아서 우리를 쳐다보는 한 남자가 보였다. 불안한 마음이 들어 지인들에게 "가방을 잘 잡고 따라오라"고 말했다. 말이 끝나기 무섭게 오토바이가 지인들 한가운데로 돌진했다. "어, 어?" 하며 오토바이를 피했지만 지인의 손에는 가방 손잡이만 덜렁거리고 있었다. 당한 것이다.

베트남 생활에서 소매치기 예방법이 별 소용없는 건, 소매치기범을 인지한 상황에서도 달리 피할 방법이 없기 때문이다. 그리고 우리는 알고 있었다. '나에게 왜 이런 일이 일어났을까', '휴대전화를 찾을 수 있지는 않을까' 하는 후회는 괴로운 시간만 늘릴 뿐이라는 걸. 범행 대상을 정할 때 휴대전화 기종까지 파악한다는 게 정설인데, 최근에는 아이폰을 선호하고 삼성 휴대전화의 경우 최신형만 노린다는 소문도 있다.

지인은 그랩 바이크로 이동하던 중 오토바이를 타고 따라붙은 2인조 소매치기에게 서류 가방을 통째로 뺏기고 말았다. 가방만 뺏긴 건 그나마 다행이었다. 타고 있던 오토바이가 중심을 잃어 넘어질 뻔한 것이다. 고속도로에서 오토바이가 넘어지기까지 했다면 금전적 손해보다 훨씬 더한 신체적 피해를 입었을 게 분명했다.

한국인들이 많이 찾는 곳은 새로운 우범 지역이 됐다. 한국인이 거의 없던 빌라 동네에 인기 있는 고깃집이 하나 생겼는데, 한국인들이 많이 찾는다는 소문이 나자 소매치기단이 출몰하기 시작했다. 이들은 식사를 마친 사람들이 길가에서 차량을 기다리는 때를 노렸다. 똑같은 장소에서 휴대전화를 뺏긴 사람들이 서너 명으로 늘어나자 식당 직원들은 이들의 모습이 담긴 CCTV 영상을 출력해 경고 문구를 붙이기도 했다. 이내 식당 앞에 다시 등장한 소매치기단은 전기충격기를 들고 조롱하듯 식당 근처를 배회했다. 식당 손님들도, 직원들도 속수무책이었다. 차량이 오기 전에는 길가에 서 있지 말

50

고 식당 안에 있다가 차량이 왔을 때 빠르게 뛰어 탑승하는 수밖에 없었다. 애석하게도.

진화하는 범죄

소매치기뿐이 아니다. 베트남 표기법에 익숙하지 않은 외국인 관광객들을 상대로 한 택시 사기 역시 횡행한다. 베트남 택시 미터기에도 금액의 마지막 '000', 즉 천 단위가 생략되어 있다. 예를 들어 4만 8000동이라면 48이라고 표기되어 있는 식이다. 48이라는 숫자의 의미를 잘 모르는 외국인이 50만 동을 주면 은근슬쩍 0 단위를 하나 더 올려 48만 동을 계산하는 식의 범죄는 흔하디흔한 수법. 인터넷 포털 사이트에서 '베트남 관광 주의점'을 검색하면 가장 먼저 나올 정도다. 베트남을 찾는 사람들이 똑똑해지자 사기를 치고 싶어 하는 이들도 철저해져 간다.

베트남에 친한 지인이 놀러 오기로 한 날이었다. 공항까지 마중 갔어야 했는데, 일이 끝나지 않아 택시를 타고 오라고 했다. 몇 차례 베트남에 방문한 적이 있는 데다가, 내가 베트남으로 출국하기 전날 전화해 "택시 사기 조심하라"며 신신당부했던 분이라 안일하게 생각했던 게 사실이었다.

몇 분 지나지 않아 지인이 전화를 걸어왔다. 아무래도 가격이 이상하다는 것이다. 나는 택시 기사를 바꿔달라고 한 뒤 "호텔로 곧장 가주세요. 가격은 미터기에 찍힌 대로 받으시고요"라고 이야기했다. 하지만 아뿔싸, 사기를 위해 개조한 신종 미터기를 장착한 택시였다. 택시비가 13만 동이면 130이라고 찍혀야 하는데 1300이라는 숫자가 찍히는 식이었다. 택시 미터기 읽는 법을 숙지하고 왔지만 물가는 제대로 모르는 관광객을 노린 것이다. 미터기를 읽을 수 있는 사람도 자연스럽게 130만 동을 내게 만들었다. 기발하다고 해야 할지, 나름 새 시장을 개척한 것이라 해야 할지…. 범죄의 진화가 바로 이런 것이었다.

택시 기사의 사기극은 실패로 돌아갔다. 내가 호텔로 전화를 걸어 베트남어를 할 수 있는 직원을 내려 보내달라고 요청했기 때문이다. 과도한 요금이 찍힌 미터기를 보고 항의하는 직원에게 택시 기사는 "나는 절대 외국인에게 사기를 치려던 것이 아니다"라고 변명했다. 외국인 상대 범죄의 경우 가중처벌을 받을 수 있다는 점을 알고 있기 때문이다.

실제로 외국인 상대 범죄가 흔한 베트남이지만 처벌이 약한 것은 아니다. 베트남은 수년 전 인 2016년 호찌민시에 관광객을 상대로 한 범죄를 전담 처리하는 '관광경찰대'를 만들기도 했다. 일부 베트남 사람들이 외국인을 상대로 소매치기, 사기, 절도 등의 범죄를 저질러 국가 이미지를 망치거나 관광 수입 증가에 악영향을 끼친다는 우려에서다. 하지만 경찰의 검거율이 떨어지고, 적발 건수가 적다는 게 문제이다. 미제 사건 증가를 걱정한 경찰이 사건을 받아주지 않는 경우도 부지기수다.

여행 왔다가 소매치기를 당해 즐거운 휴가를 망쳤다거나, 물건값이나 음식값을 부풀려 받는 베트남 사람들 때문에 불신이 생겼다는 한국 사람들의 이야기를 들으면 괜히 내가 다 미안하고 속상하다. 대부분의 베트남 사람들도 나와 같은 마음일 것이다.

우리나라도 외국인을 상대로 택시비를 부풀려 받는 일들이 사회 문제화하기도 했다. 몇 년 전까지만 해도 동대문 쇼핑몰 같은 곳에서 옷 가격을 덤터기 씌우는 경우가 많아 가격 정찰제를 하는 곳들이 대대적으로 홍보하기도 했다. 베트남의 사건·사고만큼 우리나라에서도 내 얼굴이 화끈거릴 만한 외국인 상대 범죄가 터지곤 한다. 한국에서 사기당했다는 베트남 사람들도 한국 문화에 대한 실망감과 배신감을 느끼곤 할 거다. 범죄가 베트남이나 한국만의 문제는 아니니까.

음주운전 단속이 문화 바꿀까

베트남에선 술집 앞에 수십 대의 오토바이가 주차돼 있는 모습이 흔하다. 손님들은 자연스럽게 술집 앞에 오토바이를 세우고, 문앞을 지키던 경비원도 자연스럽게 주차 공간을 안내한다. 베트남친구들은 종종 헬멧을 쓰지 않은 채 운전했고, 한 대의 오토바이에 3명이 타는 것도 일상적이었다. 운전 면허증을 압수당한 친구는 "면허증 되찾는 비용이 무려 80만 동"이라며 무면허 운전을 강행했다. 무법에 가까운 운전을 하던 친구들이 갑자기 헬멧을 쓰고 긴장하기 시작한 것은 번화가 인근 큰 도로에서였다. '이곳은 경찰 단속이 이뤄지는 곳'이라는 것이었다.

음주운전이나 헬멧 착용, 과속 정도는 '일상적인 일'로 여기던 베트남 사람들이 최근 공안의 '경범죄 단속'에 떨고 있다. 베트남 교통경찰부는 2023년 4월 말부터 5월 초까지 주어진 5일 간의 황금연휴 기간에 1만 6000명의 음주운전자를 적발했다고 밝혔다. 과속으로 딱지를 받은 사람도 1만 1000명에 달했다. 앞서 2022년 11월부터 다음 해 1월 중순까지 이어지는 연말·연초 기간에 적발된 음주운전 자는 8만 600명이나 됐다.

베트남 경찰은 최근 음주운전 같은 경범죄를 집중 단속하고 있다. 송년회와 신년회가 이어지는 연말·연초 기간이나 황금 연휴, 회사에 나가지 않는 국가 공휴일 기간 등을 특별 단속 기간으로 삼는 것이다. 베트남 공안은 올해에만 경범죄 위반으로 4만 9300명을 적발해 1080억 동의 벌금을 부과했다고 밝혔다. 공안에 압수된 차량만 847대, 오토바이는 2만 대 이상으로 나타났다. 이 중 1만 1000명의 사람이 운전면허를 취소당했다.

대중교통이 발달하지 않은 데다가 대리운전 같은 시장이 거의 형성돼있지 않은 베트남에서 음주운전은 암묵적으로 허용되는 분위기인 게 사실이다. 그랩 같은 택시 호출 서비스나 비나썬, 마일린 같은 택시의 기사가 술을 먹고 운전하는 경우도 있다. 음주가 불법이라는 인식이 안착되지 못한 상태에서 음주 단속에 대한 저항도 일어난다. 베트남 북부 박깐성에서 음주운전 단속에 걸린 69세 남성이 "음주 단속을 당해 화가 났다"며 경찰을 흉기로 찌르는 사건이 발생하기도 했다.

베트남 정부는 음주운전 등을 집중 단속해 시민들의 인식을 바꾼다는 계획이다. 2020년에는 기존보다 벌금을 두 배 이상으로 올린 새로운 음주운전 처벌 규정을 내놓았다. 음주운전이 적발되면 혈중

알코올 농도에 따라 오토바이의 경우 200만~800만 동, 자동차는 600만~4000만 동의 벌금이 부과된다. 벌금과 함께 22~24개월간 운전 면허가 정지될 수도 있다. 오토바이가 생계 수단인 데다가 월 평균 임금이 550만 동 수준에 불과한 수준에서 네 배가량의 벌금을 부과할 수 있다고 해 '벌금 폭탄' 논란까지 일었다.

최근 베트남 경찰의 단속이 점점 강화하는 걸로 봐서는 음주운전을 뿌리 뽑겠다는 베트남 정부의 의지가 확고한 것으로 보인다. 일부 전문가들은 "음주운전에 대한 처벌을 징역형으로까지 강화해야 한다"라는 의견을 내놓는다. 베트남에서 발생한 교통사고 중 36퍼센트가 음주로 인한 사고로, 다른 나라(11~25퍼센트)에 비해 비중이 높기 때문이다. 오토바이 대신 대중교통과 택시 이용을 유도하고, 대리운전 시장을 활성화하는 방안도 나온다. 하노이·호찌민에서 메트로 운행이 시작된 데다가 버스 노선도 확충하는 등 대중교통 인프라가 갖춰지면서 음주운전을 묵인할 이유가 사라지고 있다는 분석이다.

베트남 경제 활동의
주축은 여성

베트남 생활을 시작한 지 얼마 되지 않아 '대낮에 놀고 있는 베트남 남성이 왜 이렇게 많을까' 하는 의문이 든 게 사실이다. '모두'가 그렇지 않다는 걸 안다. 하지만 차이나 비키니(티셔츠를 가슴팍까지 말아 올려 배만 내놓은 중국 남성들의 패션)를 능가하는 '베트남 비키니' 복장으로 길가에 널브러져 있는 베트남 남성들은 어디서든 쉽게 볼 수 있다.

큰 다리 밑 그늘진 공터에는 다이아몬드, 하트, 왕과 왕비가 그려진 카드가 오가는 도박판이 펼쳐졌다. 나무 그늘 밑 길거리 이발소에는 장군 멍군을 가리는 이들과 구경꾼이 한가득이었다. 이력서에 스펙 대여섯 줄은 기본인 청년도 취업난을 경험하는 한국에서 온 나에겐 한창 일할 대낮에 널브러진 청년들이 생경한 장면일 수밖에 없었다.

베트남 남성들은 나무 사이에 해먹을 설치해 야외 취침을 즐겼다. 베트남의 상징과 같은 목욕탕 의자에 앉아 한국 돈으로 500원짜리 연유 커피의 얼음이 녹아 맹탕이 될 때까지 수다를 떨었다. 엉덩이 하나 붙이기 어려운 오토바이 안장을 침대 삼아 누워서 자는 모습은 묘기에 가까웠다. 그렇게 자다가 떨어지는 사람이 있을 법도 한데, 태어날 때부터 오토바이에서 자란 이들이어서 그런지 낙상을 목격한 적은 단 한 번도 없다. 신기한 것은 길멍(길바닥에서 멍때리기)의 90퍼센트는 남성들이라는 것. "길거리 카페에 여성은 음료 파는 아주머니뿐"이라는 우스갯소리가 나오는 이유다.

대낮에 널브러져 여유를 부리는 베트남 남성이 많다는 건 이들의 특이한 문화생활로도 증명된다. 대낮에 운영되는 'DJ 카페'가 바로 그것이다. 이 공간은 이름 그대로 여성 DJ가 나오는 카페인데, 오후 2시 즈음부터 본격적으로 영업을 시작한다. 한국이었다면 점심밥이 소화되기도 전에 뛰어다니며 일할 시간이다. 도대체 뭐하는 곳인가 싶어 직접 찾아가 봤다. 말이 통하지 않을 것 같은 외국인 여성을 본 문지기의 눈이 휘둥그레졌지만 달리 할 말이 없는지 출입을 막지는 않았다. 가게에 들어서자 종업원들과 손님들의 시선이 내리꽂혔다. 여자는 종업원, 남자는 손님으로 나뉜 이 공간에서 나는 유일한 여자 손님이었다.

구석에 자리를 잡고 주변을 둘러봤다. 우리나라에서는 을지다방 정도에나 있을 법한 전형적인 '다방식' 소파가 카페 앞 작은 무대를 향해 줄지어 있었다. 딱 붙는 짧은 원피스를 입은 여성 종업원들은 커피 주문을 받으러 돌아다녔다. 다방식 인테리어와 달리 주문은 아이패드 같은 태블릿 PC로 받는 '신식新式'을 추구한다. 태블릿 PC를 통해 음료를 주문하고 종업원의 커피도 대신 결제해줄 수 있다. 일종의 팁이다. 남성 손님들은 20대부터 60대 정도까지 다양한데 대부분 혼자였다.

조용했던 카페는 오후 2시가 되자 클럽으로 변신했다. 딱 붙는 반짝이 옷을 입은 여성 DJ는 흥이 나지 않고는 배기지 못할 정도로 빠르게 쿵짝거리는 클럽 음악을 틀며 연신 몸을 흔들어댔다. 옆 사람과 대화가 힘들 정도로 크게 틀어놓은 음악이 뱃구레와 몸통까지 둥둥 울렸다. 하지만 신기하게도 춤을 추거나 몸을 들썩이는 사람은 없었다. 각자 멍한 표정으로 무대를 보거나 담배를 피우며 휴대전화 게임을 했다. 이곳에 오기 전, 손님들이 여성 종업원에게 찐득한 스킨십을 하는 건 아닐까, 눈 풀린 약쟁이들이 모여 시비를 거는 건 아닐까 걱정했던 마음이 무색할 정도였다. 이들은 정말 말 그대로 '시간을 때우기 위해' 이곳을 찾아온 것 같았다. 나중에 알고 보니 여기서 사심을 드러내는 건 하수. 자주 방문해서 눈도장을 찍은 뒤 마음에 드는 여성 종업원과 개인적으로 연락을 주고받는다고 했다.

남성들의 여유로움을 지탱하는 고단한 여성들

베트남 남성들의 여유로움은 여성이 가정경제를 책임지는 문화에서 온다는 분석이 지배적이다. 뜨거운 낮 시간인 오후 1시부터

3시까지 낮잠을 즐기는 '베트남식 시에스타'의 영향이라는 해석도 있지만 베트남식 유교와 전쟁의 영향이 더 크다는 설명이다. 시에스타의 영향이라면 여성 역시 잠을 자야 할 테니 말이다.

많이 변했다고는 하지만 베트남에는 여전히 남아 선호 사상과 여성의 희생을 강조하는 문화가 있다. 외세의 침략과 오랜 내전을 겪으면서 베트남 남성 인구는 급격히 줄어들었다. 전쟁으로 생때같은 아들을 잃은 부모들이 넘쳐났다. 한 가정의 가장을 잃은 아내와 자녀들의 눈물도 넘쳐흘렀다. 목숨은 건졌지만 어디 하나 성한 곳 없이 겨우 숨만 쉬며 돌아온 이들도 많았다. 어머니와 아내, 자녀들은 전쟁에 나가 고생한, 언제 또다시 전장으로 끌려갈지 모르는 이들을 잠시나마 쉬게 하고 싶었을 것이다. 그리고 그들은 정말 쉬어야 했다.

하지만 누군가는 돈을 벌어야 할 터. 1986년 도이 머이(쇄신) 정책을 시작한 정부는 '여성'을 노동의 주체로 삼는 운동을 시작했다. 당시 정부는 군복과 작업복을 입은 여성들의 모습이 담긴 포스터를 곳곳에 붙이며 여성 노동을 장려했다. 그 결과 여성들은 조금 더 주체적으로, 가정경제를 책임지는 가장으로 변모해갔다. 대낮에 널브러질 수 있는 베트남 남성의 삶은 베트남 여성들의 노곤한 노동으로 지탱된다. 15~64세 베트남 여성의 79퍼센트는 생업에 종사하고 있고, 평균 노동기간도 20년이 넘는다. 이들이 돈벌이에 나서는 이유는 내 한 몸 살아가기 위한 것이 아니다. 조부모와 부모, 자녀로 구성되는 가족이 아직도 많은 베트남에서, 생업에 종사하는 여성은

60

이들의 생사를 어깨에 짊어지고 일한다.

집에 누워 있으면 새벽부터 콩콩콩 절구 찧는 소리가 들리곤 했다. 새벽부터 가족들 밥을 해먹이고, 시장이나 가게, 회사로 출근하는 여성이 여전히 많다. 낮시간에는 조부모가 아이를 돌봐주면서 유치원이나 학교에 보내지만 여전히 베트남에서 육아는 여성의 몫이다. 베트남 여성의 임금은 남성 임금의 80퍼센트 수준에 불과하고 가사 노동은 여전히 여성이 담당한다. 한 설문조사에 따르면, 일할 수 있는 나이의 여성 10명 중 8명은 경제생활을 하며 하루 평균 5시간의 집안일을 한다. 이들은 대체 언제 쉴까 하는 생각이 들었다.

호찌민 인문사회대학교 베트남 어학당에 잠깐 다닐 시기였다. 강사님이 4~5세쯤 되어 보이는 여자아이를 청강생으로 데려왔다. 딸이라고 했다. 일하는 시간에는 유치원에 보내야 하는데 그날은 돌봐줄 곳이 없다며 학생들에게 양해를 구한다고 말했다. 국립대학에 일자리를 가진 전문직 여성이 아이를 맡길 곳이 없어 동동거리다가 아이에게 "얌전히 있어야 한다"고 신신당부하며 일터에 데리고 오는 장면이 상상됐다. 어린 청강생은 그날 교실 뒷자리에서 젤리를 먹으며 만화영화를 실컷 봤다.

대낮에 널브러져 있는 남성들 곁에는 항상 여성이 있었다. 길거리 카페에는 나이 든 아주머니가 남성들을 상대로 커피와 주스를 팔았고, DJ 카페에서는 중부 산골짜기 시골에서 올라왔다는 여성들이 딱 붙는 옷을 입고 서빙을 했다. 이들의 가족 구성원이 어떻게 되는지 모르겠지만 이런 여성들이 벌어들인 돈이 늙은 부모, 돈벌이가 시원치 않은 삼촌 아니면 조부모 손에 키워지고 있는 자식들에게 대부분 돌아가곤 한다.

그래도 집안의 주인은 여성

세상은 변하고 변해 베트남에서도 최근 평등과 여성 인권 같은 말이 많이 나온다. 여성들이 경제력을 장악하면서 가족 내 여성의 지위가 높아지기도 했다.

한번은 텔레비전 프로그램을 보는데, 일하는 아내가 가진 금고 열쇠를 호시탐탐 노리던 남편이 아내의 비자금을 탈취했다가 발각되어 싹싹 비는 장면이 나왔다. 밖에 나가 일해서 돈 벌어오라고 남편을 내쫓지는 않지만 경제력은 여성이 쥐고 있는 베트남의 상황을 반영한 것이다. 어떤 공무원들은 "집에 늦게 들어가면 아내한테 잔소리를 듣는다"라며 낮시간에 향응 접대를 받는다고 했다. 1년에 두 번 있는 여성의 날(3월 8일, 10월 20일)은 절대 꽃을 잊어서는 안 되는 날이다. 이 시기가 가까워지면 대형마트들이 꽃밭으로 변할 정도다. 경제력 있는 아내와 사는 베트남 남성들은 이혼당하지 않기 위해 사회생활 대신 집안일을 열심히 한다는 '카더라' 소식도 들린다.

그럼에도 여전히 육아와 집안일, 시부모 봉양은 여성들의 몫이다. UN(유엔)은 "베트남 여성들은 어머니, 아내, 며느리로서의 역할을 강조하고 화목한 가정을 장려하는 정부의 기조 등 고정관념에 사로

잡혀 있다"라고 평가했다. 베트남식 남존여비男尊女卑, 베트남식 가족 문화인 것이다.

베트남 젊은 세대들은 벌써 부모 세대와 다른 삶을 만들어가고 있다. 해외 대학을 나와 외국계 회사에서 일한다는 20대 여성 친구는 내가 살던 아파트에 혼자 가정을 꾸렸다. 부모님은 근처에서 할아버지·할머니를 모시며 살지만 자신은 강아지와 가족을 만들었다고 했다. 대가족 중심의 베트남에서도 1인 가구가 늘고 있는 것이다.

중국에서 한 자녀 정책 이후 모든 자녀가 '소황제' '소공주'가 된 것처럼 베트남에서도 온 가족이 어린 자녀를 정성들여 키우는 추세이다. 어린 자녀를 공주처럼 꾸며 페이스북 등 SNS에 자랑하곤 한다. 해외에 나가 유학하는 여성도 많다. 우리나라의 MZ세대처럼 8X(땀엑스), 9X(찐 엑스)라는 신조어도 유행한다. 각각 1980년대 생과 1990년대 생을 뜻하는 말이다. 베트남 역시 '요즘 애들'이 만드는 문화와 '부모 세대'가 만들어낸 문화가 확연히 구분된다는 방증이다.

하지만 뿌리 깊은 이들의 인식이 바뀔지 모르겠다. 베트남에서 친하게 지냈던 26세 여자 동생은 "빨리 결혼해야 하는데"라며 조급해했다. 결혼 부담이 현실화하는 나이가 이른 탓이다. "아직 어린데 뭐가 급해?"라고 물었더니 베트남에서는 자기 나이면 벌써 노처녀라 부른다고 이야기했다. 베트남어로 노처녀나 노총각은 '이미 팔리기 어려운' '안 팔리는'을 의미하는 말(ế rồi)로 부른다고 한다. 그런 취급을 받는 마음을 알 것도 같아서 차마 뭐라 대꾸하지 못하고 쓸쓸히 웃었다.

TIV

Z세대 때문에 머리가 아프다고?

한국 사람들은 '베트남 사람들은 우리 1990년대 같은 모습'이라고 쉽게 이야기하지만 이곳 역시 젊은 세대의 변화는 막지 못하는 현상인 게 분명하다. 한동안 우리 사회를 뜨겁게 달군 '기성세대와 MZ세대의 갈등'이 베트남에서도 벌어지고 있는 것이다. 야근이나 주말 근무를 자처하며 수입 증대에 집중하던 기성세대와 워라밸 Work and Life Balance(일과 삶의 균형)을 중요시하는 젊은 세대가 일터에서 부딪히고 있다는 보도가 잇따른다. 베트남 매체인 VN 익스프레스는 2023년 8월 'Z세대 때문에 골치 아픈 고용주를 위한 묘약' '야근을 거부하는 젊은 세대들' 같은 기사를 연달아 냈다.

기사에 언급된 31세 관리자는 "Z세대의 생산성은 50~60퍼센트밖에 되지 않는다"며 "Z세대의 특징은 '무책임함'"이라고 정의했다. 야근을 거부하는 것도 이들의 특징으로 언급됐다. "퇴근 후인 오후 6시에 연락하면 일부만 사무실로 복귀하겠다고 답할 뿐, 나머지는 다음 날까지 답도 하지 않는다"는 것이다. 베트남의 한 스타트업

대표는 "최근 해고한 직원 대부분이 Z세대로, 선임들에게 경어체를 쓰지 않거나 무책임한 모습을 보였기 때문"이라고까지 했다. 우리나라에서 제기되는 기성세대의 불만과 일맥상통한다.

젊은 세대의 입장도 함께 소개됐다. 500만 동의 월급을 받고 근무하던 프엉 씨는 퇴근 시간인 오후 5시 30분을 넘어 9시 30분에 퇴근하고, 바쁠 때는 오후 10~11시까지 근무하는 게 일상적이라는 말을 듣고 3개월 만에 회사를 그만뒀다고 한다. "월급에 비해 근무 시간이 불공정하다"는 것이었다. 기사는 "1997년 이후에 태어난 Z세대와 고령 상사들 간의 균열은 흔한 일"이라며 "서로를 이해해야 생산성을 보장할 수 있다"고 정리했지만 젊은 세대를 보는 시각이 곱지만은 않다는 느낌이 들었다.

세대 갈등은 단순한 '문화적 오해'가 아닌 '고용의 문제'로까지 이어지고 있다. 직업 포털 사이트인 레쥬메빌더가 1300명의 관리자와 임원진을 대상으로 설문 조사한 결과 74퍼센트가 "Z세대와 일하는 것은 쉽지 않다"고 응답했다. 해고한 직원 중 Z세대의 비중이 더 높다고 응답한 사람도 65퍼센트였고, 이 중 12퍼센트는 고용 후 일주일 내에 해고한 Z세대 직원이 1명 이상 있다고 답했다. 채용을 담당하는 기성세대의 가치가 복지와 워라벨을 중시하는 젊은 세대의 가치와 충돌하면서 고용 여부에까지 영향을 미치는 것이다. 인구의 절반이 20~40대 젊은 층인 베트남 정부로서는 경제 성장률을 끌어

올려야 하는 지금, 젊은 층의 워라밸 추구가 달갑지 않을 수밖에 없긴 하다.

베트남에 진출한 기업들도 젊은 직원 단속에 골이 아프다. 베트남에 진출한 우리나라의 한 기업에서는 젊은 직원들이 기숙사를 거부해 고민이라고 했다. 자식이 채용되면 고향 동네에서 잔치를 벌인다고 할 정도로 처우가 좋은 이 기업은 지방에서 올라온 직원들을 위해 기숙사와 편의시설 등을 제공하는 것으로 유명하다. 처음엔 신나서 짐을 싸 올라온 젊은 직원들이 몇 달 후면 공장 근처에 집을 구해 삼삼오오 모여 자취를 한다고 했다. 통금 시간 등 출입 제한을 받기 싫고, 퇴근 후 제공되는 한국어 수업 등을 듣기 싫다는 이유에서다. 나가서 자유롭게 살고 싶은 마음이야 백번 이해되지만 젊은 혈기로 밤새 놀다 출근하는 직원들이 늘어나면 생산성이 떨어질 수밖에 없어 걱정이라는 것이다.

이런 세태에 맞춰 야근과 주말 근무를 줄여나가자는 움직임도 있다. 베트남의 정규 근로 시간은 1일 8시간, 1주 48시간이다. 오후 10시부터 다음 날 오전 6시까지는 야근 근로이며, 정규 근로 시간 이외의 근로를 뜻하는 초과 근무는 1년에 200시간을 초과할 수 없다. 섬유·봉제·가죽·신발·전자제품 생산 등의 업무에서는 1년에 300시간까지 초과 근로를 할 수 있지만 인민위원회 노동 전문기관에 통보해야 한다. 임금이나 수당에 불만이 생기면 젊은 세대와 기성세대 할 것 없이 똘똘 뭉쳐 파업에 나서는 곳이 베트남이다. 베트남에서는 노동법이 시행된 1995년 이후 지금까지 3000건 넘는 파업이 발생했다.

★

체형부터 말까지 다른
하노이와 호찌민

베트남에 온 지 한두 달 정도 됐을 때, 주말마다 무엇을 하며 시간을 보내야 하나 고민하며 SNS를 뒤적이곤 했다. 구찌 터널 같은 당일치기 투어를 다녀오기도 하고 혼자 수영도 해봤지만 갑자기 주어진 주말 시간은 너무 길기만 했다. 그러던 어느 날, 오토바이를 타고 10여 분 정도 가면 있는 집 근처 쇼핑몰에서 주말 야시장이 열린다는 걸 알게 됐다. 심심함에 몸부림치던 차에 잘됐다 싶어 대충 옷을 입고 휘적휘적 나가보았다.

천막으로 칸칸이 세운 수십 개의 좌판에서는 옷이나 신발, 액세서리 따위를 팔았다. 집 앞에 갈 때 입기 좋은 면 소재 원피스, 티셔츠 같은 게 한국 돈으로 1만~2만 원 수준이었다. 원 플러스 원, 투 플러스 원 같은 세일 상품도 많아 옷 한 벌 가격이 5000~7000원까지 떨어지기도 했다. 그날, 나는 베트남에서 처음으로 목적 없는 쇼핑을 했다. 한껏 들뜬 마음으로 가게 주인과 번역 앱, 계산기를 열심히 주고받았다. 외양마저 베트남 스타일로 바꿔 현지 적응을 하겠다는 기대에 부풀었는데 이런, 옷이 작아도 너무 작다. 가게 주인은 분명 "라지, 라지"라고 했는데, 몸통을 어찌 저찌 꿰어 넣어도 길이가 짧아 난감했다. 이렇게 첫 쇼핑은 실패로 돌아갔다.

키가 큰 편이라 한국에서도 쇼핑이 쉽지는 않았는데, 베트남에서는 이런 상황이 더 자주 찾아왔다. 나는 가끔 소인국 나라에서 옷을 찾는 거인이 되곤 했다. 한국에서는 44나 55 사이즈가 유행이라는데 베트남 옷 가게에서는 언제나 "엑스라지!"를 외치곤 했다. 특별히 사이즈를 나눠놓지 않은 보세 매장이나 시장, 가판대에서 옷을 사는 건 더욱 힘들었다. 주인들은 한 눈에 봐도 배를 겨우 가릴 수나 있을까 싶은 옷도 "굳굳, 오께오께"라며 나한테 맞는 사이즈라고 우겼다. 눈대중으로 대충 '될 것 같은데' 싶어 사온 옷들은 입으려고 시도하는 순간 안 된다는 걸 알 수 있었다. 욕심을 부려 몸을 욱여넣으면 옷이 찢어질 것 같았다. 라지나 엑스라지 사이즈가 적힌 태그를 보고 샀는데 한국에서는 스몰이나 미디움 사이즈가 아닐까 싶게 작아 좌절하기도 했다.

결국 일반 보세 매장이나 로컬 매장에서 옷 사는 걸 포기해야 했다. 새 옷이 필요하면 글로벌 브랜드 매장을 찾을 수밖에 없었다. 글로벌 브랜드 매장의 문제는 가격도 글로벌하게 통일되어 있다는 것. 한국과 같은 가격으로 쇼핑하는 건 억울했다. 한번은 한국 쇼핑몰에서 주문한 옷을 베트남으로 받아봤다가 혼자 실성한 사람처럼 웃어버렸다. 메이드 인 베트남made in Vietnam이라고 적힌 태그가 덜렁

거리고 있었기 때문이다. 그래, 이곳은 세계의 옷 공장이 있는 베트남이 아닌가! 한국에서 옷 받는 것은 포기했다.

중국에 이은 세계의 공장

베트남에는 언더아머, 나이키 등 글로벌 유명 브랜드들 의류 생산 공장이 몰려 있다. 그리고 이 물건들 일부는 짝퉁으로 복제되어 나오거나 빼돌려지곤 한다. 호찌민에는 이런 상품들이 모여 있는 '사이공스퀘어'라는 곳이 있었다. 우리로 치면 동대문이나 명동 보세시장과 비슷한 곳이다. 주로 유명 브랜드 제품을 복제한 소위 '짝퉁' 상품을 판매했다. 몇몇 가게는 유명 브랜드 하청 공장에서 빼돌린 제품을 팔아 인기가 많았다. 베트남에 사는 사람들 사이에서 '빼돌린 상품'을 파는 매장이 어디인지 정보가 돌았다.

하노이의 한 아파트 단지 안에 있는 의류 매장은 짝퉁 제품과 빼돌린 제품을 철저히(?) 구분해 파는 것으로 인기를 끌었다. 유명 브랜드를 따라 해서 만든 짝퉁 제품과 실제 브랜드 공장에서 같은 원단을 이용해 만든 제품, 원단만 달리해 같은 틀에서 찍어낸 제품을 구별해 가격 차별화 정책을 펼친 것이다. 나이키, 언더아머, 타이틀리스트 등 한국 사람에게 인기가 많은 골프·스포츠 브랜드가 즐비했고, 핸드백이나 액세서리 등을 파는 매장도 있었다. 주말이면 한국에서 온 여행객들이 매장을 휩쓸고 갔다.

세계적인 브랜드들이 짝퉁 제품 제조를 용납할 리가 없을 텐데 어떻게 이런 제품들이 나오는지 물었다. 주문받은 제품 원단을 아껴 남은 원단으로 만든 물건에서 상표를 떼고 유통하거나 원단을 외부에서 따로 구해서 같은 틀에 넣고 찍어낸 뒤에 물건을 빼돌려 가욋돈을 번다고 했다. 믿거나 말거나이지만, 짝퉁 제품에 비해서 '빼돌린 물건'의 질이 확연히 좋다는 소문이 돌면서 인기를 끌었다. 한국에서 삼삼오오 놀러온 여행객들이 짐을 잔뜩 짊어지고 뿌듯한 표정으로 가는 걸 자주 보게 됐다.

달라도 너무 다른 하노이와 호찌민

베트남 거주 기간이 늘어날수록 쇼핑 노하우도 쌓여갔다. 그중 하나는 '로컬 매장에서 옷을 살 거라면 호찌민보다 하노이에서 사는 게 낫다'는 것이었다. 평균적으로 하노이 사람들의 키가 더 크기 때문이다. 한국의 3.3배에 달하는 면적의 국가가 위아래로 길게 뻗어 있는 베트남은 지역마다 인종도 성향도 문화도 달랐다.

특히 베트남의 남부 도시 호찌민과 북부 도시 하노이는 같은 베트남 도시인데도 불구하고 서로 다른 것이 많다. 사람들은 각 도시의 기능적 특징(행정 수도 하노이, 경제 수도 호찌민)으로 구별해 두 도시를 서울과 부산에 비교하곤 하지만 실제로 체감되는 차이는 그보다 더 크다. 북한 평양과 한국 서울 정도의 차이가 아닐까. 실제로 사회주의 영향을 많이 받은 하노이와 북한 평양의 분위기가 비슷하다고 보는 사람이 많다. 미국 등과 오랜 시간 교역한 호찌민은 조금 더 개방적이고 자본주의적인 성격이 강하다. 이 두 도시를 오갈 때면 가끔은 아예 다른 나라를 가는 것 같은 느낌을 받기도 했다.

당장 눈에 띄는 외모부터 다르다. 남방계인 호찌민 사람들은 피부색도 조금 더 검고, 키와 덩치도 더 작다. 하지만 하노이에서는 키 170센티미터가 넘는 사람도 자주 보이고, 피부가 하얀 사람도 꽤 눈에 띄는 편이다. 큰 키에 하얀 피부, 긴 생머리라는 베트남 미인의 기준에는 하노이 사람들이 더 부합한다. 그래서 아이돌 가수나 배우 같은 연예인은 하노이 출신이 많다.

그럼에도 불구하고 '베트남 어느 지역에 미인이 많은가'라는 질문의 답은 사람마다 다르다. 연예인이 많은 하노이 지역에 미인이 많다는 의견과 중부 지역에 미인이 많다는 의견 등이 충돌한다. 2021년 미스 베트남 1~3위는 모두 호찌민 출신이 차지했고, 2018년에는 역대 최초로 소수민족 출신의 여성인 헨니에가 미스 베트남으로 뽑혀 화제가 되기도 했다.

성적으로 개방된 정도에도 차이가 있다. 유교적 성향이 강하고 권위적인 하노이에서는 동성 커플이 공공장소에서 애정 행각을 벌이는 게 터부시되지만, 호찌민은 상대적으로 개방적이다. 게이나 레즈비언 같은 동성 커플은 호찌민에서 쉽게 만날 수 있다. 호찌민 카페에서 앞에 있는 여성 커플이 계속 뽀뽀를 해 당황스러웠던 적이 있는데 아무도 그들을 신경 쓰지 않았다. 그들은 주변을 빽빽이 메운 사람들을 신경 쓰지 않았고, 다른 이들도 그들을 자연스럽게 받아들였다. 부이비엔이라는 여행자의 거리에서 서로의 뒷주머니에 손을 찔러 넣고 허리를 감은 채 걷고 있는 남성 커플이 목격되기도 한다. 유교적 성향이 아직 강한 하노이에서는 어른들이 눈살을 찌푸리는 경우가 많다고 하는데, 호찌민에서는 그들이 뭘 하든 별로 신경 쓰는 사람이 없다.

먹는 음식도 다르다. 베트남 음식의 대표 격인 포pho는 하노이가 원조다. 더운 남부 지역의 음식은 조금 더 짜고 달다. 남부 지역 쌀국수인 후티에우Hủtiếu를 처음 먹었을 때는 설탕을 잘못 쏟았나 싶을 정도로 단맛에 깜짝 놀랐다.

직장인들에게 중요한 회식 문화 역시 지역별로 다르다. 하노이에서는 손님을 접대하거나 회식 때 넵머이(베트남 보드카), 하노이 보드카 같은 전통주나 독주를 마신다. 한국에서 온 귀한 손님을 접대하겠다며 사파 소수민족의 전통주를 내놓기도 한다. 찹쌀 등을 발효시켜 만든 술로, 우리나라의 막걸리와 맛이 비슷하다. 커다란 항아리에 기다란 대나무 빨대를 여러 개 꽂아 다 같이 빨아 마신다. 우리나라에서 우정과 의리를 다지겠다며 사발주를 마시는 것은 느낌이다. 위생을 걱정하는 사람도 있지만 그것을 걱정하기 전에 높은 도수에 취해버렸다는 경험담이 더 많다.

너는 어느 지역에서 왔니

뭐니 뭐니 해도 두 도시의 가장 큰 차이점은 언어다. 베트남은 공식적으로 표준어가 정해져 있지 않다. 방송 뉴스나 노래 가사 같은 건 북부식 발음을 쓰지만, 우리나라처럼 어떤 지역 사람들이 쓰는 말이 전국적으로 통용된다는 기준은 없다. 표준어가 없기 때문에 말하는 걸 들어보면 어느 지역 사람인지 알기가 쉽다. 잠깐 다녔던 어학당에서 "이 단어를 하노이식으로는 어떻게 발음하나요?"라고 물었더니 선생님은 "그런 건 알 필요가 없어. 너는 호찌민에서 공부했다고 말하렴"이라고 말했다.

지역 간 언어의 차이는 가뜩이나 베트남어를 잘하지 못하는 나에게 너무 큰 장벽이었다. 남부와 북부의 발음이 다르게 들리는 가장 큰 이유는 받침으로 붙는 '-nh'를 읽는 방식 때문이다. 호찌민에서는 받침으로 오는 'ㄴ'으로 발음하지만 하노이에서는 '잉'으로 발음한다. 하노이 식당에서 호찌민식으로 "안 어이ₐₙₕ ₒᵢ(아저씨)"라고 불렀더니 종업원들이 못 들은 척 지나갔다. 들은 게 분명한데 피하는 게 이상해 다시 하노이 발음으로 "아잉 어이"라고 불렀더니 그제야 "뭐가 필요하냐"며 반응해줬다. 외국인 발음이 문제인가 고민했었지만 베트남 친구들도 "하노이 사람들은 사이공 말을 못 들은 척한다"며 불만을 터뜨렸다. 반미나 반쎄오도 남부식 명칭이다. 북부로 가면 '바잉미' '바잉쎄오'로 달라진다.

'r'을 다르게 읽는 바람에 같은 단어가 아예 다른 말처럼 들리기도 한다. 호찌민에서는 'r'을 영어처럼 '리을(ㄹ)'로 읽는데 하노이에 서는 이를 '지읒(ㅈ)' 발음으로 읽는다. 나중에 써먹겠다는 생각으로 첫 만남 인사말을 열심히 연습했는데 '만나서 반갑습니다'라는 문장에 r과 nh가 들어간 단어가 두 개나 있었다. 호찌민식으로는 '럿rất 부이 드억 갑 안anh'이지만 하노이식으로는 '젓rất 부이 드억 갑 아잉anh'으로 발음되는 것이다. 그때그때 다르게 말하는 게 쉽지 않아 하노이에서도 호찌민식으로 발음했더니 "너는 어디에 사니?"라는 질문이 돌아왔다. 한국에서 만난 외국인이 "만나서 반갑습네다"라고 하거나 "어데서 왔어예?"라는 사투리를 쓸 때 드는 이질감 같은 것이었을까.

한번은 베트남에 오래 거주한 한 사업가에게 푸념을 했다. "호찌민에서는 성조나 발음이 정확하지 않아도 외국인인 내 발음을 대충 알아들어주는데 하노이 사람들은 유독 가혹한 것 같다"라고. 그는 "그게 하노이 사람과 호찌민 사람들의 차이"라고 답했다. 예로부터 외국과의 교류가 많았던 호찌민 사람들은 외국인에게도 관대하지만, 하노이 사람들은 베트남인으로서의 자존심과 전통을 수호 하려는 문화가 더 강하다는 것이다. 실제로 외국 브랜드들이 베트남 첫 진출지로 호찌민을 택하는 이유도 개방성의 차이 때문이다.

베트남 남부와 북부 지역은 역사적 사건들을 겪으며 형성된 지역 감정이 깊은 편이다. 베트남이 통일된 지 40년 이상 지났지만, 우리나라 경상도와 전라도 지역감정은 저리 가라 할 수준이라는 설명이다. 아직도 호찌민 사람들은 호찌민이라는 지명 대신 '사이공'이라는 명칭을 보편적으로 쓴다. 1954년 베트남이 남북으로 갈라졌을 때 '남南베트남'의 수도가 사이공이었다. 호찌민 사람들은 출신을 말할 때도, 지명을 말할 때도 자연스럽게 사이공을 말한다. 비행기 항공권을 끊었을 때 나오는 '공항 코드' 역시 사이공의 약자인 'SGN'을 쓴다. 아직도 베트남이 남북으로 갈라져 있던, 남베트남 시절의 정체성을 가지고 있는 것이다.

베트남 사람들도 지역감정이 발전을 해치는 사회 문제라고 인식하고 있다. 오죽하면 박항서 감독이 베트남 선수들을 지휘·통솔할 수 있었던 게 '외국인 감독이라 지역감정이 없었기 때문'이라는 분석이 나올까. 다양한 지역에서 모인 베트남 축구 국가대표팀이 우승을 거듭하면서 뿌리 깊었던 베트남의 지역감정이 옅어지고 있다는 이야기도 들린다. 하지만 베트남 사람 역시 아직도 처음 만난 사람에게 고향이 어디냐고 묻는다. 외국인인 나에겐 고향이나 국적이 뭐 중요하나 싶기도 하다. 그냥 너와 내가 만나서 반가우면 그뿐. 결국 베트남에서 만난 모두가 친구가 된 것처럼 말이다. 오늘도 나는, 당신을 만나서 반갑습니다.

베트남 '가짜와의 전쟁'

베트남에서는 '짝퉁'으로 불리는 위조·모조 상품을 흔히 볼 수 있다. 하노이 호안끼엠 거리 인근의 옷가게에는 나이키, 아디다스, 노스페이스 등 유명 브랜드 의류가 반의반 값도 안 되는 가격으로 진열돼 있고, 호찌민 사이공스퀘어 같은 곳에서는 샤넬, 페라가모, 루이비통 같은 명품백과 신발, 골프 의류와 가방 등이 불티나게 팔린다.

베트남에서 한국 제품이 인기를 끌면서 한국 제품을 따라 한 짝퉁 주의보가 내려지기도 했다. 2023년 1월, 베트남 설 명절인 뗏을 앞두고 시장에서 '짝퉁 초코파이'가 쏟아졌다. 명절 선물로 인기가 많은 한국 기업 '오리온'의 초코파이와 카스타드를 본떠 만든 위조 상품이 공안의 단속에 걸린 것이다. 하노이 시장관리부는 초코파이를 베낀 '초쿠파이'와 '추코파이' 등과 카스타드의 현지 상표명인 쿠스타스를 베낀 가짜 '쿠스타드' 같은 위조품을 대거 적발했다고 밝혔다. 가격이 비정상적으로 싸거나 상표가 다른 제품을 주의하라는 당부도 함께 떨어졌다.

코로나 기간에는 가짜 건강기능식품과 마스크 등이 한국산으로 둔갑했다. 한국에서 유통되는 상표와 포장재를 똑같이 베껴낸 우황청심환이 비싼 값에 유통되고, 온라인을 중심으로 한국 식약처 인증인 KF Korea Filter 인증을 단 마스크가 불티나게 팔렸지만 정식 인증을 받은 업체들이 아니었다.

과일까지 짝퉁을 만들어낸다. 코로나 기간 한국산으로 위장한 '배'가 유통된 것이다. 한국산 배는 과즙이 많고, 맛이 달아 베트남 한인 마트와 고급 매장에서 비싼 값에 팔린다. 코트라에 따르면 한국산으로 위장한 배는 일반적으로 판매되는 가격(1킬로그램당 최대 35만 동)의 3분의 1도 안 되는 가격에 판매되고 있었다고 한다.

한글 브랜드명을 사용해 한국 기업인 것처럼 행세하는 생활용품 매장들이 대형 쇼핑몰과 관광지에 자리잡기도 했다. 삼무나 무궁생활, 무무소 같은 생활용품 전문점은 중국 기업임에도 불구하고 한글 간판을 걸어놓고, 매장에 케이팝을 틀어 한국 매장인 것처럼 오인할 수 있도록 영업했다. '격렬한 시원하고 상쾌' '많이 맛 향수' 같은 엉터리 한글 설명을 읽으면 이상하다는 생각이 들지만 깨알같이 작은 설명을 읽어보지 않거나 한글을 모른다면 한국산 제품이라고 깜빡 속을 수밖에 없는 것이다.

한국지식재산보호원에 따르면 지난 2017~2022년 베트남에서 한국 브랜드를 모방한 것으로 의심된 사례는 1730건에 달했다. 베트남에서 상표를 도용하면 300만~500만 동의 벌금이 부과되고, 원산지 등 제품 정보를 속이면 1000만~2000만 동의 벌금이 부과된다. 하지만 짝퉁 근절은 쉽지 않은 일로 보인다. 최근에는 직접 상품을 확인하기 어려운 쇼피나 라자다 같은 온라인 쇼핑몰에서 가짜 한국 화장품 등이 늘어나고 있다.

코트라 등은 한국에서 등록했더라도, 베트남에 진출할 경우 상표나 디자인, 특허 등 지식재산권 등록을 꼭 해야 한다고 조언한다. 베트남에 진출하겠다고 준비를 하다가 일을 돕겠다던 베트남 파트너가 먼저 상표 등록을 하거나, 가짜 상품을 만들어내는 피해가 종종 발생하기 때문이다. 하지만 베트남에선 상표권 출원 신청을 하더라도 등록까지 수년이 걸리는 경우가 있어 제품을 먼저 판매하다가 상표권을 침해당하는 경우가 늘고 있다. 이 때문에 상표권이 나오기 전 디자인권이나 저작권을 먼저 등록해 위조 상품에 대응하는 방식을 쓰기도 하고, 쇼피나 라자다 같은 온라인 쇼핑몰에서 직접 위조 상품을 찾아내 판매 게시 중단을 요구하기도 한다.

한국은 "빨리빨리" 베트남은 "콤싸오"

"늦었다!" 시내에서 저녁 약속이 있는데 퇴근 시간에 딱 걸려버렸다. 베트남에서는 오전 출근 시간 말고도 아이들 하교 시간, 직장인들의 퇴근 시간까지 하루에 총 세 번의 러시아워가 있다. 아이들이 직접 오토바이를 끌고 집에 갈 수 없으니 아이들을 집에 데려다주려는 오토바이가 하교 시간에 몰린다. 출퇴근 시간 도로가 막히는 건 전 세계 공통. 어쩐담! 발등에 불이 떨어졌다.

집에서부터 택시 앱을 켜 부산을 떨어봤지만 야속한 택시들은 나를 태워 갈 생각을 하지 않았다. 배차에 실패했다는 메시지를 보며 발만 동동 구를 뿐. 노련한 택시 기사들은 러시아워가 되면 그 어느 때보다 빠른 손가락 놀림으로 비싼 가격의 콜을 귀신같이 잡아낸다. 몇 번의 시도 끝에 손이 느린 게 분명한 택시 기사가 내 콜을 잡았다. 시내로 가는 지하차도를 그냥 지나치려는 그에게 "여기로 들어가야 해요!"라고 급하게 말한 내 탓이었을까. 잠깐 당황해하던 택시 기사가 급하게 핸들을 꺾자 뒤따라오던 차량들이 끼익 소리를 내며 가까스로 멈춰 섰다. 뒷좌석에 있던 나는 조수석 등받이를 이마로 들이받았다. 띵하게 울리는 머리와 뻐근한 목을 부여잡고 황급히 주변을 둘러보니 오토바이들이 택시를 발로 차고 경적을 울리며 욕하고 있었다. 택시 기사가 나를 보며 씩 웃더니 말했다. "콤싸오(괜찮아)!"

그는 '괜찮냐?'고 묻는 게 아니라 '괜찮다!'고 말했다. 내가 괜찮은지 아닌지를 왜 당신이 판단하는 거냐고 따져 묻고 싶지만 유창하지 못한 내 베트남어로 항의는 먼말이다. "콤, 콤싸오(괜찮지 않아! 직역하면 노, 오케이)!" 콩글리시 아닌 콩베트남어를 남발하며 화난 표정을 짓자 그가 한마디 덧붙인다. "빈트엉, 빈트엉(보통, 보통)." 흔한 일이라는 뜻이다.

그래, 이런 일은 한두 번이 아니었다. 하노이 출장을 위해 공항으로 가던 길에서도 운전이 미숙한 택시 기사가 8차선 도로에서 갑자기 후진했다. 뒤따라오던 오토바이들이 쿵, 쿵, 쿵, 쿵 뒷범퍼를 들이받았다. 충격을 고스란히 받아낸 허리를 붙잡고 "안 돼!"라며 계속 후진하려는 기사를 막아봤지만 그는 또 말했다. "콤싸오."

한국이었다면 아마도 당장 택시 번호를 찍어 다산 콜센터와 택시 회사에 항의 전화를 했을 것이다. 그런데 어쩌겠는가, 이곳은 베트남인걸. 그래, 여기에서는 이런 일들이 '보통의 일'이지. 화를 내봤자 나만 손해라는 걸 모르는 게 아니다.

베트남은 오늘도 콤싸오!

한국인의 성격을 대표하는 단어가 '빨리빨리'인 것처럼, 베트남 사람들의 성격을 대변하는 단어 하나를 꼽으라면 바로 '콤싸오Không sao'다. '아니다, 없다'라는 부정을 나타내는 말 '콤'에 이유나 행위의 방식을 뜻하는 '싸오'를 붙인 이 말은 북한 말 '일 없습네다'나 중국어 '没事(일없다)'와 비슷한 구조로, 결국 '괜찮다'라는 뜻이다. '없다'라는 뜻의 콤을 살짝 강조하면서 뒷부분 싸오를 늘려 말하는 이 말은 "콤, 싸-오"라는 리듬이 정석이다.

현실의 콤싸오는 상황마다 서로 다른 속도와 강세로 그 의미를 달리한다. 카페에서 커피를 쏟아 당황하는 나에게 카페 직원은 나를 보며 느린 속도로 "콤, 싸~오"라고 말한다. 아무 일 아니니 걱정하지 말라는 위로다. 사고를 낼 뻔한 택시 기사는 세상 빠른 속도로 "콤싸오/콤싸~오~"라고 외친다. '별일 아니니 그냥 넘어가자'는 회유다. 출장 간 호텔에서 예약한 방이 없다는 직원에게 항의하자 그 직원은 세상 귀찮은 일이 생겼다는 말투로 "콤싸오/콤싸오"라며 손을 저었다. '네가 원하는 대로 해결해줄 테니, 뭐라 하지 말고 기다려 보라'는 입막음이다. 우리나라에서 "괜찮아"라는 말이 다양한 뜻으로 쓰이는 것과 같다. 내가 들은 콤싸오의 횟수가 늘어날수록 베트남 사회에 대한 이해의 폭도 넓어졌다. 한국에서 일하는 외국인들이 가장 먼저 배우는 말이 '빨리빨리'라고 하지 않는가.

한국인의 빨리빨리 문화는 한국전쟁 이후 폐허가 된 한국이 산업

화를 거쳐 경제 대국으로 올라서는 과정에서 나온 산물이었다. 산업화 시대, 절차나 원칙보다 업무 성과와 결과를 내는 게 중요했던 우리는 '빨리빨리'를 외치며 경제 성장을 이뤄냈다. 그사이 인권이나 노동 현장의 부조리함이 잊히는 부작용도 있었지만.

'빨리빨리'가 한국 경제 성장의 주역이었다면 '콤싸오'는 사회적 인프라와 정책이 미비한 베트남의 심리 치료제다. 술자리 시비가 칼싸움으로 번질 정도로 다혈질인 베트남 사람들이지만 엔간한 접촉 사고는 콤싸오라는 말로 넘기고 만다. 길을 가다 오토바이에 치여 다리를 절뚝거리는 행인도 콤싸오를 외치며 가던 길을 간다. 범퍼끼리 맞닿기만 해도 경찰과 보험사를 불러 서로의 잘잘못이 몇 퍼센트인지 싸우는 우리 눈에는 이런 상황이 비합리적으로 보일 수밖에 없다.

하지만 베트남 사람들은 경찰을 부르면 길바닥에서 두세 시간을 기다려야 하고, 차량 블랙박스나 도로 CCTV가 없으면 경찰 역시 객관적으로 책임 여부를 따질 수 없다는 걸 안다. 경찰이 잘잘못을 가려준다고 해도 상대방이 "돈 없다"라며 누워버리면 그만이다. 베트남에서 손해 보험에 가입한 사람은 10명 중 1명 수준에 불과하다. 쫓아다니며 돈을 받아낼 재간이 없다면 불가항력적인 일로 여기고 훌훌 털어 넘기는 게 낫다.

정부의 말 한마디에 각종 규제와 정책이 바뀌어도, 이미 인허가를 받은 사업을 다시 평가하겠다고 할 때도 베트남 사람들은 '괜찮다'는 말로 자신을 위로한다. 항의하거나 반발해봤자 바뀌는 것도 없는데 속을 끓여봤자 나만 손해. 바뀐 환경에 맞춰 대응책을 찾는 게 최선이다. 한국이었다면 경찰에 신고하고, 소송을 걸고, 삿대질하며 언성 높여 싸울 일도 콤싸오라는 말 한마디에 별거 아닌 일처럼 여겨진다. 잘잘못 따져봐야 달라질 것 없는 일에 화내면 남는 건 화병 뿐. 어쩌면 이 단어는 베트남 사람들의 마음을 어루만지는 강력한 심리 치료제가 아닐까.

빨리빨리가 체질인 우리 민족과 콤싸오를 외치는 베트남 사람들이 서로를 이해하기까지는 시간이 걸릴 수밖에 없다. 어쩌면 끝끝내 서로를 답답해하며 끝날 수도 있다. 어차피 해결되지 않을 일이라면 콤싸오 정신을 배워보는 것도 방법인데, 사실 쉽지는 않다.

답답하면 외쳐보자, TIV

안타깝게도 콤싸오의 마법은 베트남 사람들에 한정된다. 많은 한국 사람에게 이 콤싸오 문화는 말 한마디로 문제 상황을 가볍게 넘기는 것처럼 들리기 때문이다.

콤싸오가 넘치는 베트남에서는 '미안합니다' '실례합니다'를 뜻하는 '씬로이Xin lỗi'가 실종이다. 가벼운 실수 앞에서 들을 수 있는 씬로이를 진짜 잘못한 일 앞에서는 듣기 어렵다. 씬로이의 자리를 콤싸오가 대신하는 경우가 많다. 잘못한 게 없어도 "실례합니다" "죄송합니다"를 붙이는 한국 사람들은 자신의 잘못 앞에서 콤싸오를 외치는 베트남 사람들을 보면서 속이 터진다고 말한다.

미안하다는 말을 잘 하지 않는 베트남 문화에 대해서는 여러 해석이 있다. 나에게는 "역사적으로 수차례 전쟁과 침략을 겪은 베트남 사람들에게 '미안하다'는 말은 자신의 잘못을 인정한다는 뜻이 되기 때문"이라는 해석이 가장 그럴싸하게 들린다. 잘못을 인정하는 건 결국 책임 소재도 그 사람에게 있다는 뜻. 자칫하다가는 목숨으로 그 책임을 져야 할 수도 있다. 잘잘못을 떠나 목숨 부지부터 해야 했던 이들이 미안하다는 말을 쓰지 않다 보니 습관이 됐다는 설명이다. 뭐, 단순히 자존심이 강한 이들이라 그렇다는 말도 있지만. 베트남 사람들에게 이유를 물으면 "그냥 우리는 그래"라는 말밖에 돌아오지 않는다. 하지만 그 역시 정답 아니겠나 싶다.

어찌 됐거나 콤싸오는 베트남 사람들의 화병 치료제인 동시에 한국 사람의 분노 유발 버튼이 되곤 한다. 택시 사고를 당했을 때처럼, 자신들이 잘못해놓고 외치는 콤싸오는 스스로 면죄부를 주는 느낌이기 때문이다. 베트남어를 잘하지 못하는 한국인이라면 더 속이 터진다. 베트남 사람들은 외국인의 말을 잘 알아듣지 못하면 어색한 듯 눈을 피하거나 옆 사람에게 "뭐라는 거지?"라며 웃는다. 문제의 심각성을 모르고 비웃고 있는 건가 하는 분노가 치솟는다. 여기에 "괜찮다"라는 말만 반복하며 어쩔 수 없다는 듯 어깨를 으쓱거리면 화를 내는 나만 바보가 됐다는 자괴감마저 몰려온다.

베트남에서 사업하는 한국 사람들이 모이면, 사과하지 않는 베트남 직원들에 대한 성토대회가 열린다. 업무상 과실로 회사가 손해를 입게 생겼는데도 미안하다는 말 대신 변명만 늘어놓는다는 등의 에피소드가 넘쳐난다. 변명 대신 해결책을 찾고 싶은 빨리빨리의 민족에게는 무책임한 말처럼 들릴 수밖에 없다. 또다시 생각해본다. 답답해도 어쩌겠는가, 여기는 베트남인데!

베트남 사람들의 콤싸오에 지친 외국인들은 결국 우리의 심리 치유를 담당할 단어를 만들어냈다. '이것이 베트남This Is Vietnam'이라는 뜻의 'TIV'라는 단어다. 가끔은 답답하고 이해되지 않는 베트남 생활에 대한 고충을 토로할 때마다 결국 답은 TIV, '이게 바로 베트남인데 어쩌겠느냐'는 것이었다. 미국 친구도, 캐나다 사장님도, 프랑스 직원도 TIV를 외쳤다. 그래, 여기는 베트남인데 대체 우리가 뭘 어쩌겠나, 그들을 이해해야지. 베트남 생활이 답답할 때, 그들이 이해가 가지 않을 때, 베트남 사람에게 화가 나고 속이 터질 때 마음을 가라앉히고 싶다면 외쳐본다, TIV!

'남연차 북우중' 베트남 성공의 법칙

하노이에서 만난 20대 베트남 여성 호아는 일하는 중 짬이 나자 책을 읽기 시작했다. 스마트폰을 쥐고 사는 베트남 사람들만 보고 살다가 책을 읽는 사람을 만나니 그 자체가 생경했다. 문득 그 책의 이름이 궁금해져 "무슨 책을 읽느냐"고 했더니 대답 대신 책을 덮어 겉표지를 보여줬다. 익숙한 사람의 얼굴이 보여 유심히 들여다보니 대우그룹 김우중 회장의 자서전《세계는 넓고, 할 일은 많다》였다. 베트남에서 만난 20대 여성이 우리나라 기업인인 김우중 회장의 자서전을 읽고 있을 거라고 그 누가 상상을 했겠는가. "이 책은 왜 읽는거냐"는 나의 물음에 그는 당연하다는 듯이 말했다. "성공한 기업가의 이야기라 배울 게 많아서요."

베트남에서 성공한 한국 기업가를 꼽으라면 단연 대우그룹 김우중 회장과 태광실업 박연차 회장을 꼽는다. 남쪽에서는 태광이, 북쪽에서는 대우가 지역 경제와 개발 사업을 주도한다는 뜻으로 '남연차, 북우중'이라는 말이 통용되기도 했다. 공교롭게도 김우중 회장은 2019년 12월, 박연차 회장은 2020년 1월, 채 두 달 사이에 유명을 달리했다. 베트남에서 차려진 이들의 분향소에는 한국인은 물론, 베트남 정재계 인사들과 장학생 등 베트남 사람들의 조문이 끊이지 않았다.

베트남 곳곳에는 여전히 김우중 회장과 박연차 회장의 유산이 남아 있다. 하노이의 부촌富村에 건설되고 있는 신도시 '스타레이크시티'는 김우중 회장이 1996년 베트남 정부에 제안한 신도시이다. 외환위기로 대우그룹이 해체되며 좌초될 뻔했던 스타레이크시티는 2006년 투자허가 승인을 받아 2단계 사업을 진행 중이다. 베트남 최대 규모의 유통시설, 고급 호텔과 기업들이 이곳에 자리를 잡으면서 스타레이크시티가 베트남의 대표적인 신도시가 될 것이라는 전망이 힘을 얻고 있다.

베트남에서 나이키 신발에 대한 주문자상표부착생산OEM 방식의 공장을 운영한 박연차 회장은 '베트남 신발왕'으로도 불렸다. 동나이와 떠이닌, 껀터 등에서 운영하는 3개의 신발 공장에서 밥벌이를 하는 직원만 5만여 명에 이른다. 태광실업은 남부지역을 중심으로 대규모 투자를 벌였다. 정산골프장과 남딘성 화력발전소 건설을 수주한 것도 태광이었다.

여전히 베트남 정재계 인사들은 한국 기업인들을 만나면 '베트남 진출 1세대 기업'을 이끈 김우중·박연차 회장처럼 투자하라고 조언한다. 입에 발린 비즈니스적 수사라고 하기에는 진심이 느껴진다. 지난 2022년 도 반 스 베트남 외국인투자청 부청장은 한국 기업가들을 만나 "베트남에서 성공하고 싶으면 친구가 돼라"고 말했다. 이는 김우중 회장이 했던 말이다. 그는 "개인적으로 김우중 회장을 존경한다"는 말도 덧붙였다. 응우옌 쑤언 푹 전 베트남 총리는 태광실업을 두고 "베트남에 투자한 기업 중 가장 모범적인 기업"이라며 "베트남 국민 기업으로 성장해달라"고 부탁하기도 했다.

사실상 '외국인'인 이들에 대한 국가적 신망이 두터운 이유는 베트남이 어려웠던 시기, 두 그룹이 베트남에 대한 투자와 지원을 아끼지 않았다는 사실을 알고 있기 때문이다. 한국과 수교를 시작하기도 전인 1989년 베트남에 15억 달러를 투자해 베트남 시장 진출의 기틀을 닦은 것도 대우 김우중 회장이었다. 그는 2010년 대우세계경영연구회를 통해 글로벌 청년 사업가 양성 과정인 GYBMGlobal Young Business Manager을 만들었다. 한국 청년들이 베트남에 진출할 수 있도록 교육하는 장학사업이 지금까지 이어지고 있다. 태광실업은 베트남 현지인 관리자를 육성하고, 사내병원과 직원 전용마트 같은 직원 복지 시설을 운영한 것으로 유명하다. 베트남 미래 인재 육성을 위해 1000만 달러를 기부해 지은 '태광 푸꾸옥 기술전문대학'을 베트남 정부에 기증하기도 했다.

베트남 사람들의 존경은 이들이 단순한 '기업인'이라서가 아니다.

진심으로 베트남 사람들을 직원으로 존중하고, 이 나라를 위해 투자를 아끼지 않았다는 것을 알기 때문이다. 베트남 성공의 제1법칙, 그들의 '마음'을 얻어라.

오토바이 천국이라는
당연한 수식어

뻔한 이야기인 것 같지만 '오토바이 천국'이라는 수식어를 빼놓고 베트남을 이야기할 수는 없다. 오토바이, 오토바이, 오토바이! 베트남 사람만큼 많이 보이는 게 오토바이고, 오토바이를 타지 않고는 베트남 생활을 할 수 없다. 베트남에 사는 한, 오토바이 소리는 24시간 내내 깔리는 배경음악이 된다. 걸음조차 제대로 못 걷는 갓난아이도 부모의 품에 안겨 오토바이 안장 위에 착 붙어 앉는다. 자기 몸집보다 큰 짐을 진 오토바이도, 쌀가마니 여덟 개를 얹은 오토바이도 중심을 잡고 도로를 달린다. 성인 남성 네 명이 오토바이 한 대에 차곡차곡 포개 앉은 걸 보면 저 사람들 체격이 유달리 작은 건지, 묘기 대행진이 재현된 건지 경이로울 뿐이다. 두 바퀴로 달리는 구동 장치에 대한 경험이 차곡차곡 쌓여 오랜 기간 DNA에 새겨지고 다음 세대에게 유전되는 게 분명하다.

기사에 쓸 사진이 필요한 날이면 아침 일찍부터 준비를 해야 했

91

다. 길에 오토바이가 쏟아지기 전인 오전 6시쯤 사진 찍을 곳으로 이동해 '오늘의 한 컷' 주인공을 찾는다. 아침 길거리를 가장 먼저 차지하는 건 오토바이에 들통이나 화구를 얹은 이동식 가게들이다. 조리 도구와 쇼케이스를 매단 오토바이들이 도로 양쪽을 메운다. 도로가 좁아지거나 정지 신호가 긴 곳에는 오토바이 좌판들이 어김 없이 늘어선다. 간장에 졸인 고기와 채소를 쌀밥 위에 한 국자 푹 떠서 주는 2만 동짜리 도시락은 출근하는 노동자들의 점심 식사가 되고, 선지와 돼지 부속물, 채소를 잘게 썰어 끓인 죽은 가벼운 아침 식사가 된다. 기다랗고 투명한 비닐 봉다리(왠지 봉지보다 봉다리가 어울린다)에 담긴 반미는 오토바이 손잡이에 걸고 가기에 딱이고, 아직 덜 깬 잠을 번쩍 깨워줄 커피 좌판에도 줄이 길다.

베트남에서 오토바이는 단순히 이동 수단을 뜻하지 않는다. 온 가족의 이동 수단이자 생계 수단, 집 이외의 가장 큰 자산이기도 하다. 오토바이 위는 베트남 사람이 이부자리 다음으로 많은 시간을 보내는 장소다. 베트남에서 걸어 다니는 사람은 '외국인 관광객, 미친놈, 개' 이렇게 셋뿐이라는 말이 있을 정도로 오토바이는 이동의 기본이자 떼려야 뗄 수 없는 필수품이다. 빈부도 따지지 않는다. 벤츠 세단을 타고 집에 들어갔던 부잣집 사장님도 친구를 만나러 갈 때는 직접 오토바이를 끌고 나온다. SUV 차량을 몰던 직장인도 근처 시장에 갈 때는 오토바이를 탈 수밖에 없다. 도로에 새까맣게 들어선 오토바이 사이로 일반 승용차나 SUV 같은 차량을 몰고 나갔다가는 이동 시간이 배로 늘어나고, 주차비까지 물어야 하기 때문이다. 베트남은 오토바이를 교통수단으로 삼는 인구가 전 세계에서 네 번째로 많다. 중국, 인도, 인도네시아 다음이라고 한다. 베트남 사람 두 명 중 한 명은 오토바이 소유자다. 등록되지 않은 오토바이까지 더하면 실제 숫자가 더 많을 걸로 추정된다.

베트남 사람들의 삶에서 오토바이는 의식주를 구성하는 또 하나의 요건이다. 내 눈에는 오토바이들이 다 거기서 거기로 보이는데, 갓난아이일 때부터 부모 품에 안겨 오토바이를 타고 자란 아이들은 학교 정문 앞을 빼곡히 메운 오토바이들 사이에서 자기 부모를 귀신같이 알아본다.

오토바이 천국이거나 지옥이거나

"그래서 넌 오토바이를 직접 운전했어?"라는 사람들의 질문에 나는 "아니오"라고 답한다. 운전을 하고 다닐까도 생각해봤지만, 베트남 생활에 익숙해질수록 '운전은 하지 말자'고 결론 내리게 됐다. 실제로 베트남에서 사업하려거나 주재원으로 나갈 예정인 사람들은 "직접 운전할 만한가요?"라는 질문을 많이 한다. 이에 대해서도 내 대답은 역시 "아니오"다. 제발 최소 1년은 생활한 뒤에 운전대를 잡으라고 말해도 한국에서의 운전 실력을 뽐내고 싶어 하는 사람이 왜 이렇게 많은지…. 그동안 몇 명을 뜯어말렸는지 모른다.

실제로 일부 대기업들은 주재원을 파견할 때 '운전하지 않겠다'는 서약서를 쓰게 한다. 베트남 신호 체계와 현지인들의 운전 습관에 적응하지 못한 상태에서는 주재원의 운전 실력과 상관없이 사고 날 확률이 높기 때문이다. 사고가 난 뒤 공적인 방식보다 사적인 방식으로 처리하는 데 익숙한 베트남 사람들과 합의를 보기도 어렵다. 한국 운전자 차량과 베트남 오토바이가 부딪치면 곧바로 한국 사람이 '길거리 인민재판'에 처해진다. 누가 신호를 어겼는지, 먼저 끼어들었는지는 상관없다. 시시비비나 잘잘못을 가릴 새도 없이 베트남 사람 수십 명이 모여들기 때문이다. 이들은 "무조건 당신이 잘못했다" "당신이 다 책임지라"며 삿대질을 하고 보상을 압박한다. 이런 상황에서 안전하게 빠져나오려면 어느 정도 베트남에 익숙해진 뒤여야 한다는 게 나의 논리다. 주재원을 파견한 대부분의 기업들이 주재원들에게 차량과 기사를 제공하는 것 역시 사고가 난 뒤 지출되는 비용보다 기사와 차량을 제공하는 비용이 적게 든다는 경험이 쌓였기 때문일 것이다.

사실 베트남 사람들의 운전 실력은 알다가도 모르겠는 게 사실이다. 교통신호나 법규보다 각자의 '감'에 의지해 움직이기 때문이다. 베트남 운전자들이 쉴 새 없이 경적을 울리는 건, 사고 방지를 위해 지켜야 할 매너에 속한다. 교통 시스템이 아니라 눈치로 움직이는 사람들에게 "여기에 차가 있다!"라는 신호를 보내는 것이다. 시골길이나 고속도로, 이면 도로를 달리는 차량들이 한순간도 쉬지 않고 '빵빵, 빵빵빵빵' 하며 경적을 울려대는 것도 여기에 이유가 있다. 경적을 울리는 게 위협이나 경고의 의미인 우리나라였으면 당장에

멱살을 붙잡을 일이다.

문제는 몇 시간씩 떨어진 지방에 갈 때도 이 매너가 지켜진다는 것이다. 목적지에 도착하기 전부터 귀가 먹먹해지는 경험을 할 수 있다. 베트남의 오토바이와 차량은 복잡한 삼거리나 사거리에서 신호도 없이 뒤엉켜 동서남북으로 각자 갈 길을 간다. 모닥불 같은 걸 멍하니 보며 마음의 평화를 찾는 '불멍'이 유행이라는데, 베트남에서는 '길멍'이 가능하다. 높은 층에 있는 카페에 앉아 사거리나 오거리를 내려다보고 있으면, 교차로에서 벌어지는 오토바이의 행위 예술을 보고 있는 듯한 착각에 빠진다.

이런 베트남 도로를 건너는 일이야말로 외국인들이 가장 어려워하는 일 중 하나다. 길을 건널 때는 두 가지 대전제만 지키면 된다. 절대 멈추거나 갑자기 속도를 내지 말 것, 가던 속도 그대로 직진할 것. 내가 가던 속도를 유지하기만 하면, 오토바이를 탄 상대방 역시 나에게 맞춰 방향을 틀거나 속도를 조절하기 때문이다. 예상 밖의 일만 하지 않는다면 안전하다는 게 베트남의 불문율이다.

생각해보면 이 원칙은 인생을 살 때도 적용되는 게 아닌가 싶다. 내가 감당할 수 없을 만큼 급하게 살지 말 것. 자꾸 뒤돌아보지 말고, 뒤돌아 가지 말고, 앞으로 직진 할 것. 내가 가던 그 속도 그대로 뚜벅뚜벅 걸어가면 내가 가려던 목적지에 도달할 것이라는 믿음 말이다.

날개 달린 돈은 으스스해

베트남 도로에서 가장 무서운 건 '흩날리는 지폐'다. 지방 도시를 가다가 도로에 돈이 흩날리는 걸 보고 "돈이다!"라고 외쳤더니 "그건 줍는 게 아니야"라는 경고를 받았다. 이유는 이렇다. '사고 수습이 빨리 되지 않는 베트남에서는 시신을 본 사람들이 고인의 명복을 빌고 자신의 액땜을 하기 위해 소액권을 던져놓고 간다. 고속도로에 지폐가 흩날리고 있다면 근처에 사고로 죽은 사람이 있을 확률이 높다. 그리고 그 돈은 망자의 것이다.' 교통사고 발생이 잦지만 사고 수습은 느린 베트남의 상황이 반영된 문화이다.

물론 어느 나라 어디에서나 그렇듯 사고를 피할 수는 없다. 한국인의 속이 뒤집힐 정도로 느리게 운전하는 베트남에서도 하루에 몇 번씩 교통사고를 목격하게 된다. 나는 여기서 시속 20~40킬로미터 속도에 부딪쳐도 사람이 날아간다는 걸 알게 됐다. 느리게 운전하는 차도 결국은 차. 이 속도를 사람이 이겨낼 수는 없다. 베트남에는 음주운전 차량도 많고, 장거리 운전을 하는 트럭 운전자들이 마약에 취해 운전하기도 한다. 이런 차에 부딪히면 크게 다치기 마련이다. 특히 외국인들은 사고가 나도 속수무책이다.

차끼리 부딪치지 않더라도 보수가 덜 된 도로 구덩이에 오토바이 바퀴가 걸리기도 하고, 소매치기의 고의적인 사고에 몸을 다치기도 한다. 다치는 이유는 각양각색이었지만 경찰을 불러서 해결하거나 상대방에게 보상받은 경우는 보지 못했다. 스스로 보험에 가입했기를 바랄 뿐이었다.

베트남 여성들에게는 교통사고보다 햇빛이 더 공포스러운 존재인 것 같다. 헬멧은 안 쓰더라도 손발과 얼굴이 타지 않도록 장갑과 가리개를 까먹지 않는다. 쪼리 슬리퍼나 샌들을 신으면서도 발가락 하나하나를 감싸는 햇빛 가림용 스타킹을 신고, 꽃무늬 양산과 세트일 것 같은 레이스 달린 긴 장갑과 얼굴을 덮는 가리개, 선글라스, 고글까지 동원한다. 피부가 하얘야 미인으로 쳐주는 베트남 여성들의 외모 관리법이다.

헬멧도 운전자의 개성을 드러낼 수 있는 액세서리다. 기업들은 이 헬멧에 자기들 로고를 박아 고객 경품으로 증정하곤 한다. 아파트 모델하우스에 가면 주는 휴지나 그릇 같은 개념이다. 헬멧처럼 자연스럽게 많은 사람에게 노출할 수 있는 광고판도 없을 테니 싸고 효율적인 방법이 틀림없다. 헬멧만 봐도 운전자를 짐작할 수 있다. 중장년층은 평범한 단색이나 기업들이 경품으로 준 헬멧을 쓰고 다닌다. 아기들은 고양이 캐릭터인 헬로키티가 그려진 분홍색 헬멧이나 로봇이 그려진 걸 썼다. 외모에 신경 쓰는 젊은 남성들은 반짝이는 검은색 헬멧에 은색이나 메탈로 된 날렵한 장신구를 달았다.

내가 보고 무릎을 쳤던 아이디어 상품은 '긴 머리 여성용' 헬멧이었다. 헬멧에 구멍을 내서 그 구멍으로 묶은 머리를 빼낼 수 있도록 한 것이다. 헬멧에 난 구멍이 여러 개라 그날그날 스타일에 따라 머리 묶는 위치를 바꿀 수 있다. 더운 베트남에서 긴 머리 여성들이 머리를 묶고 다닌다는 점에 착안했을 것이다. 역시 오토바이의 나라는 헬멧부터 다르다.

베트남의 풍경을 대표하는 오토바이 행렬은 점차 사라질 가능성이 크다. 베트남 정부가 하노이, 호찌민 등 대도시를 중심으로 오토바이 퇴출 정책을 시행하고 있기 때문이다. 하노이에서는 수년째 개통이 미뤄지던 지상철이 도시 곳곳을 누비기 시작했다. 다른 나라의 자동차를 수입해오던 베트남은 2019년 빈 패스트라는 완성차 업체를 만들어 자체적으로 자동차를 생산하고 있다. 미국에서 열린 세계 최대 IT 전시회 CESConsumer Electronics Show에도 참석하고, 미국 나스닥에도 상장했다. 5년도 채 안 되는 사이 자동차 수입국에서 생산국으로 바뀐 걸 넘어 미국 증시에 상장까지 완료한 것이다.

얼마 전, 베트남에 있는 친구로부터 오토바이 사진을 하나 받았다. 새 오토바이를 샀다며 보내온 것이었다. 달달거리고 자꾸 고장 나던 빨간 스쿠터는 이것저것 부속품을 단 근사한 검정 오토바이로 바뀌어 있었다. 다음에 그 오토바이를 타고 근교로 드라이브도 가고 목욕탕 의자에 앉아 먹는 해산물 거리에도 가기로 했다. 나도 베트남에서 운전할 수 있을까? 운전은 아직 자신 없지만 포니테일로 묶은 긴 머리를 밖으로 쏙 빼낼 수 있는 화려한 색깔의 오토바이 헬멧은 꼭 하나 사야지.

TIV

오토바이에서 승용차 뛰어넘어 전기차 시대로

베트남 오토바이 시장 규모는 15조 원 수준으로, 중국·인도·인도네시아에 이어 세계에서 네 번째로 크다. 인구 1억 명의 베트남에 6500만 대의 오토바이가 돌아다니고 있다. 베트남 오토바이 제조업 협회에 따르면 2022년에만 총 300만 대의 오토바이가 판매됐다. 분당 5.8대가 팔린 셈이다. 중고 오토바이 거래도 활발해 한 해에만 600만 대가 거래된 것으로 나타났다.

베트남 정부는 오래 전부터 오토바이 운행을 제한하는 정책을 고민해 왔다. 하노이, 호찌민 같은 대도시에 사람과 오토바이가 몰리면서 대기오염과 교통체증 등의 문제를 유발하기 때문이다. 오토바이 운행 제한 정책을 내놓을 때마다 시민들의 반대와 항의가 극심했지만 베트남 정부는 '2025 도시경제개발계획'을 승인하면서 오토바이 운행 금지를 다시 한번 예고했다.

우선 하노이시 12개 지역과 3개의 주요 도로에서 오토바이 운행을 금지한다. 2030년부터는 하노이 전 구역에서 오토바이 운행과 진입을 금지한다는 계획이다.

여전히 오토바이가 베트남 사람들의 주요 운송수단인 것은 변함없지만 대중교통 인프라 확충과 빈패스트를 필두로 한 자동차 육성 정책, 전기 오토바이 도입 등으로 오토바이 운행 제한 정책을 실현할 수 있는 기반이 마련됐다는 평가가 나온다. 하노이에서는 2021년 11월 깟링에서 하동까지 연결하는 지상철이 운행을 시작했고, 2030년까지 10개 노선 총연장 417킬로미터의 지하철을 건설한다는 계획이다. 호찌민에서도 2023년 9월 지하철 1호선이 완공됐다. 벤탄역부터 투득시 수오이띠엔역까지 시운전에 나선 뒤 2024년부터 본격적인 상업 운행에 나선다는 계획이다.

전기 바이크와 전기 자동차 보급에도 나선다. 베트남 최대 기업인 빈그룹은 2017년 6월 베트남 최초의 자동차 생산 회사인 '빈패스트'를 설립했다. 발전의 당연한 순서로 여겨지는 단계를 건너뛰는 건 베트남의 특징. 빈패스트는 승용차 생산에 나선지 5년 만인 2022년 7월부터 내연기관 자동차 생산을 전면 중단하고, 100퍼센트 전기차 생산을 시작했다. 2023년 7월에는 미국 노스캐롤라이나주에서 전기차 공장 기공식을 개최했다. 연간 15만대의 생산 능력을 갖춘 공장으로 2025년부터 생산을 시작할 예정이다. 그야말로 번갯불에 콩 구워먹듯이 다음 단계로 넘어간다. 그해 8월, 빈패스트는 미국 나스닥에 상장까지 했다. 상장 첫날 GM과 포드, BMW 등 내연기관 자동차 생산 업체들의 시가총액을 넘어서며 '베트남의 테슬라'라는 별명을 얻기도 했다.

이후 주가가 급락과 반등을 반복하고 있지만 빈그룹의 빈패스트는 베트남 정부의 기조에 맞춰 전기차와 전기 오토바이 보급의 최전선에 나서고 있다. 2023년 8월부터는 빈그룹의 자회사인 그린스마트모빌리티GSM가 빈패스트의 전기 오토바이 1500대를 통한 운송 서비스를 시작했다. 연말까지 5개의 성·시 지역에서 최대 6만 대의 전기 오토바이를 운행하겠다는 목표이다.

현재 베트남 전기오토바이 시장 점유율 1위 업체는 빈패스트이지만 최근 국내 중소기업이 베트남 전기 오토바이 시장에 진출하기도 했다. 지오홀딩스라는 우리나라 기업은 2022년 베트남 박닌성 다이동 공업단지에서 전기오토바이 하노이 생산공장을 열었다고 밝혔다. 연간 1만 2000대의 전기오토바이를 생산한다고 한다. 베트남의 전기오토바이 시장은 매년 20퍼센트씩 성장하는 것으로 추정된다. 대기오염과 혼잡도를 줄이기 위해 도심 내 오토바이 운행을 줄여나가겠다는 베트남 정부의 의지에 맞춰 전기 자동차와 오토바이의 수요는 더욱 늘어날 것으로 예상된다.

커피와 설탕의 나라

방구석 베트남 여행을 떠나는 나만의 의식이 있다. 베트남 노래를 틀고 베트남 커피를 만드는 것이다. 다리를 세 번 접어야 할 정도로 낮고 엉덩이 두 쪽이 다 들어갔는지 모를 정도로 좁은 목욕탕 의자는 없지만. 베트남식으로 커피를 내려 마시고 있으면 '이 기분, 마치 베트남' 같은 착각을 불러일으킬 수 있다.

베트남 사람들은 커피를 마시는 행위를 위해 커피를 마시는 것 같다는 생각이 든다. 이게 무슨 말이냐 싶지만, 베트남에서 내가 목격한 이들은 '커피를 마시는 사람'보다는 '커피를 앞에 놓고 있는 사람'에 더 가까웠다. 커피를 마신다는 현재진행형의 행위를 하는 이들보다는 물방울이 송골송골 맺힌 커피 잔을 앞에 두고 반쯤 누운 상태로 널브러져 담배를 피우거나 휴대전화를 보는 이들이 더더욱 많았기 때문이다. 길거리 모든 곳이 카페이고 음료 판매대인 베트남 사람들이 마실 거리를 좋아한다는 건 너무 당연한 명제인데, 이상하게 그들을 떠올리면 '커피를 마시는' 사람보다는 '커피를 앞에 둔' 사람만 떠오르니 희한한 일이다.

실제로 베트남 길거리는 그야말로 야장 카페 천지다. 좋은 경치나 멋들어진 인테리어가 없어도 된다. 음료 파는 아주머니가 "이곳에서 커피를 팔겠다"라며 커다란 파라솔을 꽂는 순간 그곳은 카페가 된다. 상권이나 땅의 형질 따위는 상관없다. 손님들 역시 편견이 없다. 그곳이 길바닥이든 주차장 옆이든 공사장이든 신경 쓰지 않는다. 목욕탕 의자가 깔린 곳이라면 어디서든 커피 타임을 즐긴다. 베트남의 커피 타임은 유달리 길고 여유롭다. 베트남 커피들이 목이 막힐 듯 진한 것도 한 잔의 커피를 최대한 오래 즐기기 위한 방법이 아닐까 싶을 정도로.

시간을 마시는 사람들

베트남을 대표하는 연유 커피 '카페 쓰어다Cà phê sữa đá'를 처음 마셨던 날, 아메리카노 마시듯 쭉 들이켰다가 켁켁거리고 말았다. 달고 진한 액체가 목구멍에 들러붙은 느낌이었다. 아이스 블랙커피인 '카페 덴 다Cà phê đen đá'도 마찬가지이다. 진한 커피를 오랜 시간 내버려두면 컵에 송골송골 물방울이 맺히고, 진하고 찐득한 커피 위에는 투명한 물이 생기곤 한다. 아까지는 얼음이었던 그것이다. 숟가락보다는 기다란 꼬챙이로서의 역할에 가까운 것으로 휘휘 저어야만 서로 뒤섞여 농도가 맞춰진다. 진한 베트남 커피를 마시려면, 그들처럼 긴 기다림을 가질 수밖에 없는 것이다. 나는 한국에 와서도 베트남이 그리울 때면 카페 쓰어다를 한 잔 타 놓고, 천천히 얼음을 녹여 마시곤 한다. 그러면 마음이나마 베트남에 있는 것 같아 위안을 받는다.

한국에 스타벅스가 있다면 베트남에는 '하이랜드 커피'가 있다. 동네 랜드마크 건물마다 하이랜드 커피 매장이 들어서 있다. 큰길가 근처나 동네 곳곳에도 빨간 간판의 하이랜드 커피 매장을 쉽게 볼 수 있었다. 하이랜드 커피는 남녀노소 불문하고 즐겨 찾는 카페였다. 주말 아침이면 아기를 데려온 부부, 할아버지·할머니와 함께 온 가족이 커피나 차를 마시며 반미 등으로 아침을 먹었다.

하이랜드 커피가 대중화된 카페라면 '쭝우옌 커피'는 베트남을 대표하는 고급 커피 브랜드다. 이 카페는 원두나 추출 방식을 선택할 수 있도록 했다. 커피를 시키면 우리의 보리차 같은 '짜다Trà đá'를 한 잔 내어준다. 물론 가격은 하이랜드 커피 같은 대중형 커피 체인점의 두세 배 수준이지만. 최근에는 한국에서도 커피 믹스나 드립 커피의 형태로 쭝우옌 커피를 즐길 수 있다.

베트남은 브라질에 이은 세계 2위의 커피 생산국이자 수출국이다. 우리가 떠올리는 커피 원두가 브라질이나 에티오피아 등에서 생산되는 '아라비카 원두'라면, 베트남에서 생산되는 원두는 향이 약한 대신 쓴맛이 강한 '로부스타 원두'다. 베트남 관광객들이 한국 선물용으로 많이 사 가는 G7 커피가 로부스타 원두의 특징을 가장 잘 드러낸다. 수험생과 직장인의 피곤을 한 방에 날려주는 우리나라 믹스 커피에도 바로 이 로부스타 품종의 커피 원두가 쓰인다. 맛이 진하고 강한 탓에 베트남에서는 설탕을 잔뜩 넣어 마시거나 연유 커피나 계란 커피 등으로 변주하는 게 특징이다.

베트남은 세계 최대의 로부스타 원두 생산국이지만 최근에는 베트남에서도 아라비카 원두를 사용한 에스프레소 기반 커피 바람이 불고 있다. '밥보다 비싼 커피'나 화려한 인테리어와 쾌적한 환경을 제공하는 카페들이 젊은 층을 중심으로 인기를 끌고 있는 것이다.

'더 커피 하우스'라는 프랜차이즈 카페는 젊은 사람들이 주로 찾았다. 특히 우리 동네 더 커피 하우스에는 노트북을 들고 오는 대학생, 프리랜서, 스타트업 종사자들이 많았다. 커다란 테이블을 공유 오피스처럼 사용할 수 있어서 나도 종종 그곳에서 일하곤 했다. 최근에는 과일을 큼직하게 잘라 컵 안에 장식한 에이드, 알코올이 들어가지 않은 모히토, 각종 과일을 짜낸 착즙 주스 같은 건강 음료 등을 팔거나 사진 찍기 좋은 카페들이 인기가 많다.

베트남 카페들은 커피 외에도 베트남식 차 음료를 팔았는데, 나는 매번 커피와 '짜 다오Trà đào' 사이에서 고민하곤 했다. 짜 다오는 '짜 trà'라는 단어에서 알 수 있다시피 차 음료다. 우리나라에서 흔히 볼 수 있는 복숭아 아이스티에 짧게 자른 레몬그라스 한 마디와 캔 통조림에서 꺼낸 것 같은 복숭아 절임 한 조각을 올려준다. 복숭아 향과 레몬그라스 향이 어우러진 음료를 쭉 들이켜면, 찌는 듯한 베트남 더위도 사라지는 것 같았다.

우리 집 앞에는 내가 뒤늦게 단골이 된 집이 있었다. 정확하게 말하자면 '집'이 아니라 '가판'이다. 간판도 없어 외국인은 접근하지 않을, 집 근처 전철역 공사장 부지에 늘어서 있는 가판대 중 가장 오른쪽 집, 그 집이 바로 단골집이었다. '가장 오른쪽 집'으로 표현할 수밖에 없는 그 가게는 사탕수수 주스가 대표 메뉴였다. 베트남 주스 가판대들은 기계를 갖춰놓고 초록색 사탕수수 주스를 쭉쭉 뽑아내곤 했다. 두 개의 둥근 착즙 원판이 맞물려 돌아가는 사이에 사탕수수 줄기를 넣는다. 바깥쪽으로는 찌부러진 사탕수수 줄기가 툭툭 떨어지고, 안쪽으로는 달콤한 초록색 원액이 졸졸졸 흘러나온다. 나는 다른 가판대에 비해 수북이 쌓인 사탕수수 줄기 더미를 보고 이 집을 처음 찾았다. 이 집에만 사탕수수 줄기가 많이 쌓여 있는 건 이유가 있을 것 같았다. 이 집의 비밀은 엄지손가락 한 마디만 한 작은 오렌지를 함께 짜 넣는 것이었다. 작디작은 오렌지 하나가 달콤하고 투박한 사탕수수 주스를 상큼한 음료로 변화시켰다. 큰 사이즈를 시켜도 2만 동밖에 하지 않아, 이곳을 지날 때마다 사탕수수 주스를 한 잔씩 사 먹는 걸 낙으로 삼았다.

베트남 집에 찾아오는 친구들에게는 웰컴 드링크로 오렌지 주스를 대접했다. 겉껍질이 초록색이고 우둘투둘한 베트남 오렌지로 만든 주스였다. 매끈한 껍질의 주황색 캘리포니아 오렌지와 달리 이 초록색 오렌지의 과육은 질기고 맹맹해 주스로 먹어야만 단 맛을 느낄 수 있다. 제 형태로는 맛을 내지 못하고, 으깨지고 부서져야 달콤해지는 삶이라니, 너무 잔인한가.

설탕의 나라에 오신 것을 환영합니다

내가 다녔던 학교 앞에는 아침에만 여는 주스 좌판이 있었는데, 학생들이 언제나 줄을 길게 섰다. 불량 학생인 나는 수업에 늦었는데도 긴 줄의 꼬리가 되고 만다. 별다른 주문법도 없다. "하나"라고 말하면 초록색 오렌지를 반 잘라 동그란 마늘 다지기처럼 생긴 압축기에 반쪽을 넣고 쭉, 또다시 반쪽을 넣고 쭉쭉 짜낸다. 시럽처럼 만들어둔 설탕물을 한 국자 푹 넣고, 주스 양의 두세 배 가까운 얼음을 가득 넣으면 완성. 가격도 1만 동 정도로 저렴한 데다가 아침잠이 덜 깬 상태에서 먹으면 정신이 번쩍 들 정도로 달았다.

베트남은 정말로 설탕을 사랑하는 나라다. 500밀리리터, 1리터짜리 팩 우유에도 기본적으로 설탕이 들어 있다. 평범한 흰 우유를 사 왔는데, 달콤한 맛이 날 때의 당황스러움이란. 우리가 분짜Bún chả를 찍어 먹는 소스도 '느억맘'이라는 피시 소스에 설탕을 듬뿍 탄 것이고, 탄산음료도 한국보다 훨씬 달다.

나는 베트남 친구들이 즐겨먹는 에너지 음료에 푹 빠졌다. 목이 칼칼하게 아플 정도로 단 새빨간 색의 음료였다. 베트남 친구들조차 "그런 건 먹지 마"라며 말렸지만 진이 다 빠질 정도로 녹초가 된 상태에서 이 음료에 얼음을 잔뜩 넣어 들이켜면 온몸 세포 하나하나에 당이 전달되는 느낌이었다. 음료 바깥에 작게 그려진 인삼 모양을 보며 '몸에 그렇게 나쁘지는 않을 거야'라고 위로 삼았다.

지금 생각해보니 설탕은 베트남 사람들에게 에너지원을 제공하

는 가장 빠른 수단 아닌가 싶다. 흰쌀밥에 간장 소스 정도만 비벼 주
식을 해결하는 베트남 사람들에게 당분 가득한 음료는 하루 종일
땀을 빼는 더운 날씨에 가장 쉽고 빠른 에너지원이 되지 않았을까.

이 글을 읽는 누군가가 베트남에 간다면 해 질 무렵, 베트남 사람
들이 목이 콱 막힐 정도로 달콤한 쓰어다와 설탕이 잔뜩 든 오렌지
주스, 달콤한 사탕수수 주스를 시켜놓고 얼음이 녹을 때까지 친구
와 수다를 떠는 길거리 카페에 꼭 앉아보기를 바란다. 당신도 어느
새 그들과 같은 풍경에 녹아들 수 있을 테니.

스타벅스도 점령 못 한 베트남 시장

베트남 커피는 전 세계 38개국에 수출되고 있는 베트남의 대표 수출 품목이다. 베트남과 브라질에서 생산된 로부스타 원두가 전 세계에서 생산되는 인스턴트 커피의 원료로 주로 쓰이기 때문이다. 베트남은 2023년 상반기에만 커피콩 93만 4900톤을 수출해 20억 달러를 벌어들였다. 수출량은 전년 같은 기간에 비해 3.7퍼센트 줄었지만 1톤당 가격은 2달러 상승했다. 엘니뇨로 로부스타 원두 생산량이 줄어들 것으로 예상되면서 원두 가격은 2023년 최고치를 경신했다. 날씨로 인한 타격이 아라비카 원두보다 로부스타 원두 생산량에 더 영향을 끼칠 것으로 예상되면서 생산량 감소를 우려한 가격 상승이 이뤄지고 있는 것이다.

연유 커피와 코코넛 커피 등 자신들의 고유한 커피 문화를 발달시켜 온 베트남의 커피 소비량은 매년 7.9퍼센트씩 늘고 있다고 한다. 최근에는 우리나라의 가로수길, 연남동, 익선동 같은 데서 볼 수 있는 고급 커피 전문점이 젊은 층 사이에서 인기를 끈다. 디저트는 물론, 말린 고기를 넣은 빵이나 브런치, 밥과 고기를 곁들인 식사류를 다양하게 갖춰놓고 함께 파는 카페도 일반적이다.

베트남 커피 시장의 경쟁은 한국보다 치열하다. 설탕의 나라 베트남이지만 최근 다이어트에 관심이 많은 베트남의 Z세대를 겨냥해 무설탕 음료나 디톡스 음료, 녹즙 등을 파는 카페도 성행한다. SNS에 사진 올리는 걸 좋아하는 베트남 사람들의 특성에 맞춰 사진 찍기 좋은 정원, 화장실, 입구 등을 공들여 인테리어한 곳들이 인기이다. 젊은 층 사이에 입소문이 난 카페 앞에는 외제차가 늘어서고, 강아지나 고양이 같은 반려동물과 전자담배, 외제차 키를 테이블에 올려놓고 카페 인증샷을 찍는 게 유행하기도 한다. 유행에 민감한 베트남 고객들을 잡기 위해 글로벌 프랜차이즈는 물론, 베트남 현지 프랜차이즈 업체, 다양한 개인 카페들까지 독창적인 콘셉트와 메뉴를 내세워 경쟁하고 있다.

지난 2019년 9월 베트남에 첫 매장을 연 호주의 커피 프랜차이즈 '더 커피 클럽'은 메뉴판을 라이프스타일 잡지인 킨포크처럼 꾸미고, 매장은 외국 별장처럼 격자무늬 창과 길게 늘어진 풀과 나무 등으로 인테리어했다. 일반 커피는 물론, 과일과 차를 가미해 형형 색깔의 칵테일처럼 꾸민 콜드브루(냉침커피), 과일을 얹거나 섞어낸 주스와 에이드 등을 6만~10만 동(3000~5000원) 수준에 판다. '루남 부티크' 역시 대표적인 고급 카페 프랜차이즈이다. 이 카페 브랜드는 고급 백화점이나 쇼핑몰, 랜드마크 빌딩을 중심으로 매장을 연다. 이 카페는 정원 속에 있는 듯한 인테리어에 새장 속에 앉아 있는 것처럼 꾸민 좌석이 젊은 고객들의 인증샷 명소로 인기이다. '루진 카페'는 햄버거, 스테이크, 오픈 샌드위치 같은 브런치 메뉴와 베트남 전통 식사 메뉴, 스무디와 젤라또 같은 디저트류를 함께 파는 것으로 유명하다.

우리나라에도 역수입된 '콩 카페'도 인기다. 베트남 공산주의와 베트남전戰을 주제로 꾸민 이 카페는 베트남의 유명 관광지는 물론, 시골에서도 보일 정도이다. 종업원들은 전쟁 당시 군복과 비슷한 카키색 의상을 입고 근무한다. 코코넛 밀크와 연유를 넣고 갈아낸 스무디 위에 진한 커피를 끼얹어 먹는 코코넛 스무디가 대표 메뉴이다. 너무나 베트남다운 이 브랜드는 한국인이 2007년 베트남 하노이에서 시작했다. 베트남에만 60여 개의 매장을 갖고 있고, 2019년 한국에 역수입됐다. 사파 같은 유명 관광지에서는 콩 카페의 콘셉트를 따라 한 '콩 카페' 같은 유사 브랜드 매장이 콩 카페 매장 바로 건너편에 자리 잡기도 했다.

베트남은 글로벌 1위 커피 프랜차이즈 스타벅스가 유일하게 자리 잡지 못한 나라이기도 하다. 스타벅스는 베트남 시장에 진출한 지 10년이 넘었지만 초라한 성적표를 받는 데 그쳤다. 시장조사업체 유로모니터에 따르면 2022년 12억 달러 규모였던 베트남 커피

시장에서 스타벅스의 점유율은 2퍼센트밖에 되지 않았다. 2만 동(1100원)부터 16만 동(9000원)까지 다양한 가격대의 음료가 소비되는 베트남에서 스타벅스만의 메뉴를 만들어내지 못하고, 같은 수준의 메뉴에서는 상대적으로 비싼 가격대를 설정한 것이 실패 원인으로 꼽힌다.

---- ★ ----

무소불위
'공안'의 나라

2020년 2월, 오스카상 4관왕을 수상한 봉준호 감독의 영화 〈기생충〉이 베트남에서 재개봉했다는 소식이 들려왔다. 베트남에서 한국 영화가 무려 재개봉까지 하는 건 처음이라고 했다. 그 이야기를 들으니 베트남에서 처음 영화관에 갔던 날이 떠올랐다. 베트남에서 처음 본 영화가 바로 〈기생충〉이었기 때문이다.

무료한 주말을 보내고 있던 어느 날, 한국에서 난리가 났다는 영화 〈기생충〉을 보기 위해 집을 나섰다. 슬리퍼를 끌고 20여 분을 걸어 집 근처 영화관에 도착했더니 영화관 앞에 짜파게티를 홍보·판매하는 매대가 있었다. 영화표 값에 추가 금액을 내면 팝콘과 콜라를 먹을 수 있다고 영업하는 직원의 말에 홀려 평소 먹지 않는 치즈 팝콘까지 한 아름 안고 영화관에 들어섰다.

갑자기 삼천포로 빠지는 이야기이지만, 베트남 팝콘은 정말 맛있다. 베트남에서 만난 영화관 관계자는 "팝콘만으로도 베트남 영화관에 갈 가치가 있다"고 말했다. 베트남에서는 한국에서는 비싸서 쓰지 못하는 맛있는 옥수수로 팝콘을 만들기 때문이다. 재료 자체가 다른 데다가 달콤하고 짭조름한 양념도 자극적이다. 금방 눅눅해지지도 않아 며칠 동안 간식으로 먹을 수 있다는 것도 장점이다. 베트남에서는 오로지 팝콘을 사기 위해 영화관을 갈만하다.

다시 영화관으로 돌아와 보면, 관객은 한국인 몇 명과 베트남 커플 두세 쌍에 불과했다. 긴박하게 흘러가는 스토리에 몰입하며 만족스럽게 관람을 마쳤는데 며칠이 지나서야 새로운 사실을 알게 됐다. 내가 본 영화는 한국에서 개봉한 것과 내용이 다른 '삭제본'이었다는 걸!

어떤 장면이 삭제됐을까. 영화 관계자는 베트남에서 개봉된 버전에서는 과외 선생님인 기우(최우식 분)와 과외를 받는 학생으로 나온 다혜(정지소 분)의 키스신, 그리고 동익·연교(이선균·조여정 분) 부부의 격정적인 성관계 장면이 삭제됐다고 말했다. 부부의 성관계 장면은 선정성이 삭제 이유였지만 앞 장면의 삭제 이유는 예상 밖이었다. 바로 '선생님'이라는 직업군의 권위를 해친다는 것이었다.

베트남 영화관에 걸려 있는 영화의 절반 이상은 '공포 영화'다. 〈기생충〉 이전에 베트남 최대 흥행을 기록한 한국 영화는 좀비 영화인 〈부산행〉이었다. 베트남 멀티플렉스 점유율 1위 업체가 한국 기업인 CGV인데도 한국 흥행작을 만나보기 어려웠다. 각종 액션 및 스릴러 영화가 한국 영화 시장을 점령하고 있는 상황에서도 베트남에서는 치매 부부의 감동적인 스토리를 그린 영화나 자폐아와 변호사가 살인 사건을 해결해나가는 이야기를 담은 영화만 볼 수 있었다. 베트남 생활에 어느 정도 적응하고 나자 한국 인기 영화가 베트남에 발붙일 수 없었던 이유를 알 수 있었다. 한국 인기 영화에는 부패를 저지르는 나쁜 경찰이 등장했기 때문이다. 선생님이나 공무원에 대해서도 비슷한 기준이 적용됐다. 경찰, 공무원, 선생님 등 정부를 위시爲始하는 이들은 언제나 선善이어야만 하는 나라, 그들이 선이라고 믿도록 해야 하는 나라가 바로 베트남이다.

무소불위 공안의 나라

실제로 베트남은 공안의 권력이 '어마무시한' 나라다. 한국 영화들의 단골 소재인 부패 경찰과 불법 조직의 결탁, 나약하고 무능한 경찰, 뒷돈을 받는 공무원 같은 묘사는 용납되지 않는다. 그래서인지 베트남에서 개봉된 외국 영화는 대부분 가족이나 부부간의 사랑을 소재로 하거나 애니메이션이다. 베트남에서 제작된 영화의 상당수가 귀신이나 미스터리한 일들을 다룬 공포 영화 장르인 것도 이런 이유에서다.

베트남에서 만난 한 멀티플렉스 관계자는 "경찰은 물론 선생님, 공무원, 고위 관료처럼 '국가가 인정한 권위를 부여받은 사람들'을 부정적으로 묘사한 영화들은 검열을 피할 수 없다"라고 말했다. 공무원이나 경찰 등이 비윤리적인 행동을 하는 것으로 묘사하면 모두 검열 대상이 되기 때문이다. 부패 경찰 캐릭터를 주인공으로 내세운 1990년대 영화 〈투캅스〉나 범법과 합법 사이 자신의 정체성을 의심하는 〈신세계〉〈범죄도시〉 같은 영화는 베트남에서 싹을 틔우기 어렵다. 공안이 성역으로 꼽히는 나라, 공안에 대해서는 조금의 부정적 묘사도 용납할 수 없는 나라, 검찰·법원보다 공안의 힘이 센 '공안의 나라, 베트남'이다.

"그러다 공안한테 잡혀간다!"

외국인에게도 공안은 두려운 존재였다. 아니, 외국인이기 때문에 더 두려운 존재였다. 베트남어와 베트남 법을 모르는 외국인들은 자칫 잘못해 미운털이 박히면 무슨 이유로든 쫓겨날 수 있다는 두려움이 있었다. 한번은 비자 갱신 문제가 생기는 바람에 불법체류자 신세가 될 위기에 처했다. 베트남 생활을 오래한 이들은 "밖에 다니다가 공안에 걸리지 말고, 문제가 해결될 때까지 집 안에 꽁꽁 숨어 있으라"고 조언했다.

특히 도로 위의 공안은 가장 흔히 접할 수 있는 무소불위의 권력이었다. 베트남 법령에는 20만 동으로 정해져 있는 범칙금이 외국인에게는 몇 배로 높아지곤 한다. 해마다 올라가는 물가만큼 뒷돈도 비싸졌다. 한국인들이 모인 인터넷 카페나 단체 카톡 방에는 공안 대처 방안, 최근 벌금 시세 같은 팁이 공유되곤 했다. '다른 베트남 사람들과 비슷하게 제대로 신호를 지키면서 달렸는데 저만 걸렸어요. 외국인이라 그런 걸까요?' '과속을 했다고 100만 동을 벌금으로 내라고 하는데 현금이 없다고 했더니 80만 동만 받고 보내주더라고요. 원래 범칙금은 얼마인가요?' 같은 내용이 단골 질문이다.

옛날에는 50만 동을 주고 해결할 수 있던 일들이 80만 동, 100만 동까지 높아졌다는 시세가 공유되기도 한다. '베트남어나 영어를 쓰지 말고 한국어로 이야기하라' '현금을 뭉쳐서 다 내놓지 말고, 가지고 있는 현금이 적다면서 가격을 깎아라' 같은 각종 팁도 유용하다. 단속 잣대도, 벌금이나 과태료 액수도 그때그때 다르기 때문이다. 알 수 없는 이유로 붙잡혀 벌금을 빙자한 뒷돈을 뜯기는 건 베트남 거주자들이라면 한 번씩 겪는 흔한 일이다.

베트남의 설 명절인 뗏 기간을 앞두고는 더욱 몸조심해야 한다. 경찰이 범칙금이나 벌금을 통해 소위 '명절 떡값'을 모으는 기간이기 때문이다. 운전자들 사이에서는 공안이 주로 나타나는 집중 단속 지역이 공유된다. 차선이 복잡하게 얽혀 있는 곳이나 어두운 다리 밑에서 불쑥 튀어나오는 공안 때문에 심장이 덜컥 내려앉은 적도 여러 번이다. 그나마 요즘 상황은 나아진 거라고 했다. 불과 수년 전까지만 하더라도 공안이 길거리에서 일반인을 곤봉으로 두들겨 패는 장면이 쉬이 목격됐다는 전언이다. 스마트폰 보급률이 높아지고 SNS 사용에 적극적인 베트남 시민들이 영상을 찍어 올리는 경우가 많아지자 '이미지 악화'를 걱정한 공안이 공공장소에서의 폭력을 자제시켰다고 한다. 하지만 여전히 공안이라는 두 글자는 현지인에게도 두려운 존재다.

하지만 위급 상황에서는 공안의 위력에 기대어 상황을 모면하는 것도 방법이다. 늦은 밤, 집에 가는 택시를 탔더니 고가도로 밑 공터에 차를 세운 택시 기사가 "당장 내리라"며 재촉했다. 집 주소를 확인한다는 기사에게 의심 없이 휴대전화를 넘겨준 게 문제였다. 그는 "휴대전화를 받은 적 없다"며 공터에 나를 내버리려 했다. 위험한 상황이었던 게 분명했지만 휴대전화를 돌려받아야겠다는 일념 하나밖에 없었다. 앞좌석 의자를 부여잡고 베트남어로 "공안에게 가자! 공안에게 가!"라고 소리를 질러댔다. 실랑이 끝에 결국 택시 기사는 조수석 앞에서 휴대전화를 꺼내 돌려줬다. 진짜 경찰서에 갔더라도 잘 설명할 수 있었을까 싶지만 택시 기사가 외국인에게 사기를 쳤다는 이유로 처벌받을까 두려워 포기한 게 분명했다. 이럴 때는 무서운 공안이 도움되는 게 틀림없다.

권력만 커지는 견제

베트남 공안의 위력은 나 같은 외국인이 겪은 '소소한' 에피소드로 설명할 수 없을 만큼 크다. 공안부는 정부 직속의 준準군사 조직이다. 우리말로 단순히 경찰이라고 표현하지만 가지고 있는 권한 자체는 훨씬 큰 것이다. 교통경찰만 해도 단순히 과속이나 음주운전 단속에 그치지 않고 도로 위에서 벌어진 모든 사건의 심판관 역할을 한다. 필요하다면 긴급체포나 즉결심판 여부를 결정할 수도 있다. 가끔 이들이 오토바이나 차량을 압수하는 경우도 있다. 오토바이를 싣고 가는 트럭에 매달리다시피 하며 비는 베트남 사람들을 보기도 한다. 생사여탈권을 쥐고 흔드는 것이다.

범죄 수사 등을 담당하는 사법경찰은 우리나라의 경찰과 검찰을 합친 수준의 권력을 가지고 있다. 공안이 유죄로 수사해 기소한 사건이 검찰이나 법원에서 뒤집히는 경우는 거의 없다. 우리나라와 달리 베트남에선 판검사보다 공안이 더 인기 있는 직업인 이유도 여기에 있다. 공안은 베트남 젊은이들에게 가장 인기 있는 직종인 동시에 일등 신랑감이기도 하다. 권력을 가진 것은 물론이고 비공식적으로 상납 받는 돈이 짭짤하기 때문이다.

공무원과 공안들이 뒷돈을 받는 대상은 해외 공관도 가리지 않는다. 베트남에 나와 있던 한 공관 담당자는 "얼마 전 불시에 들이닥친 공무원들에게 봉투를 주고야 말았다"라고 하소연했다. 안전 점검을 핑계로 들이닥친 베트남 공무원들이 "소화기가 관리되고 있지 않다" "일부 시설물이 위험해 보인다"라는 식으로 트집을 잡기 시작했다는 것이다. 돈을 달라는 거구나 싶어 직원을 통해 봉투를 건네줬지만, 찝찝한 뒷맛은 어쩔 수 없었다. 그는 "해외 공관도 이런 실정인데 개인 자격으로 사업하는 사람들은 더할 것"이라고 말했다.

현지에서 사업하는 사람들은 "뇌물이나 뒷돈을 지급하는 행위가 옳은지 그른지 판단하기에 앞서 당장 돈을 주지 않고서는 되는 것이 아무것도 없다"라고 말한다. 베트남 중부 다낭에서 공장 설립 업무를 맡았던 한 기업 담당자는 "하나부터 열까지 모든 과정에서 접대와 돈 봉투가 필요했다"라고 이야기했다. 한 유통 대기업이 베트남 시장에서 철수한 배경에 "공안과 공무원들에게 제대로 줄을 못 댔기 때문"이라는 말이 공공연히 돌았다.

우리와는 다른 사회주의 '뇌물' 문화도 당황스러운 부분이다. 권력을 가진 윗선에만 줄을 대는 게 아니라 업무적으로 잘 보여야 하는 담당자 모두를 접대해야 한다고 한다. 윗사람이 혼자 꿀꺽하는 문화보다야 평등해 보이지만 뇌물을 주는 입장에서는 곤욕이다. 베트남 현지 근무 경력 10년이 넘은 한 주재원은 "베트남 사회주의 분위기에서 특정 인물에게만 뇌물을 주고 나머지 사람들에게는 주지 않으면 실무를 맡는 사람들이 반대해 일이 틀어질 수 있다"라고 말했다.

접대 물품 포장지로는 한국 면세점 쇼핑백이 인기다. 위조 상품이 넘쳐나는 베트남에서 한국 대형 면세점 포장지가 뜯기지 않은 상태로 있으면 믿을 수 있는 물건이기 때문이다.

베트남 정부는 '부패와의 전쟁'을 선포하고, 뇌물이나 뒷돈을 받고 특혜를 준 공무원과 기업인 처벌에 나서고 있다. 이런 문화를 위험 요소로 여겨 투자를 꺼리는 글로벌 기업이 늘어나고 있어서다. 권력이 바뀐다 해도 자신의 목에 방울을 달기는 쉽지 않은 일이다. 그래도 진리는 하나, 영원한 무소불위의 권력은 없다.

This is Vietnam
TIV

베트남 비리를 척결하라

2023년 베트남에서 가장 이슈가 됐던 정치 이슈는 바로 '응우옌 쑤언 푹' 주석의 사퇴였다. 지난 2020년 총리로 취임해 베트남 권력 서열 2위인 국가 주석까지 맡은 그의 이름은 수년간 베트남과 한국의 정치·경제·산업 기사에 수없이 오르내렸었다. 한국의 정치인, 기업인들과 활발히 교류하고, 한-베트남 수교 30주년을 기념한 국빈 방문까지 진행해 '친한파'로 불린 그가 사퇴하자 베트남에 투자한 한국 기업들이 급히 정계 동향 파악에 나서기도 했다. 그의 사임을 결정한 베트남 공산당 중앙집행위원회는 "푹 주석의 개인 의견과 현행 당 규정에 의거해 사임 의사에 동의한다"는 공식 입장을 내놓았지만 그의 사임은 베트남의 대대적인 비리 척결 기조와 맞닿아있다는게 베트남 내외부의 해석이다.

베트남이 벌이는 부패와의 전쟁은 역사가 깊다. 지난 2006년 농득 마인 전 서기장이 부패 척결에 나섰지만 111위였던 베트남의 부패인식지수는 도리어 2015년 119위까지 떨어지는 뼈아픈 결과를

낳았다. 현재 진행하는 베트남의 '비리 척결'은 권력 서열 1위인 '응우옌 푸 쫑' 서기장이 주도하고 있다. 2011년부터 권력 1위인 서기장 자리를 차지하고 있는 쫑 서기장은 2016년부터 반부패운동을 펼치고 있다. 2017년 딘 라 탕 호찌민시 당 서기장은 2009~2011년 국영기업인 석유회사 페트로베트남 이사회 의장으로 재직하면서 회사에 손실을 끼치고, 비리를 저질렀다는 이유로 해임됐다. 그 후엔 청년 정치인으로 전도유망하다는 평가를 받던 응우옌 쑤언 안 다낭시 서기장이 기업과 결탁했다는 혐의로 물러났다. 코로나 기간 벌어진 특별 입국 뇌물 스캔들 수사에서는 팜 쫑 끼엔 전 보건부 차관 비서, 응우옌 티 흐엉 란 전 외교부 영사국장, 호앙 반 홍 전 공안부 수사과장 등이 종신형을 받는 등 총 54명의 공무원이 중형을 선고받았다. 2023년 사퇴한 푹 주석 역시 비리 척결을 내세웠던 인물이지만 자신의 측근으로 분류된 2명의 부총리가 이 특별입국 뇌물 스캔들에 연루되자 결국 사퇴했다.

공무원 사회엔 칼바람이 불고 있다. 베트남 공산당은 2022년 6월 "지난 10년간 부패, 권한 남용, 횡령 등 3대 경제범죄 1만 6699건을 적발해 3만 3000여 명을 기소했다"고 밝혔다. 공산당 고위급 인사들이 가족이나 지인을 간부직에 등용하지 못하도록 하는 결의안을 내놓는 등 강력한 정책도 잇달아 발표하고 있다.

비리 척결을 위시한 베트남의 반부패운동이 사실은 '정적政敵 축출'의 도구에 불과하다는 지적도 나온다. 하지만 의도가 어떻든 베트남으로서는 부패 척결이 시급한 현안임에는 틀림없다. 부패로 인한 경제적 손실이 어마어마하기 때문이다. 베트남 국회는 2016년부터 2021년까지 부정부패로 인한 국가의 예산 손실이 31조 8000억 동(약 1조 7903억 원)에 달한다고 발표했다. 중앙 정부와 지방 정부의 국고 손실도 비슷한 수준으로 알려졌다.

해외 투자 유치를 위해서도 부패 척결이 필수적일 수밖에 없다. 공직 사회의 부정부패는 외국 기업이 베트남에 대한 투자를 꺼려하는 이유로 꼽히기 때문이다. 2021년 베트남 지역경쟁력지수PCI 보고서에 따르면 베트남에 진출한 외국 기업 중 50.1퍼센트가 '비공식 비용을 지출했다'고 답했다. 업무 추진 과정에서 뇌물을 지급했다는 뜻이다.

국제투명성기구가 2022년 발표한 부패인식지수 조사에서 베트남은 87위였다. 중국(66위), 인도(85위)보다 낮은 순위로, 여전히 갈 길이 먼 게 사실이다. 베트남 정부는 2030년까지 국가 발전을 위한 최우선 과제로 '지속적인 부패와의 전쟁'을 꼽았다. 벌써 베트남 공직 사회의 변화가 감지되고 있다고 한다. 뇌물을 받지 않는 대신 업무 추진까지 중단해버린 공무원들로 사업가들이 발을 동동거리는 경우가 생겨나고 있는 것이다. 그러나 고통 없는 성장은 없다.

제기차기로 이루는
글로벌 대통합

하노이에 가면 나는 수상한 사람이 된다. 호안끼엠 호수 근처를 돌며 둥글게 모여 있는 사람들을 찾아 눈에 불을 켜고 다니기 때문이다. 둥글게 모여 있는 사람들을 찾았다면 그 근처에 가서 서성인다. 처음에는 그들 뒤에 서서 구경하는 듯 눈치를 보다가 성격이 가장 좋아 보이는 사람을 찾아 그 사람 주변으로 슬금슬금 이동한다. 갑자기 외국인이 가까이 오면 놀랄 수도 있으니 최대한 순하고 흥미로운 눈빛을 준비한다. '나 이상한 사람 아니야'라는 표정과 함께 눈을 깜빡깜빡하는 게 도움이 된다. 눈치 빠른 사람이 자신의 옆자리를 내어주면 얼른 손이나 등에 있는 짐을 둥그런 원 가운데 던져 놓은 뒤 자리를 잡는다. 그리고 하늘 높이 솟은 제기를 낚아채 발이나 손으로 쳐낸다. 내가 베트남에서 가장 좋아하는 놀이, '다꺼우'를 하는 방법이다.

하노이에 갈 때마다 짧으면 5일에서 길게는 2주 정도 머무르다 오곤 했다. 하노이에만 여덟아홉 번 정도를 갔으니 2개월에서 3개월 정도는 하노이에 머무른 셈이다. 나는 하노이에서 호안끼엠 호수 주변 지역을 제일 좋아한다. 호안끼엠 호수는 인근 야시장과 맥주 거리로 유명하다. 관광지인만큼 현지인과 외국인이 많고 복잡하다. 내가 업무상 방문해야 하는 동네들은 이곳과 먼 경우가 대부분이다. 그럼에도 호찌민보다 더한 교통 체증을 참아가며 호안끼엠 호수 근처에 숙소를 잡곤 했다. 바로 이 다꺼우 때문이다. 하노이 맥주 거리도, 인근 쌀국숫집도, 옥수수 우유 파는 가게도 너무 사랑하는 나이지만 역시 하노이라 하면 호안끼엠의 다꺼우 생각이 먼저 나고 마는 것이다.

말이 안 통해도 좋아

다꺼우는 베트남식 제기인데 엽전으로 무게를 잡는 우리의 제기와 비슷하게 생겼다. 다른 게 있다면 비닐로 된 술이 풍성한 우리 제기와는 달리 다꺼우에는 배드민턴 셔틀콕 같은 깃털이 달려 있다는 점이다. 차는 방식에도 차이가 있다. 제기는 혼자 발로 차며 바닥에 떨어뜨리지 않는 놀이이지만 다꺼우는 여러 명이 모여 주고받는 게 핵심이다. 손발은 물론 어깨와 팔, 허벅지 등 사실상 온몸을 사용한다. 다꺼우를 찰 때는 빠른 판단력과 민첩성이 필수다. 손을 쓸지, 발을 쓸지, 어깨로 쳐낼지, 허벅지로 한 번 튕긴 뒤 다른 신체 부위를 활용해 넘길지 순간적으로 판단해 노련하게 대응해야 한다. 상대방이 차낸 다꺼우가 공중으로 솟아오르면 그 방향을 가늠해 내가 차야 할지 다른 사람이 차야 할지 서로 눈치를 본 뒤 재빨리 움직여야 한다. 멍하니 있다가는 다꺼우가 바닥에 추락해 게임이 끊긴다. 방향을 잘못 읽어 다꺼우만 보고 돌진했다가는 옆 사람과 충돌하기 십상이다.

내가 다꺼우를 좋아하는 이유는 말 안 통하는 외국인도 현지인들과 쉽게 어울릴 수 있는 놀이였기 때문이다. 길을 지나는 어느 누구라도 현재 진행 중인 다꺼우에 쉽게 동참할 수 있다. 앞서 이야기한 것처럼 눈치를 잘 보다가 적절한 타이밍에 무리에 끼어들면 끝이다. 나이나 성별 그 무엇도 신경 쓰지 않는다. 처음에는 조금 어색하지만 그 어떤 사람도 "너는 누구냐" "왜 끼어드냐"라고 묻지 않는다. 호안끼엠 호수 옆에 다꺼우 차는 무리가 많은 건 지나다니는 불특정 다수가 많기 때문이다. 사람 많은 곳에서 다꺼우 하나만 가지고 가면 실컷 놀다 올 수 있다. 혼자 무리에 끼어들기가 뻘쭘하면 괜스레 다꺼우를 툭툭 차며 서 있으면 된다. 호기심 많은 베트남 사람들이 "나한테 넘겨봐!" 하며 끼어들면 금세 무리가 형성된다. 놀이를 중단하는 방법도 간단하다. 그냥 가면 된다. 게임이 진행되는 중이어도 상관없다. 누구나 원 밖으로 살짝 빠진 뒤 '잘 놀라'는 인사를 까딱한 뒤 떠났다. 다꺼우를 차다 보면 같이 노는 사람이 두 명이었다가 열 명이었다가 네다섯 명이 되기도 했다.

다꺼우를 좋아하는 마음과 달리 내 다꺼우 실력은 형편없었다. 사실 제기차기도 잘하지 못했던 걸 보면 다꺼우를 못하는 게 당연했다. 운동신경이 없는 편은 아닌데 다꺼우는 이상하게도 매번 땅에 고꾸라졌다. 하늘 높이 솟아야 할 다꺼우가 땅에 처박히면 민망함이 몰려왔지만 하노이에 갈 일이 생길 때마다 다꺼우를 할 생각에 마음이 설렜다. 다꺼우를 잘 차든, 못 차든 서로의 실력을 비웃는 경우는 없었다. 높이 솟았던 다꺼우가 귓가를 스쳐 뒤편에 떨어져도 헤헤 웃으며 다시 폼을 잡으면 그만이다.

호안끼엠 호수 옆 공터에 모인 베트남 사람들과 다꺼우를 차다 보면 어느새 땀이 흥건해졌다. 다꺼우를 차고 난 뒤에는 커다란 느티나무 밑에 자리 잡고 주스를 파는 아주머니에게 가는 게 코스다. 즉석에서 짜내는 오렌지 주스 한 잔을 시키고 한 컵 가득 채운 해바라기 씨를 한 움큼 받아 앉으면 바람이 살랑살랑 불었다. 앞니로 네 등분 내서 빼먹는 해바라기 씨의 껍질이 한 무더기 쌓이고 나면 호흡이 안정되고 더위가 가셨다.

행복은 다꺼우에

한번은 베트남 남부 메콩강 삼각주에 있는 '빈롱'이라는 지방 도시로 출장을 갔는데 이상하게 새벽같이 눈이 떠졌다. 새벽 5시도 안 된 시각, 호텔 앞 공원에는 벌써 운동하러 나온 사람들이 가득했다. 산책이나 하자 싶어 나갔는데 다꺼우를 차고 있는 한 중년 부부가 보였다. 하노이에 갈 때마다 호안끼엠 호수에서 갈고 닦은 '슬쩍 합류하기' 전략으로 근처를 서성였다. 눈치 빠른 아저씨가 내 쪽으로 다꺼우를 휙 차주면서 들어오라 손짓했다. 내 실력이 형편없었는데도 부부는 처음 본 외국인 쪽으로 연신 다꺼우를 차줬다. 어두웠던 공원에 아침 해가 떴다. 나는 그들에게 감사 인사를 건넸다.

취재 일정에 맞춰 호텔에 복귀할 시간이 다가오고 있었지만 나는 한동안 주변을 헤매고 다녔다. 다꺼우 파는 곳을 찾기 위해서였다. 중년 부부가 가지고 있던 다꺼우는 내가 본 중 최고 품질의 다꺼우였다. 호안끼엠 호수 근처에서 파는 2만 동짜리 다꺼우는 엽전 대신 들어 있는 무게 추의 마감이 거칠어 발목에 상처를 입히기 일쑤였다. 운이 없으면 깃털이 죄다 찌그러져 똑바로 차도 자꾸 한쪽으로 삐뚤게 나가는 다꺼우를 고르게 된다. 중년 부부가 가지고 놀던 다꺼우는 무게도 적당했고 무게추도 매끄럽게 갈려 있는 반듯한 모양새였다. 이토록 잘 만들어진 다꺼우라니! 나는 곧장 호텔로 들어가지 못하고 공원 근처 가판 상점을 돌며 다꺼우를 파느냐고 물어봤지만 다들 고개만 절레절레 흔들었다.

한국에 돌아와서 다꺼우를 직접 만들어본 적이 있다. 비닐봉지를 하나 구해 동전을 넣고 손목에 있던 머리끈을 돌돌 말은 뒤 가위로 비닐을 잘라 술을 만들었다. 300원 정도 넣었더니 무거워서 날아가지 않았고 100원만 넣으니 너무 가벼워 나풀거렸다. 10원짜리를 섞어 130원 정도 넣으니 적당히 즐길 만했다.

빈롱에서 본 다꺼우를 어디서 사야 하는지 물어보지 않고 돌아온 게 아직도 조금 후회가 된다. 후회하는 일이 이것뿐이겠냐마는, 베트남 시골 마을에서 다꺼우를 사 오지 않은 걸 후회할 줄은 몰랐다. 소소한 행복이 정말 소소하다고 생각해 넘겨버렸구나. 그게 가장 기억에 남는 추억이 되는구나 싶었다.

아직도 다꺼우를 차던 새벽 공기와 밤공기가 떠오른다. 외국인이고 이방인이었던 나였지만 다꺼우를 찰 때만큼은 언어의 장벽도 문화적 차이도 느끼지 않았다. 모르는 사람들과 어울려야 하지만 이들이 나를 거부할 거라는 걱정도, 서로 얼굴 붉히며 헤어질 우려도 없는 그런 사이. 그런 사이끼리 '우리'가 되어 머리 아픈 고민을 잊은 채 함께 땀을 흘리는 게임. 나에게 다꺼우는 그런 의미였다.

지금도 가끔 다꺼우를 차고 싶다. 하지만 한국 공터에서 혼자 제기를 차고 있으면 나를 구경하려는 사람만 모일 뿐 함께 차주는 사람은 없지 않을까 걱정된다. 베트남에서는 하지 않던 고민이다. 대신 나는 방 한편에 하노이 호안끼엠 호수 근처에서 사온 다꺼우를 올려놨다. 마음이 힘들 때면, 좁은 방에서 다꺼우를 통통 차본다. 발등에 떨어진 다꺼우를 손으로 한두 번 통통 튕겨보는 게 전부이지만 그때 기억이 되살아난다. 호안끼엠 호수 옆에서 다꺼우를 찰 때처럼 어떤 시선도 의식하지 않고 그냥 뛰어들 수 있는 자신감은 어디로 간 걸까.

다시 호안끼엠 호수에 둥글게 둥글게 모여 다꺼우를 차고 싶다. 인종도, 출신도, 직업도, 학력도 모른 채 친구가 되고 싶다. 줄넘기하고 제기 차고 땅따먹기 하던 내 어린 시절 놀이들은 다 어디로 사라졌을까. 행복은 하늘 높이 솟는 다꺼우에 있던 걸까.

늙어가는 사회 고민하는 베트남

아침에 눈을 떠 공원에 가보면 어르신들이 모여 춤을 추며 운동하거나 명상하는 모습을 마주할 수 있다. 새벽부터 산책하는 어르신들이 공원을 가득 채운다. 같은 색 티셔츠를 맞춰 입은 어르신들은 새벽 운동을 마친 뒤 집으로 돌아가 아침밥을 짓고, 손자·손녀를 돌본다.

베트남 역시 '고령화'에 대한 고민이 깊은 나라 중 하나이다. 2020년 전체 인구의 8퍼센트에 불과했던 65세 이상 노인 인구 비중이 2036년에는 14퍼센트까지 늘어날 것으로 예상되고 있다. UN은 65세 이상 인구가 총인구의 7퍼센트 이상이면 고령화 사회, 14퍼센트 이상이면 고령사회로 분류하고 있다. 베트남 역시 이미 고령화 사회로 진입했고, 2036년이면 고령사회가 될 것이라는 전망이다.

베트남 정부는 고령화 시대를 맞아 노인들에 대한 금전적 지원을 늘리는 방안도 추진하고 있다. 베트남 국회 상임위원회가 내놓은 사회보험 법률 개정안의 내용은 2030년까지 정년을 넘긴 인구의

60퍼센트가 매달 연금 등의 혜택을 받게 하고, 75세 이상 국민들에게는 '사회적 퇴직금'을 지급하겠다는 것이다. 해당 개정안을 통해 수혜를 받는 노인은 80만 명이 넘어설 것으로 예상된다.

한편에서는 '노인 돌봄' 같은 요양 서비스 시장에 대한 관심이 커지고 있다. 베트남 매체는 "베트남 노인 돌봄 서비스는 성장성이 큰 핵심 시장"이라고 평가했다. 베트남 상공회의소vcci는 현재 노인 인구의 80퍼센트가량이 다른 사람의 돌봄을 받고 있다는 점을 고려할 때 2035년에는 노인 돌봄이 필요한 잠재적 소비자가 2000만 명에 달할 것이라고 전망했다. VCCI는 "90퍼센트 이상의 노인이 '집'에서 돌봄 치료를 받기를 원하며, 그중 36퍼센트가 노인 돌봄 서비스를 위해 추가 비용을 낼 의사가 있다"고 말했다.

하지만 아직까지는 노인을 위한 의료 인프라가 부족한 것이 현실이다. 베트남의 국가 노인 위원회에 따르면 2019년 기준 노인을 위한 전문 병원은 한 군데에 불과하고, 62개 성 중 49개 지역의 병원에만 노인과가 존재한다. 2020년 12월 기준 민간 요양 병원의 수는 80개에 불과하다. 베트남 정부는 2025년까지 각 지방 권역별로 노인 전문 시설을 설립하고, 자원봉사자를 통한 노인 돌봄 서비스도 확대한다는 계획이다.

국내뿐 아니라 은퇴 후 베트남에 거주하는 외국인 수요를 잡기 위한 노력도 이어지고 있다. 베트남 정부는 베트남 생활비가 미국

보다 49퍼센트 저렴하고, 거주비용도 최대 75퍼센트 저렴하다고 홍보한다. 외국인 거주자가 많은 호찌민시도 뉴욕보다 생활비가 62퍼센트, 거주비는 83퍼센트 낮다는 것이다.

실제로 베트남에서는 의료시설과 골프장 같은 체육시설 등을 갖춘 실버타운 개발이 활발히 이뤄지고 있다. 베트남은 무비자 체류 기간 등을 연장해 노년층의 '은퇴 관광'도 늘린다는 계획이다. 2019년 말 뉴욕포스트가 발표한 '은퇴자에게 가장 좋은 12개국'에서 베트남이 1위를 차지하기도 했다.

베트남 상공회의소와 UN인구기금UNFPA은 베트남 노년층을 위한 사업 서비스를 개발하는 협업체를 출범하기도 했다. 해당 협의체는 '노인 돌봄 서비스 산업을 발전시키고, 노년층 인구의 요구를 충족하며, 비즈니스 연결 촉진과 국내외 투자자 유치에 기여하도록 한다'는 게 기획 의도라고 발표했다. 보탄탄 VCCI 부회장은 "베트남 국내외 기업과 투자자들에게 많은 기회를 제공하며 상공회의소가 협의체 운영을 강력히 지원할 것"이라고 말했다.

★

집을 노래방으로 만드는
흥의 민족

주말이면 발코니에 나가 어느 동네에서 파티를 여는지 살펴보곤 했다. 거실에 앉아 있어도 들려오는 음악 소리가 대체 어디서 오는 건지 궁금해서였다. 30층이 넘는 고층인데 싸이의 '강남 스타일' 노래 가사까지 들려오는 건 대체 무슨 일인지. 오랜만에 듣는 원더걸스의 음악이 다음 곡인 걸 보면 혹시 한국 사람들인가 싶었지만 베트남어로 행사를 진행하는 걸 보니 베트남 사람들이 분명했다. 들려온 음악의 진원지가 집에서 다섯 블록은 떨어진 곳인 걸 깨닫는 순간, 이 동네 사람들의 참을성이 정말 대단하다는 생각을 하게 됐다. 아파트 단지만 3개 이상, 빌라가 100여 채 넘게 있는 이 동네에서 다들 이 소리를 듣고만 있다니. 바로 앞 빌라에서 풀파티라도 열리는 날이면 발코니에 나가 있는 것만으로도 그 파티에 있는 것 같은 느낌을 받을 수 있었다.

베트남에 살아보면 이들이 한국인 못지않은 흥을 가진 민족이라는 걸 금방 알게 된다. 허름한 길거리 식당에 앉아 맥주를 먹다 보면, 취기 오른 베트남 사람들이 삼삼오오 모여 노래 부르는 모습을 쉽게 마주칠 수 있다. 일행이 아니더라도 누군가 노래를 시작하면 다 같이 떼창을 부르며 어울린다. 정 많고 흥 많은 모습은 한국 사람 못지않다. 베트남 사람들의 노래 사랑은 장소를 불문한다. 밥을 먹다가 식당이 갑자기 노래방으로 변하는 게 한두 번이 아니다. 누가 요청했는지는 몰라도, 직원이 어디선가 이동식 대형 스피커를 끌고 오면 "아, 여기서 대화는 끝났다"라고 생각해야 한다. 미래의 가수를 꿈꾸는 아이부터, 과거 한가락 하던 고모, 번성한 자식들을 보며 흐뭇해하는 할아버지까지 삼대가 모여 한 곡조씩 뽑아대다 보면 한두 시간은 훌쩍 지나간다. 주변 손님들은 일행이 아니지만 "시끄럽다" "그만하라" 같은 말도 하지 않는다. 도리어 노랫소리를 이기려는 양 목청껏 소리를 지르며 대화를 나눈다. 노래방 마이크와 아저씨들의 목청을 이길 자신이 없어 아예 다른 식당으로 자리를 옮긴 적이 여러 번이다.

어느 집에서 부르는지 모를 노랫소리는 어디에서든 들려왔다. 주말이면 '미래의 가수를 꿈꾸지만 노래 실력은 썩 좋지 않은' 남성의 노랫소리가 들려왔다. 그는 자정이 가까운 시간까지 연습을 게을리하지 않는 노력파였다. 그의 노력 덕분에 나는 불면의 밤을 보내곤 했다. 아파트에 노래방 기기와 마이크를 설치한 대범한 이웃도 있었는데, 그는 케이팝 마니아였다. 그중에서도 걸그룹을 특히 좋아하는 것 같았다.

오늘의 인기상은 바로 나!

설 명절인 뗏 기간에는 온 동네가 '전국 노래자랑' 심사장을 방불케 했다. 불행히도 전국노래자랑에 나가면 대상, 최우수상보다는 인기상을 받을 법한 실력이 많았다. 한국 사람들은 노래를 제법하는 사람이 아니라면 남 앞에 잘 나서지 않는데 이 나라 사람들은 용기가 엄청났다. 음정이나 박자 상관없이 자기 마음 가는 대로 부르는 '내 멋대로' 가수들이 마이크를 즐겨 잡았다. 뗏 기간 내내 집에 밴드를 불러 파티를 즐기던 아저씨는 간주가 나오는 중간마다 "엠어이(여러분)~"를 외치며 호응을 유도했다. 마이크와 스피커 하나를 들고 길거리 술집을 찾아다니며 공연하는 무명 가수들은 종종 손님에게 마이크를 뺏겼다. 가수가 손뼉을 치고 손님이 노래를 부르는 장면은 베트남에서 그리 희귀한 게 아니었다.

소음에 무딘 베트남 사람들이라고는 하지만, 베트남 문화라고 여겨지던 소음들이 슬슬 골칫거리가 되고 있다. 소음에 항의하는 사람들이 생기는 것이다. 베트남 일간지 〈뚜오이쩨〉는 "2021년 뗏 명절 동안 호찌민시 고밥 지역에서 접수된 소음 공해 신고만 열다섯건 이상이었다"라는 기사를 냈다. 소음에 관대한 베트남 사람들조차 참지 못하고 경찰에 SOS를 쳤다는 것이다. 잠잠해지는 듯하던 사람들은 경찰이 떠나자마자 다시 볼륨을 높였다고 한다. 베트남 사람들이 시끄럽다고 할 정도면 그 소리는 얼마나 대단했을지 상상이 되지 않는다.

베트남을 떠올리면 오토바이 경적음, 사람들이 시끄럽게 소리 지르는 소리, 빵빵거리는 자동차 소음과 음악 소리가 머릿속 배경음으로 자연스레 깔릴 정도이다. 그런데 당시 뗏 명절 때는 조금 심각했던 모양이다. 호찌민시 위원장이 주재하는 회의에서 '노래방으로 인한 소음 공해'가 안건으로 올라올 정도였다. 시위원회는 주민들의 항의를 받아들여 "오후 10시 이후 소음에 대해서 조처를 하겠다"라고 입장을 냈다. 베트남 젊은 사람들을 중심으로 길거리 노래방 같은 외부 소음은 물론 층간 소음 같은 문제도 제기되고 있다고 한다. 시끄럽지 않은 베트남은 상상이 되지 않지만 불면의 밤들이 줄어들기는 하겠지.

우리 가족 오늘 외식은 노래방에서

어느 자리든 노래방으로 만드는 능력을 지닌 베트남 사람들이지만 가라오케라 불리는 노래방도 참 좋아한다. 한국 사람들에게 가라오케라 하면 사회 문제를 일으키는 왜곡된 의미를 먼저 떠올리겠지만 베트남 사람들에게는 가족이나 친구들과 함께 즐겨 찾는 여가 공간일 뿐이다. 노래방들은 낮으면 1층짜리, 높으면 6층 이상의 건물 전체를 썼다. 내가 주로 가던 노래방 체인점은 성인 키의 두 배는 되어 보이는 커다란 곰 인형이 마스코트였다. 붉은 벽돌로 꾸민 건물에 들어서면 커다란 곰 인형이 손님을 맞았다. 아장아장 걷는 아기부터 10대 청소년들, 할아버지·할머니 손님들이 곰 인형과 사진을 찍으며 까르르 웃었다.

베트남 노래방은 우리 노래방보다 훨씬 고급스럽다. 커다란 방에 푹신한 소파가 길게 배치되어 있고, 빽빽하게 앉으면 열댓 명도 들어갈 수 있을 정도로 공간이 넓다. 무선 마이크 서너 개에 스탠드 마이크까지 있어 노래 한 곡을 여러 명이 합창으로 부를 수도 있다. 가장 선진적인 시스템은 바로 노래 예약에 사용하는 터치스크린이다. 두꺼운 노래방 책을 뒤지거나 힘을 줘 꾹꾹 눌러야 하는 노래방 리모컨으로 노래를 검색해야 하는 우리나라와 달리 베트남 노래방은 방마다 작은 텔레비전만 한 사이즈의 터치스크린이 설치되어 있다. 거기서 노래를 검색하고 예약하면 끝. 한국 노래를 부르고 싶으면 금영이나 태진 같은 한국 노래방 음원 제공업체의 이니셜을 'KY' 'TJ' 식으로 검색하면 된다는 팁도 알아냈다.

베트남 노래방은 술 취해 가는 2차 장소가 아니라 외식 공간이자 술집, 여가 공간이었다. 밥과 술, 간식, 차 등 모든 걸 해결할 수 있다. 쌀국수나 망고, 포도, 수박 같은 과일도 판다. 마실 거리의 종류도 다양하다. 생강차나 레몬차 같은 차 종류도 있고 커피도 갖췄다. 맥주를 시키면 커다란 얼음 통을 가져다주고, 방마다 마음대로 까먹을 수 있는 스낵류도 비치되어 있다.

나와 친구들은 베트남식 가라오케에 맛을 들였다. 베트남 노래를 부르며 스트레스를 풀기도 했는데 베트남의 GD(빅뱅의 멤버 지드래곤)로 불리는 가수 손 뚱의 노래는 매번 실패로 돌아갔다. 대신 느린 베트남 발라드 몇 곡을 즐겨 불렀다. 하노이 발음으로 불러야 하는 베트남 노래들을 내 멋대로 호찌민식으로 바꿔서였다. 어느새 '빗속의 여동생'이나 '날 울게 둬요' 같은 베트남 노래가 내 18번이 됐다. 한국인 여럿이 들어간 방에서 베트남 노래가 흘러나오면 종업원들이 문에 달린 작은 유리창에 다닥다닥 붙어 우리를 구경했다. 어설픈 발음으로 가수가 된 양 자기네 노래를 부르는 한국인이 신기하기는 했을 것 같다. 노래 실력이 나쁘면 어떠랴. 부른다는 게 중요하지. 나도 베트남 사람이 다 됐다.

가라오케라는 그 단어

베트남 노래방을 좋아하는 나지만 가라오케라는 단어를 들으면 묘한 감정이 먼저 들곤 한다. 베트남에서 가라오케라는 단어와 연관된 부정적인 경험이 쌓인 탓이다. 모든 한국 남성이 베트남 가라오케를 즐기는 건 아니지만 많은 한국 남성이 다른 의미의 가라오케를 즐겼다. 한국 사람들이 모여 있는 카카오톡 단체 채팅방에는 가라오케 직원들이 광고 글을 자주 올렸다. 헐벗은 여성들의 사진과 함께 "최선을 다해 모시겠다"라는 문구 같은 게 적혀 있었다. 신고해도, 신고해도 또다시 나타나는 그들 덕에 절반은 음란물에 가까운 사진과 텍스트를 사람들은 익숙한 듯 무시해내곤 했다.

가라오케라고 불리는 유흥업소들은 성매매 같은 불법행위도 주선한다고 했다. 하노이나 다낭, 호찌민 같은 대도시는 물론이고 공장 지대에도 유흥업소가 즐비했다. 이름들은 왜 그렇게 우아하게 짓는지 고대 그리스 여신의 이름이나 유명 휴양지의 이름을 딴 가라오케들이 유명세를 떨친다. 가끔은 채소 이름이나 사우나를 표방한 곳들도 있다.

유흥업소들은 자체적으로 숙박업소를 마련해 불법행위를 주선한다고 했다. 3성급 이상의 호텔에 들어가려면 베트남 여성의 신분증을 제출해야 하기 때문이다. 이걸 모르는 한국 남성이 가라오케에서 만난 성매매 여성과 호텔에 들어가겠다며 행패를 부리다 쫓겨나는 일이 왕왕 일어났다. 얼굴이 다 화끈거렸다. 유흥주점에서 도우미를 불러 유흥을 즐기던 한국인 남성들이 적발되어 한국으로 추방됐다는 기사 같은 건 잊을 만하면 나오는 것들이라 놀랍지도 않다.

나에겐 과일과 맥주를 먹으며 고래고래 소리를 지를 수 있는 베트남 노래방이 스트레스 해소 공간이었던 게 분명한데 베트남 노래방을 말할 때마다 미묘해지는 분위기는 억울하다. 부정적인 부분만 알고 색안경 쓰고 보는 사람이 많기 때문이다. 가족, 친구, 자녀들과 베트남 노래방에서 당당하게 고래고래 노래를 부르는 베트남 사람들이 억울해할 일이다.

성매매 걸리면 얼굴, 실명 공개됩니다

종종 베트남에서는 한국인들이 베트남 여성을 상대로 한 성매매를 알선하다가 적발됐다는 뉴스가 뜬다. 당연하게도 성매매는 불법이다. 성매매 사실이 적발될 경우 50만~100만 동의 벌금을 내고 추방된다. 성매매를 알선할 경우에는 징역 5~10년 형을 선고받는다.

하지만 2023년 7월, 또 다시 가라오케에서 성매매를 알선한 한국인들이 적발됐다. 베트남 뉴스의 기본은 '실명 공개'이다. 한국 뉴스에는 김 모 씨, 차 모 씨, 이 모 씨 등이 사건에 연루됐다고 보도되지만 베트남 뉴스를 보면 이들의 이름과 사진이 함께 공개되곤 한다.

이번에 나온 기사는 이렇다. 호찌민 부이 뜨 쉬안 거리에 가라오케를 열고 한국 돈 16만~21만 원의 화대를 받고 성매매를 알선해 총 40억 동(한국 돈 2억 1000만 원)을 챙긴 일당이 적발됐다. 이들은 30개의 룸을 갖춘 노래방을 열고 한국인 손님을 받아 성매매를 알선했다. 해당 업소에는 여성 접대부 80여 명과 직원 20여 명이 있었다고 한다. 3~5명의 경비원이 공안의 단속에 대비해 인근 호텔이나 아파트, 빌라로 성매매 여성들과 직원들의 이동을 지원했다. 이곳의 손님은 모두 한국인이었다고 한다. 한국 기사에는 "얼굴을 공개하라"는 댓글이 달렸다. 이미 베트남 언론에는 이들의 얼굴이 공개된 후였다.

돈을 주고 산 여성을 호텔로 데려가려다 추방당하는 한국인도 종종 나온다. 대부분은 업소 여성을 자신이 예약한 숙소에 혼숙하려다 생기는 갈등이다. 베트남의 경우 혼인을 하지 않은 베트남 사람과 외국인이 혼숙을 하려면 신원 증명을 할 수 있는 자료를 제출해야 한다. 베트남에서 여행 상품을 예약하더라도 이런 사항이 명시돼 있다. 혹시나 자연스럽게 만나 어울리던 남녀가 눈이 맞아 함께 숙박시설에 들어가는 경우라고 해도, 해당 시설이 3성급 이상의 호텔이라면 베트남 사람의 신원을 증명할 수 있는 서류를 제출해야 한다.

베트남 사람에게도 실명 보도의 예외는 없다. 최근에는 항공사 승무원 출신 인플루언서로 유명했던 베트남 여성이 현직 항공사 승무원들과 모델들의 성매매를 알선하다가 적발됐다. 그는 승무원으로 근무하며 명품 쇼핑과 여행 사진 등을 올려 유명해진 인플루언서로, 팔로워만 30만 명이 넘는 유명인이었다. 승무원을 그만둔 그는 VIP 고객으로 불리는 남성들에게 1회당 1000달러, 하룻밤에 3000달러를 받고 성매매를 알선했다고 한다. 베트남에서는 굉장히 높은 금액인 게 틀림없다. 중개 수수료로 700만 동(약 38만 원)씩을 받아 지금까지 10억 동(약 5480만 원)을 받아 챙긴 것으로 알려졌다. 그의 얼굴과 실명 등은 전부 언론에 노출됐다.

아직도 베트남에서 성을 사고파는 게 쉽다는 인식을 갖고 방문하는 한국인들이 많은 게 사실이다. 하지만 공안이 단속하려는 의지만 가지면 적발은 순식간이다. 정치적인 문제 등으로 추방해야 하는 인물이 있으면, 그의 가라오케 출입 기록부터 찾아내 들이민다는 말도 통설로 퍼져 있다. 한 가지 사실만 기억하자. 베트남 언론은 범죄인의 얼굴을 모자이크해주지 않는다.

베트남처럼
적응하기

이상한 말이지만, 베트남에 사는 내내 베트남 사람처럼 살기 위해 노력해야만 했다. 자칫 긴장을 늦췄다가는 여기가 한국인지 베트남 인지 구별되지 않는 생활이 이어질 게 분명했기 때문이다. 내가 살던 호찌민에만 11만 명 이상의 한국인이 살고 있다고 했다. 집계하는 기관마다 9만 명, 11만 명 혹은 그 이상으로 추정하는 많고 많은 한국인 덕분에 베트남에는 한국 식당과 마트가 넘쳐났다. 한국인들은 서로서로 손님이 되고, 가게 주인이 되고, 물건을 공급하고, 다시 그걸 가져다 팔며 하나의 생활공동체를 형성했다(물론, 코로나 직후에는 한국인이 3만 명까지 줄었었다고 한다).

한인들이 모인 단톡방에는 한인들을 상대로 하는 가게들이 실시간으로 '카톡 전단'을 돌렸다. 한국에서도 자주 먹지 못하는 온갖 음식이 올라오는 전단을 훑어보다 보면, 한국에 놓고 왔다고 생각한 입맛이 다시 '쏩~' 하고 돌았다. 겉절이, 섞박지, 파김치부터 시작해,

보내준 대로 끓여 먹기만 하면 되는 닭볶음탕, 감자탕에 양념게장까지. 군이 한식당까지 찾아가지 않아도 한국에서 사는 것보다 더 저렴하게, 다양한 음식을 배달시켜 먹을 수 있었다. 하노이에는 유명한 장어구이집이 있고, 호찌민에는 홍어를 파는 집도 있다. 감기에 걸렸을 때는 한인 타운에서 뜨끈한 동태탕을 한 그릇 먹고, 한낮 기온이 40도에 육박할 때면 베트남 사람들이 맛집이라고 추천해준 한국 냉면집에서 별식 콩국수를 먹으면 된다.

음식뿐만이 아니었다. 피부과, 치과, 옷가게 등 업종도 다양했다. 한국 사람들을 상대로 하는 병원에서는 통역조차 필요 없다. 근육통을 앓거나 담에 걸리면 한의원에서 침을 맞으면 된다. 몸이 허하다며 수십만 원짜리 한약을 권하는 것마저 똑같아 '여기가 진짜 한국인가?' 싶었다. 동네마다 한인 미용실과 헬스 트레이너, 필라테스 강사는 물론 학생의 학년별로 수업이 가능한 학원과 과외방이 넘쳤다. 베트남에서 한인 타운이라고 하는 것은 단순히 몇 개의 맛집이나 가게가 늘어선 거리가 아니라 지역별로 하나의 지구를 형성하는, 말 그대로 '타운'이었다. 그곳에서는 이방인인 한국인들이 더 활개를 칠 수 있었다. 원주민인 베트남 사람들이 인디언처럼 보이기도 했다. 아메리카 신대륙에 원래 살던 원주민들 말이다.

한인 타운에는 당연한 듯 한국어가 공간을 떠다녔다. 자신들의 타운을 만든 한국 사람들은 할아버지·할머니, 조상 때부터 그곳에 살아온 베트남 사람들에게 당연한 듯 한국식을 요구했다. 베트남 사람들은 가끔 탄압받고 무시당했다. 한국 사람들에게는 그곳이 먼바

다를 건너 찾아낸 또 다른 고향처럼 느껴질 수 있었겠지만 그곳이 진짜 고향이었던 이들이 있다는 사실이 마음에 걸렸다.

눈, 코, 입을 부탁해

베트남에서, 베트남처럼 살기 위해서는 눈, 코, 입을 모두 적응시켜야 했다. 나에게 눈, 코, 입을 적응한다는 건 그 어떤 것을 보고도, 어떤 냄새를 맡고도, 어떤 맛을 먹고도 마음이 불편하지 않음을 뜻했다. 하지만 그 적응이 참 쉽지 않았다. 내 모든 것을 현지화할 거라는 목표와 달리 마음 한구석에 자연스레 생기는 찝찝함과 의구심, 저어함을 없애는 데는 오랜 시간이 걸렸다.

가장 시급한 일은 '눈'이 적응하는 것이었다. 내 눈은 새로운 환경에 놓인 나를 보호하려는 의지가 강했다. 모든 시각 정보를 내 뇌 속의 뉴런으로 보내 경고 신호를 보냈다. 모든 것은 마음먹기에 달렸다든가, 눈에 보이는 게 전부는 아니라는 오래된 진리를 적용하기 전에 들어온 시각 정보들이 '괜찮은 걸까'라는 의구심을 키워나갔다. 뇌 속 세포들이 "경고, 경고" "비상!" 하면서 뛰어다니고 있는 게 분명했다.

처음 가본 현지 꼬칫집은 더 이상 얼음이라고 부를 수 없는 미지근한 물만 깔려 있는 매대에 개구리와 생선, 닭, 채소들을 널어놨다. 식당 종업원은 겉면이 죄다 긁힌 플라스틱 통에서 얼음을 꺼내 맥주전자에 넣어줬다. 일행들이 "남자 화장실은 벽에 기대어 놓은 널빤지 하나가 전부"라고 했는데, 그건 그나마 나은 상황이었다. 여자 화장실에는 분명 흰색이었을 듯하고, 좌변기였을 듯한 뭔가가 있었다. 근처에 다가가기만 해도 건강상 문제가 생길 것 같은 모습이었다. 내 눈은 "이 식당에서 뭔가를 먹으면 큰일 날지도 몰라!"라며 비상벨을 울려대고 있었지만 '현지화'를 첫 번째 목표로 정한 내 뉴런들은 손과 발끝 세포에 별다른 명령을 전달해주지 않았다. "저렇게 많은 현지인이 밥을 먹고 있잖아?" 뇌에 설득돼 한참을 그곳에서 먹고 마셨지만 화장실은 두 번을 가지 못했다.

결국 눈이 졌다. 그 후로도 비슷한 상황인 로컬 식당들을 다닌 걸 보면 내 뇌는 눈이 보내는 정보를 무시한 게 분명하다. 눈 역시 뇌에 정보 보내는 걸 포기하고 적응해버렸다. 강렬했던 풍경의 식당으로 베트남 생활을 시작한 덕분에 나는 현지 식당에서 만나는 장면들에 충격을 받지 않게 됐다. 다행이라면 다행인 걸까.

눈을 적응시켜야 하는 영역은 다양했다. 베트남에 도착한 지 3주가 넘어서야 살 집을 계약했다. 오랜 남의집살이에 지친 몸을 소파에 뉘었을 때 그가 찾아왔다. 빠르게 거실을 가로질러 가는, 옆눈으로도 느껴지는 그 존재. '내가 생각하는 그게 아닐 거야'라면서 마음속으로 부정해봤지만 지금 위치를 파악하지 못하고 그를 놓치면 밤새 괴로울 게 뻔했다. 거실을 살금살금 기어 주방 쪽 발코니 앞에 가니 잠시 쉬고 있는 그가 보였다. 한국에서 본 그 어떤 종류보다 크고 두꺼운, 흑색 등껍질을 자랑하는 그 존재. 이름을 부르는 것만으로도 온몸에 소름이 끼치는, 우리에게도 익숙한 그 벌레, '바 선생(바퀴벌레)' 말이다.

베트남에서는 아무리 노력해도 벌레들과 마주치지 않고 생활할 수는 없었다. 다섯 종류 이상의 벌레들이 룸메이트를 하자고 창문을 두드렸다. 한 달에 걸쳐 베트남과 한국 곳곳에서 공수한 벌레 퇴치 약을 집 안 곳곳에 둘렀다. 벌레가 죽기 전에 내가 약물 중독으로 죽는 게 아닐까 싶을 정도였다. 덕분에 더 이상 벌레들과 생활공간을 나눠 쓰지는 않아도 됐지만, 발코니에는 가끔 작은 새만 한 크기의 벌레가 죽어 있곤 했다. 가끔은 도마뱀이 소파 밑에서 빼꼼히 나와 유유히 지나갔다. 갑자기 나타나 놀라기는 했지만 도마뱀이 벌레를 잡아먹는다는 말에 괜히 반가워 같이 살고 싶었다.

나중에는 내 눈도 벌레나 도마뱀을 보고도 화들짝 놀라며 과하게 경고를 보내지는 않았지만 딱 하나, 화상벌레는 공포스러웠다. 꼬리가 빨강, 검정 줄무늬인 화상벌레는 피부에 닿기만 해도 화상을 입는다는 공포스러운 벌레로, 한밤중 불 켜진 창문을 보고 찾아와 문틈이나 방충망 사이로 들어오곤 했다. 화상벌레를 만진 손으로 눈을 만지면 실명한다는 경고가 돌았다. 비슷한 모양의 벌레만 봐도 가슴이 철렁하곤 했다.

기준이 바뀌다

눈이 적응되자 코와 입은 순식간이었다. 같이 간 한국 사람들이 "어디서 이상한 냄새가 난다"라고 해도 나는 "이게 베트남인걸" 하고 넘겨버리게 됐다. 쌀국수에 짠 레몬은 버리지 않고 숟가락, 젓가락을 씻는 용도로 쓴다. 그릇도 손바닥으로 한번 스윽 문지르고 사용하면 된다. 남들이 한 번씩은 다 한다는 물갈이도 한 적이 없어 한국에서 챙겨간 지사제는 주변 친구들에게 모두 나눠줬다.

베트남의 매력은 '로컬'에서 나온다. 내 입은 식당 하나 없던 베트남 뒷골목을 헤매다 만나거나 사막 한가운데에서 먹은 것들을 강렬하게 추억한다. 베트남 친구들이 나를 골탕 먹이기 위해 깔깔거리며 권한 작은 메추리구이와 악어고기, 개구리 튀김, 선지 쌀국수 같은 것에 적응한 덕이다. 무이네 사막에서 먹은 따끈한 두부, 호찌민 로컬 길거리에서 팔던 구운 돼지곱창과 초록 소스, 하노이 길거리를 헤매다 찾은 길바닥 식당의 닭구이와 직접 담근 사과주, 아기 손바닥만큼 커다란 닭발구이, 치킨하고 비슷했던 개구리 튀김, 생선인지 닭고기인지 헷갈리던 구운 악어고기, 돼지 간을 넣은 쌀죽까지… 모든 것이 처음이었고, 모든 것이 흥미로웠다.

행동 양식도 바뀌었다. 예전에는 꺼렸을 곳들이 궁금해지기 시작했다. 과거에는 눈, 코, 입이 거부했을 모든 것들이 매력적으로 느껴지게 된 것이다. 한국 사람들끼리는 "웬만하면 가지 마"라고 하는 로컬 지역이 궁금해 낮에 괜히 어슬렁어슬렁 돌아다니곤 했다. 사실 나도 밤은 무서우니까. 해가 지지 않아 안전한 시간이라 생각했는데 대낮부터 칼을 꺼내 들고 싸우는 사람들을 보고도 못 본 척 도망가기도 했다. 말이 안 통할 거란 걸 알면서도 베트남 아이나 어르신들에게 어설픈 베트남어로 인사를 건네고, 고층 아파트 대신 좁고 빽빽하게 들어선 주택가 골목을 산책했다.

　근처 풍경이 보이지 않을 정도로 심하게 연기를 피우는 식당을 보면 피해야겠다는 생각보다 '맛집인가?'라는 생각이 들었다. 대형마트 대신 시장에서 장을 보고, 비닐봉지에 싸여 가지런히 놓인 채소 대신 직접 골라 무게를 재서 계산하는 채소를 사 먹었다. 택시 타는 돈이 아까워 30분 거리도 오토바이를 불러서 타게 됐다. 앞사람 허리를 잡지 않고도 오토바이 뒷자리에 앉아 안정적인 자세로 스마트폰을 두드리며 이동할 수 있게 됐다. 길눈 어두운 택시 운전사에게는 "직진, 앞으로, 우회전"이라며 길을 안내하고, 내비게이션 없이 가고 싶은 곳에 닿을 수 있었다. 시장에서 값을 얼마 정도 깎아야 적정 가격인지 알게 됐다.

　휴대전화를 택시에 놓고 내린 친구 대신 택시 기사와 통화해 집 앞에서 돌려받았을 때는 '이게 되는구나!'라는 생각에 뿌듯했다. 에어컨 나오는 식당 대신 길과 인도의 아리송한 경계에 깔아놓은 테이블에서 밥을 먹었다. 주방 가스 불에 구운 커다란 반쎄오 대신 길거리에서 연탄불 피워 구운 500원짜리 반쎄오를 먹었다. 점심시간에는 옆 테이블에 앉은 운전기사와 경비원들처럼 고기덮밥에 달걀프라이와 국물을 추가해 먹고, 외국인이라고 1만 동을 더 받은 종업원 대신 주인장을 불러다 항의했다. 가끔 집에서도 김치 대신 베트남식 갓절임을 먹었다. 비닐봉지에 든 사탕수수를 질겅질겅 씹으며 돌아다녔다. 모두 내 말을 들어주려 노력한 베트남 사람들과 하나라도 더 알려주려고 한 친구들 덕이다.

주변 사람들은 "대체 어디를 돌아다니는 거냐"라며 걱정스러워하기도 했다. 내가 어슬렁거리는 지역이 전 세계적으로 유명한 베트남 갱단이 잡고 있는 지역이라거나, 외국인 한 명 정도는 쥐도 새도 모르게 처리할 수 있는 권력 기관이 연루된 곳들이라는 설명도 붙었다. 얼마 전 칼부림이 일어났던 곳이거나, 사고가 유달리 잘 발생한다는 지역도 있었다.

베트남 사람들이 가득한 로컬 지역을 가야 내가 이곳에 와 있는 이유를 알 것만 같았다. 빌딩 숲과 아파트, 글로벌 프랜차이즈와 한국 가게들이 가득한 동네에 있다 보면 문득 내가 왜 여기 있나 싶은 자괴감이 드는 것이다. "어떻게 그런 곳들을 다녔냐" "어디서 그런 음식을 먹어봤냐" 같은 말을 들으면 괜히 뿌듯했다. 한정된 짧은 시간 동안 '베트남처럼' 보내기 위해 노력하기 위해선 익숙함을 버리는 노력이 필요할 수밖에 없다.

베트남 경제를 지탱하는 해외 자본

사실 베트남 문화라는 건 긴 역사 동안 축적되어온 다양한 외국의 문화가 뒤섞여 만들어진 것이다. 프랑스는 반미와 파테, 솟방 같은 식문화食文化와 언어에 그 흔적을 남겼고, 중국 화교들의 차이나타운이나 일본인 마을, 한국의 코리아타운은 주요 커뮤니티의 한 축으로 다양한 방식으로 현지화된다.

과거의 역사가 베트남 문화에 영향을 미쳤다면 최근에는 해외에서 유입된 투자 자본들이 베트남 경제에 흔적을 남긴다. 베트남은 해외 기업의 투자로 국민들의 일자리를 창출하고, 대중교통 같은 인프라도 외국에서 들여온 공적개발원조ODA를 통해 구축해나가는 국가이다.

미중 갈등 속에서 베트남이 중국을 대체할 '세계의 공장'으로 떠오르자 해외 자본이 베트남으로 밀려 들어왔다. 덕분에 베트남의 외국인직접투자FDI 금액은 코로나 기간에도 역대 최대치를 찍으며 증가했다. 코로나 이전인 2019년 7.15퍼센트를 기록했던 베트남의 경제성장률은 코로나 기간(2020~2021년)에는 2퍼센트대로 주저앉았다. 하지만 2022년 다시 8%의 경제성장률을 기록하며 반등했다. 베트남의 높은 경제성장률과 회복을 만들어낸 주역으로 FDI 기업들이 꼽힌다. 베트남 수출의 70% 이상이 FDI 기업들로부터 나오기 때문이다. 특히 삼성전자는 베트남의 총수출 중 20%를 담당한다. 베트남에 투자한 해외 기업들이 수출로 다시 돈을 벌어 돈을 벌어 베트남 경제의 근간을 이루는 것이다.

베트남 경기가 둔화될 수 있다는 우려가 나오는 와중에도 2023년 1~8월 베트남이 유치한 FDI 금액은 전년보다 몸집을 키웠다. 베트남 기획투자부 외국인투자청에 따르면 2023년 1~8월까지 FDI 유치액은 181억 5000만 달러로 전년 동기 대비 8.2퍼센트 증가했다. 이 중 투자 집행액은 130억 달러를 넘어서 최근 8년 사이 최고치를 찍었다.

FDI 투자액을 부문별로 살펴보면 가공제조업이 67.8퍼센트 (130억 달러)로 가장 많았다. 전년 같은 기간과 비교하면 14.7퍼센트나 증가했다. 중국이 갖고 있던 '세계의 공장' 지위가 베트남으로 넘어오면서 가전, 부품, 완구 등 다양한 부문의 기업들이 제조 공장을 세운 것이 영향을 미쳤다. 부동산업은 9.7퍼센트(17억 6000달러)로 2위를 차지했지만, 투자액은 47.2퍼센트 감소해 반 토막이 났다. 최근 강화된 베트남 정부의 부동산 규제, 코로나 기간 부동산 가격 하락 등이 투자 심리를 위축시킨 것으로 해석된다.

지역별로는 하노이가 23억 4000만 달러로 가장 많은 투자를 유치했다. LG전자와 LG이노텍, LG디스플레이 등이 공장을 운영 중인 하이퐁시가 20억 8000만 달러로 2위를 차지했다. 하이퐁시가 유치한 해외 자본은 전년 같은 기간보다 72.2퍼센트나 늘어났다. 호찌민시, 박장성, 빈즈엉성 등이 뒤를 이었다.

국가별로 보면 38억 3000만 달러를 투자한 싱가포르가 최대 투자국이었고, 중국, 일본에 이어 한국이 24억 5000만 달러를 투자해 4위를 차지했다. 하지만 지금까지 누적된 투자액을 비교하면 한국(830억 달러)이 1위, 싱가포르(734억 달러)가 2위로 여전히 한국이 베트남 투자의 '큰손'이다.

해외 기업에 대한 높은 의존도는 베트남 정부에게 '계륵' 같은 상황이다. 베트남의 총수출 대비 FDI 수출 비율은 2019년 68.6퍼센트에서 2021년 73.6퍼센트까지 늘어났다. 해외 기업들이 수출을 견인해준 것은 고마운 일이지만 현지 기업들의 역량이 마련되지 않은 상황에서 해외 기업의 투자가 줄어들면 국가 경제가 휘청거릴 수 있다는 불안감이 있을 수밖에 없다. 실제로 베트남 현지 기업들은 코로나 기간 이뤄진 강력한 봉쇄 정책, 급격한 최저임금 상승 등으로 베트남에 투자하려던 기업들이 인근 경쟁국가로 투자처를 옮겨 갈 수 있다는 우려를 표하고 있다.

마약, 술, 담배에
관대한 나라

한국에서 가족들이 놀러 와 집 근처 식당에 저녁을 먹으러 갔다. 옆 테이블 남자들이 자기 몸집만 한 풍선을 불고 있었다. 키가 180센티미터는 족히 넘어 보이는, 덩치 좋은 외국인들이 풍선을 불며 해맑은 얼굴로 헤실거렸다. 어머니는 "다 큰 성인들이 풍선을 불고 노네"라며 신기해했다. 나는 저 사람들이 뭘 하는 건지 알고 있었다. "저 풍선은, 해피 벌룬이라고 마약 같은 거야!"라고 해맑게 설명했더니 갑자기 표정이 어두워진 어머니가 "빨리 돌아가자"라고 재촉했다.

베트남에서는 커다란 풍선을 부는 사람들을 쉽게 볼 수 있다. 길거리 맥주 가게나 술집은 물론 베트남 현지인들이 가족 외식으로 찾는 식당에서도 마찬가지다. 풍선 부는 사람들 사이로 아이들이 뛰어다니고, 부모와 함께 온 가족들이 밥을 먹었다.

호찌민에 있는 여행자 거리 '부이비엔'은 길 전체가 방울방울 풍선 장식을 매달아놓은 것 같이 보인다. 풍선 속에 든 건 분명 마약류인데 서로 거리끼는 분위기가 아니다. 왠지 마약이라고 하면 눈치를 보다가 귀엣말로 '그거 있나요?'라고 속삭여야 할 것 같지만 베트남에서는 그렇지 않다. 그저 해피 벌룬, 웃음 가스, 펑키 볼 등 귀여운 별칭을 가진 그 풍선을 가져다 달라고 하면 된다. 종업원들 역시 놀라는 기색 하나 없이 터질 듯 빵빵하게 부풀어 오른 풍선 주둥이를 손으로 틀어쥔 채 가져다준다. 풍선은 각 식당이나 술집에서 자가 제조한다. 보통 식당 카운터나 바 옆에 커다란 은색 가스통이 서 있곤 한다. 풍선 주문을 받으면 가스통 주둥이에 풍선 입구를 끼우고 가스통 레버를 연다. 슈슉~ 하고 가스가 들어가면 풍선이 몇 초 만에 금세 부풀어 오른다. 가격은 개당 3만~15만 동. 우리 돈으로 1500~7200원 수준에 불과하다.

죽음을 부르는 웃음 기체

풍선 안을 채운 기체는 신종 환각 물질인 아산화질소로, 베트남 등 동남아뿐만 아니라 영국에서도 사망자를 낸 '문제적 기체'다. 풍선 주둥이에 입을 대고 들이마시면 짧은 시간 동안 몸이 붕 뜨고 취한 느낌을 받는다고 한다. 일시적으로 안면 근육이 마비되면서 웃고 있는 모습처럼 보이기도 한다. 그래서 우리나라에서는 이 기체를 소기笑氣, 즉 웃음 기체라고 부른다. 외국인들이 해피 벌룬(행복 풍선)이라고 부르는 이유도 비슷하다. 산소 부족이나 정신착란을 일으킬 수 있고 심하면 사망에 이를 수 있다는 어마무시한 설명문이 붙어 있다. 우리나라에서는 2019년 이를 환각 물질로 지정하고 의료용이 아닌 경우 사용하지 못하도록 했다고 한다. 과거 버닝썬 사건으로 시끄러웠을 당시 아이돌 그룹 멤버가 베트남 하노이에서 풍선을 부는 사진이 공개되면서 비난을 받기도 했다.

실제로 베트남을 찾은 많은 한국인이 이 풍선을 불곤 했다. 분명한국에서는 마약인데 해외에서는 괜찮을 것 같은 해방감이 느껴지는 걸까. 베트남에 있던 어떤 한국인은 "한국에서 풍선은 불법이다"라는 나의 말에 자신은 술도 담배도 거의 하지 않으니 풍선 정도는해도 괜찮다는 논리를 펴곤 했다. 당당하게 '괜찮다'는 논리를 펴던그는 어느 날, 술집 테이블 밑의 바닥에서 눈을 떴다고 했다. 들이켜는 양을 조절하지 못해 정신을 잃고 쓰러진 것이다. 베트남에 거주하는 학생들 사이에서는 "어느 학교의 누가 풍선 여덟 개를 한 번에불었다더라" "누구는 더 많이 불어도 멀쩡했다더라" 같은 객기 어린소문이 돌곤 한다. 한국이었다면 곧바로 처벌받을 일이다.

베트남 정부는 '가끔' 풍선 단속에 나선다. 언론에 "대마초, 필로폰 같은 (기존) 마약과 아산화질소 풍선 같은 새로운 종류의 마약을집중 단속할 것"이라는 베트남 정부의 발표가 대대적으로 나오고나면 한동안 길거리에서 풍선이 사라지기도 했다. 집중 단속 기간이 지나면 이내 풍선은 다시 길거리를 메웠다.

풍선을 특별 위험 물질로 취급하지 않던 베트남이 풍선의 위험성을 감지한 건 몇 년 전 발생한 사고에서였다. 하노이에서 열린 음악 축제에서 해피 벌룬을 들이켠 20대 일곱 명이 숨지는 사건이 일어난 것이다. 그 축제에 베트남 고위직이나 부유층의 자제들이 많았다는 소문이 돌았다. 이후 베트남 공안부는 풍선에 들어 있는 이산화질소를 환각 물질로 지정하고, 하노이를 시작으로 전국에서 풍선 유통을 금지하겠다고 밝혔다.

떠들썩했던 사건과 달리 풍선은 여전히 베트남 길거리를 메우고 있다. 술집들이 당장의 수익을 포기하지 않기 때문이다. 이들을 봐주는 공무원들 덕분에 단속도 무용지물. 정부 입장에서는 길거리에 풍선이 넘실거리는 게 달가울 리 없지만, 단속은 제대로 되지 않는다. 사망자를 낸 사고의 기억도 풍선에 실려 멀리멀리 보내졌나 보다.

모르는 사이 마약을?

풍선보다 더 심각한 건 바로 마약이다. 평범한 보통 사람들에게는 '마약 중독자'라는 단어가 실감 나지 않겠지만 베트남 언론에 따르면 베트남에는 25만 명 이상의 마약 중독자가 있다고 한다. 현지 언론인 〈베트남뉴스〉는 "비공식적으로는 더 많은 수의 중독자가 있을 것"이라고 보도했다.

주변에 마약 중독자가 있을 수도 있겠다는 생각이 든 건 베트남 관광지에서의 주의사항을 들었을 때였다. "큰 나무에 손대지 말라" "담장 위도 만지면 안 된다"고 했다. 마약하는 이들이 불특정 다수와 공유하는 주사기를 여행자 거리나 맥주 거리에 있는 나무에 꽂아놓거나 담장 위에 올려놓는다는 것이다. 남들이 주는 맥주나 물담배를 조심하라는 당부도 수차례 들었다. 자꾸만 늘어가는 '조심 목록'에 겁만 많아져 외국인과 관광객이 득실거리는 번화가에 갈 때면 거북이처럼 잔뜩 움츠러들게 됐다. 나도 외국인이기는 마찬가지였지만.

베트남 술집이나 클럽 등을 중심으로 유통되고 있다는 마약은 영화나 방송에서 본 것과는 조금 달랐다. 캔디라는 이름으로 유통되는 마약은 목캔디나 자일리톨, 민트 캔디처럼 생겼다. 확실히 거부감이 덜할 것 같았다. 어릴 때 문방구에서 '비타민 사탕'이라는 이름으로 팔았던, 진짜 비타민이 함유됐을 리 만무한 콩알만 한 주황빛 사탕이 떠올랐다. 한번은 클럽 화장실 바닥에 우르르 쏟아져 있는 마약 사탕을 본 적도 있다. 사실 내가 먹어본 건 아니니 정말 마약인지 불분명하기는 했지만, 그 클럽에 사탕을 뭉텅이로 가져와 먹을 나이대의 사람은 없었다. 클럽에서 유통되는 마약 사탕, 환각제 사진을 유심히 봐뒀던 나는 바닥에 떨어진 사탕을 보고 후다닥 그곳을 나왔다.

시샤라고 불리는 물담배는 베트남 술집들에서 풍선만큼 흔하다. 우리나라에서도 유행했던 적이 있다. 물담배는 향이 있는 물을 고체 연료로 달궈 나온 수증기를 피우는 것인데, 여기에 니코틴을 넣어 담배를 대신하기도 한다. 문제는 불순한 의도를 가진 이들이 물 담배에 몰래 환각제나 마약을 넣은 뒤 권하는 경우가 있다는 것이었다.

대사관이나 영사관에는 알 수 없는 환각 증세를 보이는 관광객에 대한 신고가 접수되곤 했다. 환각제 같은 걸 잘못 흡입하면 "사람들이 날 죽이려 한다" "날 감시하고 있다"라는 불안감이 드는 모양이다. 호텔 창문으로 뛰어내리겠다며 경찰을 불러달라고 해놓고, 출동한 경찰을 못 믿겠다며 애를 먹이는 사람들이 나타났다. 자신의 의도와 상관없이 마약을 흡입한 사람들이 위험한 상황에 놓이곤 했다. 별생각 없이 다른 사람이 권한 물담배를 나눠 피우고, 술을 나눠 마시다가 자신도 모르게 마약에 취하는 경우였다. 이들은 처음 경험하는 마약에 이상 행동을 하면서도, 그 이유를 모른다. 물론 본인의 의지로 마약을 하다 발각되는 사람들도 있었지만.

취하는 베트남

사실 베트남은 술과 담배에 관대한 편이다. 베트남은 아시아 국가 중에서도 술과 담배를 많이 소비하는 나라로 꼽힌다. 술과 담배에 대한 인식이 나쁘지 않은 편인 데다가 술값과 담뱃값이 싸기 때문이다. 오토바이를 운전하면서, 길거리에서 커피를 마시면서 흡연하는 사람은 흔하디흔하다. 대낮부터 티셔츠를 가슴께까지 돌돌 말아

올리고 공터에 앉아 맥주를 마시는 모습도 이질감이 없는 나라가 베트남이다. 베트남의 술과 담배 문화야말로 우리나라의 1980년대와 비슷한 수준이라고 말할 수 있다. 아직도 야외 식당이나 노래방 같은 곳에서는 흡연이 자유롭다. 어린아이가 근처에 있어도 아랑곳하지 않는다. 아파트 문화가 자리 잡는 중인데도 집 안 내 흡연을 거리낌없이 한다. 각 가정 내는 물론 발코니나 수영장 옆 바비큐장 같은 공용 공간에서도 눈치 보지 않는다. 베트남에서는 흡연자 수만 1500만 명에 달한다고 한다.

베트남 사람들은 동남아에서도 유명한 '술꾼'들이다. 식당이나 노래방을 가면 손님이 두세 명인데도 맥주를 두 짝씩 가져다 쌓아놓는다. 어차피 많이 마실 테니, 마실 만큼 빼서 마시고 계산하자는 뜻이다. 한국에서 온 가족들을 데리고 평소 자주 가는 베트남 고깃집에 갔다가 "대체 여기서 뭐하고 살고 있는 거냐"라고 혼나기도 했다. 종업원이 환하게 웃으며 테이블 옆에 맥주 두 짝을 쌓아놨기 때문이다. 억울하다고, 이건 베트남 문화일 뿐이라고 설명했어야 했는데, 버벅거린 걸 보면 조금은 양심에 찔리는 것도 있었던 것 같다. 통계에 따르면 베트남 사람 한 명이 1년 동안 마시는 맥주는 평균 50리터에 육박한다. 한 사람이 1년 동안 500밀리리터짜리 큰 맥주 캔을 100개가량 마신다는 뜻이다. 도시화가 빨라지면서 맥주 소비량은 더욱 늘어나고 있다고 한다.

베트남 식당이나 술집에서 맥주를 시키면 싱가포르 맥주 브랜드인 하이네켄의 '타이거'를 주로 준다. "왜 너희 나라 맥주를 마시지 않니?"라고 묻거나 "나는 베트남 맥주를 줘"라고 하면 베트남 친구들은 "타이거가 더 좋은 거니 그냥 마셔"라고 한다. 타이거를 팔지 않는 곳에서는 베트남 남부 지역 맥주인 '비아 사이공'을 기본으로 내온다. 상대적으로 더운 남부 지역에서 베트남에서 유통되는 맥주의 절반 이상을 마셔 없앤다. 상대적으로 추운 북부에서는 넵머이나 하노이 보드카처럼 도수 높은 술을 마시기도 하지만 북부나 중부, 남부 지역별로 각자의 색깔을 가진 맥주 브랜드를 가지고 있다.

가끔 하노이에 가면 외국인이 가지 않는 로컬 식당이나 오토바이 매연이 얼굴 옆으로 뿜어지는 길거리 식당을 가곤 했다. 이런 식당들에서는 생맥주를 팔았다. 원래 투명했을 것 같지만 겉이 너무 많이 긁혀 불투명한 색으로 변한 플라스틱 컵에 밍밍하고 시큼한 맛의 맥주를 담아준다. 이게 진짜 신선한 생맥주의 맛이 맞는 건지는 끝까지 알아내지 못했다.

베트남 맥주는 한 캔에 600원에서 1500원 정도로 저렴하다. 지역별로 다른 맥주를 즐기는 재미가 있다. 편의점에서 매일매일 다른 맥주를 사다 마시기도 하고, 하노이 쭉박 호수에서 생산된다는 '쭉박 맥주'를 찾아다니기도 했다. 최근 몇 년 사이 베트남에서는 수제 맥주가 인기를 끌고 있다. 300밀리리터짜리 맥주 한 잔이 우리나라 돈으로 3000원에서 6000원 수준으로 비싸지만 베트남 전역에 있는 삼십여 개 양조장에서 패션프루트나 수박 등 다양한 재료를 사용해 만들어 인기다.

베트남에서는 대낮에도 담배와 술에 취해 널브러진 사람들을 만

날 수 있다. 굳이 풍선과 마약을 하지 않더라도 취할 수 있는 나라이기 때문이다. 풍선과 마약을 하다가 사고가 난 한국인 소식을 들을 때면 씁쓸한 마음만 들 뿐이었다.

TIV

마약 삼각주, 정거장이 된 베트남

골든 트라이앵글. 마약 최대 생산지역을 일컫는 이 말은 과거 태국, 미얀마, 라오스 접경지역을 포괄했지만 최근에는 베트남과 필리핀, 캄보디아 지역까지 포함하는 단어로 반경을 넓혔다. 최대 마약 생산지인 태국, 미얀마, 라오스 등에서 만들어진 마약이 베트남에 모였다가 중국과 대만, 필리핀 등으로 흘러가고, 최근에는 베트남에 모인 마약이 우리나라나 일본, 미국, 캐나다, 호주 등으로까지 퍼져 나가는 것으로 추정되고 있다. 베트남이 '마약의 중간 정거장'이 된 셈이다.

베트남은 마약 범죄에 강력한 처벌을 내리는 국가 중 하나이다. 마약류를 반입하다 적발되면 2년 이상의 징역형이 선고되고, 헤로인 600그램 이상 또는 필로폰 2.5킬로그램 이상을 소지·밀반입하다가 적발되면 사형에 처한다. 헤로인을 100그램 이상, 혹은 다른 마약을 300그램 이상 제조하거나 판매해도 사형이 선고된다.

그럼에도 불구하고 베트남 마약 범죄는 증가하는 추세이다. 얼마 전에는 파리에서 호찌민으로 온 국영 베트남 항공 승무원 4명이 치약 튜브에 담긴 마약 10킬로그램을 밀반입하다가 적발됐다. 이들은 "파리 공항에서 모르는 사람이 하노이로 짐을 운반해달라며 1000만 동을 줘서 부탁을 들어준 것 뿐"이라고 해명했지만 경찰 조사를 거쳐 처벌을 피할 수 없게 됐다.

베트남에서 한국으로 마약을 밀반출하려다 적발된 한국인들이 사형 위기에 처하는 경우도 있다. 외국인에게도 예외 없이 엄격한 처벌을 적용하기 때문이다. 현지 언론은 40킬로그램가량의 마약을 밀반출하려던 혐의로 기소된 한국인 2명과 중국인, 베트남인이 재판 중이라고 보도하면서 "이들 전원은 사형을 선고받게 될 것"이라고 말했다. 이들은 운반 대가로 마약 1킬로그램당 500만 원씩, 총 2억 원을 받기로 했다고 한다. 적은 돈에 눈이 멀어 목숨을 잃을 위기에 처한 사연도 있다. 마약 운반 혐의로 베트남에서 사형과 무기징역을 받은 라오스 남성 2명은 "형편이 어려워 쌀을 살 돈이 필요했다"고 주장했다. 이들은 각각 3킬로그램, 2.4킬로그램의 마약을 운반해주고 쌀 값 500만 동을 받기로 했다고 한다. 우리 돈으로 27만 원 정도이다.

베트남에서 유통되고 있는 마약의 양은 상당한 것으로 추정된다. 베트남 최대 마약 밀거래 조직을 이끌며 '마약왕'으로 불린 베트남 여성은 2018년 지명 수배 명단에 오른 뒤에도 1.6톤의 마약을 베트남에 공급해왔던 것으로 알려졌다. 2022년 한국 전체에서 압수된 마약은 804킬로그램으로 1톤이 채 되지 않는다. 마약은 클럽과 주점, 식당 곳곳에 퍼지고 있다. 2022년에는 하이퐁시의 대형 클럽에서 152명이 대규모 환각 파티를 벌였고, 같은 해 호찌민시 한 클럽에서도 78명이 마약 양성 반응을 보여 연행됐다. 베트남과 캄보디아가 마약 공조 수사를 벌인 결과 작년에만 2000건이 넘는 마약 범죄가 적발되고, 3000여 명이 검거됐다고 한다.

베트남 정부는 마약 단속에 골머리를 앓는다. 과거 라오스·중국 접경지대인 북부 산간지방에 집중됐던 마약 유통이 중부지역은 물론, 호찌민 같은 남부 지역으로까지 퍼지고 있기 때문이다. 유통 경로도 육로를 넘어 바닷길로까지 확대되면서 단속에 필요한 인력과 지원도 늘리고 있다. 베트남 공안부는 베트남에 20만 명가량의 마약 중독자가 있다고 파악한다. 지방이나 시골 작은 마을까지 마약이 퍼져있다고 한다. 베트남 공안 당국은 2022년 12월부터 3개월간 마약 범죄 수사를 위한 인력 등을 강화해 1만 1000명을 체포하고, 헤로인 177킬로그램, 합성마약 1100킬로그램, 마리화나 121킬로그램 등을 압수했다고 밝혔다.

마약 범죄는 베트남 사회의 부담으로 작용하고 있다. 베트남 법원은 2023년 6월, 마약 밀매와 흡입을 일삼아 재판을 받게 된 조직원 10명에게 "중대한 반국가적 범죄 행각을 벌였다"며 사형을 선고

했다. 최근 한국에 흘러들어온 마약 중 상당수는 베트남에서 온 것이라고 한다. 베트남 마약 문제가 마냥 남의 일일 수만은 없는 이유이다.

식민지배가 남긴
한 끗 차이

마트에 갔더니 채소 매대에 달랏 지역에서 온 배추와 무가 한가득 진열되어 있었다. 오늘 큰일을 벌여도 되는 날인가 잠깐 고민을 하다가 배추 여섯 포기와 무 다섯 개를 집어왔다. 베트남 일반 배추와 무는 단단하지 못해 김치를 담그면 금방 물러진다. 달랏 지역 배추와 무를 이용하면 한국과 비슷한 맛을 낼 수 있다. 우리나라 고랭지 배추 느낌이랄까. 김치는 꼭 이걸로 담가야만 한다.

"나 오늘 김장한다." 달랏 배추와 무를 카트에 잔뜩 담고 친구들에게 메시지를 보냈다. 속이 꽉 들어찬 한국 배추와 달리 속이 벙벙하게 비어 있는 베트남 배추로 김치를 담가봤자 양은 얼마 되지 않지만 달랏 배추를 만났으니 김치를 해야 할 날인 건 분명하다.

싱크대를 깨끗이 닦아 배수구를 막고, 배추를 네 등분 해 이파리 사이사이에 소금을 뿌려 켜켜이 쌓았다. 자기주장 강하던 배추들의 숨이 서서히 죽어 시들해지는 동안 다이어트용으로 채소 국수를 해먹겠다고 가져온 채칼을 꺼내 무를 썬다. 달랏 무는 만화에 나오는 외국 당근처럼 가늘고 길쭉하다. 국수처럼 길게 뽑힌 생무 국수는 적당한 크기로 잘라 준비한다.

마늘만큼은 한인 마트에서 사 온 한국 마늘을 사용한다. 무릇 한국의 모든 음식에는 마늘이 넉넉히 들어가야 하는 법. 한국은 육쪽 마늘이 유명한데 베트남 사람들은 힘들게 껍질을 벗겨내도 한 조각이 새끼손톱만 한, 여리고 작디작은 십여 쪽 마늘을 먹는다. 베트남 마늘은 편으로 자른 뒤 식초에 담가 장아찌로 만들어 먹곤 한다. 복지리에 식초를 넣으면 감칠맛이 살아나듯이 식초에 절인 마늘 한 스푼을 쌀국수에 넣으면 그 맛이 끝내주지만, 베트남 마늘로 김장을 하려면 하루 종일 마늘만 다듬고 있어야 할 터. 큼지막한 한국 마늘을 한주먹 꺼내 다져놔야 김장 준비가 된다.

배추가 부들부들해지면 노란 속을 톡톡 따낸다. 내가 김치를 할 때 친구들이 주변을 얼쩡거리는 건 바로 이 노란 속 고갱이에 김칫소를 싸 먹고 싶기 때문 아니겠는가. 여린 속만 톡톡 따내고 있으면 땡동 하고 벨이 울린다. 된장 푼 물에 남은 무 조각과 마늘 몇 조각을 넣고 친구들이 사 온 돼지고기를 물에 풍덩 담근 후 끓인다. 그사이 우리는 사이좋게 배춧속을 바른다.

나는 한국에 돌아오기 직전에서야 달랏에 가볼 수 있었다. 달랏은 호찌민에서 1시간 정도 비행기를 타고 북쪽으로 가면 있는 고원지대다. 이런저런 수식어가 많지만 나에게 달랏은 베트남의 강원도 같은 곳으로 박혀 있다. 베트남 사람들에게는 신혼여행지로 인기가 많다. 달랏 유원지에는 수국이 잔뜩 핀 정원과 짜릿한 스릴감을 느낄 수 있는 놀이기구인 루지, 시원하게 내려치는 폭포가 있어 커플들이 유달리 많이 보인다.

달랏에는 프랑스식으로 지어진 예쁜 집과 성당이 많다. 기차역도 성당도 유럽을 연상케 한다. 프랑스의 식민지배 시절, 프랑스 사람들이 날씨가 서늘한 달랏을 휴양지 삼았기 때문이다. 달랏 날씨는 하노이의 추위와는 다른 식으로 서늘했다.

재해석의 힘

식민지배의 슬픈 역사는 달랏뿐만 아니라 베트남 곳곳에 새겨져 있다. 반미는 프랑스 사람들이 전수해준 제빵 기술을 베트남식으로 변형한 것이다. 나는 반미를 먹을 때마다 베트남 사람들의 성격이 드러나는 음식이라고 생각했다. 우리는 반미를 샌드위치로 알고 있지만 사실 반미는 빵을 의미한다. 베트남 사람들은 프랑스의 뛰어난 제빵 기술을 전수받았고, 베트남에 넘쳐나는 쌀로 빵을 굽고 주식을 만들어냈다. 빵을 반으로 갈라서 속에 무와 당근 절임, 고기류를 넣어 샌드위치를 만들어 먹기도 하고, 소고기를 소스와 함께 철판에서 지글지글 끓인 뒤 빵에 찍어 끼니를 때우기도 한다. 식민지배를 위해 침략해온 이들에게서도 배울 만한 걸 찾아내 그걸 '베트남식'으로 재해석하는 것. 그게 프랑스, 미국을 거친 식민지배의 역사에서 베트남 사람들이 뼛속 깊이 새긴 정신이라는 생각이 든다.

사실 프랑스가 식민지배를 하면서 베트남에 남긴 가장 큰 유물은 바로 언어다. 베트남어는 프랑스 선교사들이 만들어 전파했는데, 이 것 때문에 영어도 프랑스식으로 읽곤 한다. 처음에는 이 프랑스식 영어 때문에 한참을 헤맸다. 호텔에서 체크인하는데 호텔 직원이 내 방 호수가 "베-씻"이라고 말해줬다. "뭐라고요?" 몇 번이나 되물 었지만 직원은 다시 한번 또박또박 "베-씻"이라고 말했다. 나중에 알고 보니 내 방 호수는 'B-6'였다. 프랑스처럼 A, B, C, D를 '아, 베, 쎄, 데'로 읽은 것이다.

인터넷 와이파이 비밀번호를 알아내는 것도 스무고개와 비슷했 다. 직원은 비밀번호가 "슴머 띠"라고 했는데 도저히 알아들을 수가 없었다. 도저히 못 알아듣겠다는 표정으로 "S… 그리고 뭐죠?"라 묻 자 직원은 한숨을 푹 쉬더니 내 노트북을 가져가 직접 비밀번호를 입력했다. 그가 입력한 글자는 '섬머 티summer tea'였다.

식민지배가 시작될 당시 베트남은 한자를 베트남식으로 바꿔 '쯔 놈'이라는 글자를 쓰고 있었다 한다. 지금도 쯔놈을 기반으로 하는 단어들은 한국어와 매우 유사하다. '주의해'라고 할 때의 '주의'는 베트남 발음으로도 '쭈이'에 가깝고 '위험하다'의 위험도 비슷하게 들린다. 문제는, 당시 쓰이던 글자가 어려워도 너무 어려웠다는 것. 쯔놈만 약 2만 개 정도로, 이를 다 외우는 사람이 제대로 없을 뿐만 아니라 일반인들이 쓰기에 너무 많은 양이었다.

당시 베트남을 지배하고 있던 프랑스는 식민지배를 수월하게 하기 위해 프랑스 선교사에 의해 고안된 '쯔꾸옥 응으'를 보급했다. 프랑스에 의해 고안된 것이지만 당시 베트남 사람들은 기존 언어보다 상대적으로 쉬운 표기법을 반겼다. 그리고 지금도 많은 베트남 사람이 (식민지배에도 불구하고) 이 부분에 대해서는 프랑스에 고마움을 표시한다. 하지만 여전히 베트남어는 배우기 어려운 언어에 속한다. 오죽하면 산타할아버지에게 "베트남어를 잘할 수 있게 해주세요!"라고 소원을 빌면, 그것 외에 다른 모든 걸 얻어낼 수 있다는 우스갯소리를 할까.

호찌민 시청, 노트르담 성당, 중앙우체국, 오페라 하우스 등 식민지배 시절 지어진 건물들로 호찌민은 '동양의 작은 파리'라고까지 불리고 있다. 하노이와 다낭을 비롯한 베트남 전역에서 프랑스 식민지배 당시 지어진 건물을 마주할 수 있다. 건물만 놓고 보면 여기가 베트남인지 유럽인지 헷갈릴 정도다. 동서양의 건축 양식이 혼합된 데다가 당시 프랑스에서 직접 공수한 장식품들까지, 관광객의 눈을 즐겁게 하는 건축물이 잔뜩이다.

하지만 언어도, 건물도, 빵도 식민지배를 미화할 수는 없을 것이다. 하노이와 푸꾸옥 등에는 식민지배 시절 독립군들을 감금했던 수용소들이 남아 있다. 하노이 박물관 같은 곳에는 평상에 한쪽 발을 매단 채 생활하던 베트남 독립투사들의 모습이 재현되어 있다. 우리나라 독립 운동가들이 생각나는 마음 아린 장면이다. 프랑스가 독립 운동가들을 처형했던 단두대를 보면 식민지배 당시 희생당한 이들과 국민의 마음이 어땠을지 가늠조차 되지 않는다.

융통성 없는 한국인?

뼈아픈 식민지배의 역사는 베트남 사람들의 DNA에도 새겨졌다. 중국, 일본, 프랑스, 미국 등 열강들이 지배하는 동안 살아남기 위한 생존 본능도 더 발달했을 것이다. 실제로 우리가 베트남 사람들의 성격이라고 하는 것들은 장기간의 식민지배에서 살아남기 쉬운 방식으로 발전해온 것들이다. 베트남 사람들은 처음 보는 이들에게 매우 친절한 편이다. 외부에서 밀고 들어온 점령군에게 적대적으로 대했다가는 나와 내 가족에게 총부리가 향하는 경험을 한 이들의 생존 본능이 특화된 게 아닌가 싶다. 베트남에 여행을 다녀온 한국 사람들이 베트남에 대해 좋은 인상을 갖는 이유도 알 것 같다. 베트남 사람들은 처음 만나는 이들에게도 친절하고, 호의적이고, 정이 많은 것처럼 느껴진다.

하지만 한없이 친절하던 베트남 사람들도 자신의 이해관계가 걸린 일에서는 칼 같은 태도를 보인다. '마냥 친절한 베트남 친구'를 생각했던 한국인들은 "뒤통수를 맞았다" "나를 이용했다"라고 이야기하지만, 이들은 그저 손해 보는 일을 하지 않을 뿐이다. 베트남에 사는 한국인들은 "베트남 사람들은 거짓말을 잘해" "약속을 잘 어겨"라고 말하곤 한다. 기껏 약속을 잡아놨는데 일정이 다 되어서는 "못 갈 것 같다"라거나 "그 조건으로는 진행할 수 없다"라고 말하는 베트남 사업 파트너가 많기 때문이다.

아버지와 본인이 대를 이어 북한과 한국에서 유학한 전문가를 만난 적이 있다. "베트남 사람들은 약속을 지키지 않는다는 인상이 있다"라고 물었다. 자칫 무례할까 망설였지만, 한국과 베트남 문화를 모두 아는 그가 답을 알 것만 같았다. 그는 망설임 없이 말했다. "베트남 사람들은 상황에 따라 융통성을 발휘하는 데 능하고 한국 사람들은 그렇지 않다."

나라의 주인도, 점령군의 국적도, 전쟁 상황도 수시로 바뀌는 상황에서 계획된 일정보다 당시 상황에 맞춰 적응해나가는 게 중요했던 베트남 사람들의 특성이라는 의미였다. 베트남식 '융통성'이 옳은지 그른지를 떠나, 그들의 행동 양식의 이유를 추정하고 이해할 수 있게 됐다.

베트남 사람들도 한국인들에게 문화적 차이를 느낀다. 장유유서, 상명하복 같은 한국 특유의 문화는 베트남과 한국 사람들 간 갈등의 씨앗이 되기도 한다. 베트남 사람들은 "한국 사람들은 설명하지 않고 명령하려 한다" "소리 지르고 윽박지른다"라고 말한다. 상황에 따라 융통성 있게 행동하지 못하고 원리·원칙만 따진다는 인상도 있다. 친근함을 표시하기 위해 '사장님'에게 어깨동무를 했는데 "어디서 어깨동무를 하느냐"라며 화를 내는 한국인들을 보면 당황스럽다고 했다.

베트남 사람들의 마음 밑바닥에는 예측하지 못한 과거의 괴로운 순간들이 뼛속 깊이 하나하나 쌓여 있는 게 아닐까. 베트남이 '미국을 이긴 유일한 나라'가 될 수 있었던 건 오랜 기간 쌓인 이들의 특성, 끈기가 진화해온 덕분 아닌가 싶다. 내가 겪은 베트남 사람들을 보면 그들의 DNA에는 이런 말들이 새겨져 있을 것 같다. '상황은 바뀐다. 내가 예측하지 못하는 상황도 닥친다. 언제든 상황이 닥치면 그때마다 살 방도를 궁리해야 한다. 약속과 의리 같은 공허한 말이 나의 생존을 위협하는 걸 용납하지 않겠다. 당장 나와 내 가족을 살리고 보자. 새로 바뀐 상황을 빨리 받아들이고 우리 식으로 해석해 버티자. 버티고 버티다 보면 또다시 상황은 바뀐다. 그리고 우리는 이길 수 있다.' 이해하지 못하겠다면, 그건 우리가 한국인이기 때문일지도.

미신에서 금기까지 우리와 닮은 베트남

프랑스, 중국, 일본이 할퀴고 간 식민지배의 상흔을 체화해 다채로운 문화를 융합한 베트남이지만 유교와 불교 등을 기본으로 한 베트남 문화는 우리와 닮은 구석이 많다. 연장자를 대우하고, 조상에 대한 제사를 중요시하며 일상생활에서 터부시하는 미신이 많은 것은 우리와 똑 닮았다.

유교 문화에서 비롯된 연장자 문화는 우리보다 더 복잡한 축에 속한다. '나'와 '저'로 구별해 '내가'라고 말할지, '제가'라고 말할지 정도를 구분하는 우리와 달리 베트남에서는 듣는 이와 말하는 이의 관계에 따라 나를 지칭하는 단어가 달라지기 때문이다. 윗사람을 말할 때도 어르신, 삼촌, 아주머니, 오빠, 언니, 동생 등으로 호칭을 나눠 쓰고, 나이와 상관없이 자신의 상급자를 부르는 단어도 달라진다. 한번은 20대 베트남 친구들이 나이를 묻길래 "나는 나이가 많아"라며 할머니를 뜻하는 바bà라는 호칭을 썼더니 애들이 킥킥대며 뒤집어졌다. 외국인이야 호칭을 잘못 쓰더라도 웃으며 넘어가지만, 비즈니스 관계에서 아랫사람을 부르는 용어를 쓰면 상대방이 기분 나빠할 수도 있기 때문에 지칭어에 신경 써야 한다는 게 중론이다.

'귀신' 이야기 좋아하는 베트남에서는 피해야 할 것도 많다. 호찌민에 1998년 완공된 투언 끼에우 플라자는 당시로서는 보기 드문 33층 고층 건물 3개 동이 들어선 신식 아파트로 지어졌지만 "건물 3개가 나란히 선 모습이 향로에 꽂힌 향과 비슷하다" "음기가 강해 귀신이 나온다"는 소문이 퍼지면서 20년 넘게 방치됐다. 코로나 기간 호찌민 정부가 해당 건물을 코로나 감염자를 위한 야전 병원으로 결정하자 "귀신 나오는 건물에 가지 않기 위해서라도 코로나에 걸리면 안 된다"는 말이 돌았다.

단순 미신으로 치부할 수 있지만 베트남 사람들을 상대로 물건을 팔거나 영업할 때 고려해야 하는 사항인 게 분명하다. 우리나라와 중국처럼 숫자 4는 터부시한다. 죽음을 의미하는 단어와 발음이 비슷하기 때문이다. 이 때문에 건물에서 4층 대신 3B층이라고 표기하는 경우를 볼 수 있다. 4층은 꺼려하는 베트남 사람들의 정서를 고려해 3층은 3A층, 4층은 3B층으로 적는 것이다. 서양에서 싫어하는 13 역시 같은 방식으로 적혀 있거나 아예 건너뛰어 버린다. 우리나라와 서양에서 좋아하는 숫자 7도 베트남 사람들은 좋아하지 않는다. '지다, 실패하다'를 뜻하는 단어bại와 발음이 비슷해서다. 반면 숫자 9는 베트남 사람들이 가장 좋아하는 숫자이다. 음향오행(5)과 동서남북(4)을 합쳐 가장 완벽한 숫자로 여겨지기 때문이다.

가게나 집집마다 제단이 마련돼 있는 것은 베트남의 특징이다. 기업들마다 공식 경비에 '제사비'를 포함할 정도이다. 매장을 처음 열었을 때, 차를 처음 샀을 때, 새로 이사 갔을 때 제사 드리는 것은 물론, 가게와 집에 차려진 제단에 매일 아침 이쁘고 좋은 과일이나 맛있는 음식을 올린다. 한국 초코파이가 고급 간식으로 인기를 얻으면서 제사상에 올리는 음식이 됐다는 것은 이미 한국에서도 유명해진 이야기이다.

일상생활에서 조심해야 할 미신도 알아두면 좋다. 태국이나 인도네시아에서는 머리에 영혼이 있다고 생각하기 때문에 아이의 머리를 쓰다듬으면 안 된다는 것처럼 베트남에서는 갓 태어난 아기에게 칭찬하는 것이 금기이다. 귀신이 시샘해 아이에게 안 좋은 일이 생길 수 있다고 믿기 때문이다. 새해 맞이 대청소 날짜도 잘 따져야 한다. 새해 첫날 청소를 하거나 쓰레기를 버리면 복도 함께 내다 버린다고 믿기 때문이다. 새해 전날 하는 청소는 전년에 일어난 불행을 털어버리는 의미로 생각한다. 베트남 젊은 층 사이에서 "미신은 비과학적"이라는 말이 나오기도 하지만 찝찝한 마음이 든다는 사람에게 뭐라 할 수도 없는 일. 서로 조심하는 게 낫다.

재활용은 안 해도,
친환경엔 진심

집에 놀러 왔던 친구들이 주방에 줄지어놓은 박스 세 개를 보고 나를 놀려댔다. 친구들이 본 건 생수를 시키고 남은 박스를 이용해 자체 제작한 분리수거용 박스였다. 각각 플라스틱, 비닐, 캔과 병을 담는 용도로 썼다. 친구들이 나를 놀렸던 이유는 딱 하나, '바보 같은 짓'을 한다는 것 때문이었다. 베트남에서는 분리수거라는 개념이 거의 없다. 신축 아파트의 경우 음식물 쓰레기와 일반 쓰레기를 따로 분류하기는 하지만 우리처럼 플라스틱이나 병, 비닐, 종이를 따로 분류하지는 않는다. 친구들은 "분류해서 버려도 결국 섞일 텐데 괜한 수고를 한다"라며 "베트남에서 굳이 왜 불편을 자처하느냐"라고 말했다.

현실을 모르는 건 아니었지만 내 나름대로 마음의 짐을 더는 방법이었다. 취재를 위해 찾아갔던 거대한 쓰레기 산의 모습이 내 마음 한편에 묵직하게 자리 잡고 있었기 때문이다. 기삿거리를 찾아

헤매던 베트남 정착 초기, 우기가 되면 쓰레기 산에서 나온 악취와 오염수로 인근 주민들이 고통받고 있다는 현지 언론의 기사를 보고 호찌민시 외곽 '빈짠'이라는 지역에 있는 쓰레기 산을 찾아갔다. 쓰레기 산이 있다는 정보 외에는 아무것도 모른 상태로 무작정 차를 잡아탔다. 얼마나 먼 지역인지, 외진 지역인지도 감을 못 잡는 초짜 시절이었다.

우리로 치면 난지도와 같은 그곳은, 호찌민 시내를 가로질러 1시간 반을 달린 뒤 묘비가 수없이 서 있는 공동묘지를 지나고 나서야 모습을 드러냈다. 멀리서 보면 검은색 산처럼 보이는 그곳에는 덤프트럭이 쉴 없이 오갔다. 이곳에 묻히는 쓰레기는 하루 5600톤에 달한다. 5600톤이라는 숫자는 와 닿지 않았다. 내가 하루, 아니 한 달에 얼마만큼의 쓰레기를 배출하는지조차 가늠할 수 없었기 때문이다. 하지만 쓰레기 산이 눈에 보이지도 않는 먼 거리에서부터 코를 마비시키는 쓰레기 냄새, 쉴 없이 오가는 덤프트럭들이 산처럼 쌓인 쓰레기의 무게를 상상할 수 있게 했다.

어떤 트럭은 지나는 길마다 악취 나는 액체를 뿌렸고, 어떤 트럭은 비닐봉지로 꽁꽁 쌓인 누군가의 생활 폐기물을 떨궜다. 쓰레기 산 근처의 작은 개천은 속이 보이지 않을 정도로 탁한 검은색이었다. 그 옆으로 짚을 엮어 만든 오두막에 해먹을 걸고 자는 사람이 보였다. 그는 필시 축농증에 걸린 게 분명했다. 정체불명의 냄새가 스멀스멀 피어 나와 온 동네를 지배하고 있었기 때문이다. 이곳에 오래 있으면 온몸에 냄새가 밸 것 같았다. 숨을 쉬는 것만으로도 건강이 나빠지는 것 같은 불쾌감이 들었다.

아무렇지 않게 쓰레기 산에 들어가는 한국인을 아무도 의심하지 않았다. 그 덕에 잠입하는 데는 성공했지만 곧 경비원들에게 붙잡히고 말았다. 그들은 번역기를 돌려 "어디서 왔느냐" "누구 허락을 받고 들어왔느냐"라고 추궁했다. 나는 영어로 번역된 문장을 못 읽는 척하면서 "나는 한국인이야, 관광객이라고" "나 영어 몰라"라고 우기며 겨우 현장을 빠져나왔다. 누군가는 그곳이 베트남 정치 세력과 연결된 조폭들의 관리 장소라고 말했고, 자칫 잘못하면 내 숨이 끊겨 그 쓰레기 산 어딘가에 던져졌을 수 있다고도 말했다. 다시는 가지 말라는 경고를 들었지만 내 눈에 담아온 끝없는 쓰레기들, 내 키의 수십 배 이상 높게 쌓인 쓰레기 산을 자주 떠올렸다.

그로부터 얼마 뒤, 달랏에서 60미터 높이의 쓰레기 산이 무너졌다는 소식이 들려왔다. 말 그대로 '쓰레기 산사태'가 일어난 것이다. 인근 꽃 농장과 마을이 쓰레기에 파묻혔다. 쓰레기 산이 무너진 곳에서는 마을의 흔적도, 아름답게 만개했을 꽃의 흔적도 찾을 수 없었다.

어느 날, 호찌민에서 남부로 2시간 정도 내려가면 나오는 붕따우에 자원봉사자와 공무원이 대거 투입됐다. 붕따우는 바다가 유명한 곳으로, 케이블카를 타고 놀이공원에 갔다가 해산물을 먹으면 하루 코스로 잘 놀다 올 수 있는 관광지였다. 그 붕따우 바닷가에 플라스틱과 스티로폼 같은 쓰레기가 400톤이나 밀려들어 왔다고 했다. 쓰레기를 건져내기 위해 투입된 사람의 수는 3300명이었다.

그리고 나는 집 안에 재활용품 쓰레기 분류장을 만들었다. 동네 곳곳에 쌓인 쓰레기들도 괜스레 눈에 띄기 시작했다. 밤이면 집 앞 공사장 공터에 자리 잡는 커다란 덤프트럭이 신경 쓰였다. 덤프트럭에는 쓰레기들이 작은 동산마냥 쌓여 있었다. 그리고 그 위에는 보일 듯 말듯하게 사람이 서 있었다. 그는 덤프트럭에 만들어진 쓰레기 동산을 쉴 새 없이 뒤져가며 쓸 만한 것들을 분류했다.

몇 년 전, 한국에서도 재활용품 대란이 일어났다. 쓰레기로 몸살을 앓는 동남아 국가들이 쓰레기 수입을 멈추면서 한국 아파트 단지 곳곳에 재활용품들이 쌓이기 시작한 것이다. 내가 버린 쓰레기가 지금 내가 사는 이 나라에 수입되어 오고 있었다. 기분이 묘했다. 내가 먹고 버린 과자봉지나 음료수병, 플라스틱 생수 페트가 쓰레기 산이 되어 달랏의 아름다운 수국과 장미를 덮어버린 건 아닐까 하는 상상을 했다. 괜히 마음 한편에 죄책감이 들었다.

일회용품 천국 베트남

베트남은 말 그대로 일회용품 천국이다. 그중에서도 가장 곤란한 건 '비닐봉지'다. 집 앞 대형마트 직원들은 비닐 포장에 한이 맺힌 사람들 같았다. 투명한 비닐봉지로 포장된 시금치와 상추를 카트에 담고, 냉장고에 널려 있는 생고기를 하얀 비닐봉지로 감싼 뒤 가격표까지 붙여 음료수 몇 개와 과자 한두 봉지를 사서 계산대로 가면 마트 직원은 이걸 다시 채소, 육류, 가공품으로 나눠 손잡이 달린 작은 비닐봉지에 포장한 뒤 그 모든 봉지를 커다란 비닐봉지에 또 담아줬다. 비닐봉지를 비닐봉지로 포장해 또다시 비닐봉지에 담아주는 것이다. 내가 먹거리를 사고 있는 건지 비닐봉지를 사고 있는 건지 헷갈릴 정도다. 장 본 걸 합하면 1만 원어치 정도밖에 안 되는데 비닐봉지만 열 개가 넘게 나왔다. 우리나라였으면 이 중 1000원 이상은 비닐값이 아니었을까.

슈퍼나 마트뿐만이 아니다. 비닐봉지는 여기저기서 튀어나왔다. 집 앞 쌀국수 가게에서 쌀국수 한 그릇을 시켜도 비닐봉지와 고무줄이 열 개 가까이 나왔다. 국물을 넣은 봉지, 면을 따로 담은 봉지, 곁들여 먹을 향신채를 싼 봉지, 베트남 젓갈인 느억맘 소스가 있는 봉지, 그리고 그 모든 걸 담은 큰 비닐봉지까지! 봉지, 봉지, 봉지와 그 모든 봉지를 제각각 묶은 고무줄, 고무줄, 고무줄…. 줄줄이 쌓인 비닐봉지와 고무줄을 처리하다 보면 이런 말이 절로 튀어나왔다. "뭘 대단한 걸 먹었다고!"

편한 것도 사실이었다. 길거리에서 반미 샌드위치를 사면 기다란 투명 비닐봉지에 빵을 쏙 넣어주곤 했다. 손에 덜렁덜렁 들고 다니기에 딱인 데다가 봉지째로 빵을 먹은 뒤 돌돌 말아 버리면 되니 편했다. 아침마다 쪽쪽 빨아먹는 덕에 매일 한두 개씩 나오는 코코넛 껍질도 일반 쓰레기 봉지에 버리면 그만이고, 생수병 라벨 스티커를 떼지 않아도 되는 건 얼마나 편리한지. 한국에서는 매주 분리수거 날에 맞춰 커다란 박스와 쇼핑백에 담긴 재활용품을 낑낑대며 나르는 게 일상이었는데 말이다. 나에게 분리수거는 언제나 미루고 싶은 숙제였는데, 베트남에서는 그리 어렵지 않은 일이었다.

베트남에서는 음식물 쓰레기도 일반 쓰레기와 섞어 버리는 집이 많다. 아파트들은 나름 선진화된 방식을 적용한답시고 음식물 쓰레기와 (재활용품을 포함한) 일반 쓰레기를 구분해 버렸는데, 그마저도 따로 용도를 정한 쓰레기 봉지가 있는 게 아니었다. 일반 쓰레기든 음식물 쓰레기든 손에 잡히는 비닐봉지에 넣고 버리면 끝.

신혼부부들이 집안일을 나눌 때 음식물 쓰레기 담당을 누구로 하느냐를 놓고 갈등한다는 이야기나 혼자 사는 자취생들이 가장 귀찮아하는 게 음식물 쓰레기 처리라 아예 음식을 해 먹지 않는다는 말이 들리는 걸 보면, 베트남 신혼부부와 1인 가구의 집안일 스트레스는 한국보다 덜한 게 분명했다.

갈대 빨대, 잎사귀 포장지… 친환경에 진심인 나라

쓰레기 문제가 심각한 나라일수록 반대급부도 발달하는 법이다. 베트남에는 친환경 사업에 진심인 젊은 스타트업들이 많다. 대형마트들은 비닐봉지 사용을 줄이기 위해 채소를 바나나 잎으로 감싼 뒤 나무줄기로 칭칭 묶어 판매하고 있었다. 이걸 또다시 비닐봉지에, 봉지에, 봉지로 싸서 주는 걸 보면 아이러니하다는 생각이 들기도 하지만 말이다.

카페에서는 이미 갈대 빨대가 상용화됐다. 나는 탄산음료, 과일 주스, 코코넛 등 빨대를 꽂아 마시는 음료류를 좋아하는 편인데, 한국에서 쓰는 종이 빨대는 언제나 불만이었다. 재생 종이를 돌돌 만 것 같은 종이 빨대는 음료의 온도감을 전혀 느낄 수 없을 뿐만 아니라 조금만 오래 담가두면 종이가 흐늘흐늘해지기 때문이다. 나무 이쑤시개보다 획기적인 친환경 제품이라며 등장한 녹말 이쑤시개도 이렇게 쉽게 녹지는 않았다. 거기다 종이 빨대는 초등학교 때 선생님이 문제집을 채점하던 빨간 색연필 뒤꽁무니를 씹는 것 같은 식감이다. 분홍빛이 도는 종이로 감싸진, 짧게 달린 실로 찢어서 쓰는 그 빨간 색연필 말이다.

어찌됐든 베트남에서는 갈대 빨대를 주는 곳이 꽤 있었는데, 이건 종이 빨대나 대나무 빨대, 스틸 빨대보다 훨씬 더 만족스러웠다. 종이 빨대의 이상한 식감과 맛도 없었을 뿐만 아니라 대나무 빨대나 스틸 빨대처럼 여러 번 재사용해 '직원들이 이걸 제대로 씻었을까'라는 의심이 드는 것도 아니었기 때문이다. 저수지나 강변에 자라는 갈대의 속을 비워 만들었다는 갈대 빨대는 풀줄기답게 단면이 얇고 플라스틱 빨대만큼이나 가벼웠다. 빨대를 잘근잘근 씹으면 빨대가 갈라져서 음료를 빨아올리지 못하는 게 단점이었지만. 어찌됐든 카페에서는 갈대 빨대, 칵테일 바에서는 스틸 빨대를 줬고, 동네에 새로 생긴 카페는 가격이 조금 비싼 대신 일회용 컵이 아닌 유리컵을 썼다. 음료를 먹고 반납하든 집에 가져가든 손님이 선택하도록 하는 구조였다.

한동안 베트남에서는 해변으로 밀려온 쓰레기를 줍는 플로깅 챌린지가 유행했다. 플로깅plogging은 말 그대로 조깅 같은 운동을 하면서 쓰레기를 줍는 것으로, 건강과 환경을 모두 잡는다는 뜻이다. 베트남 바다와 강 모두가 이 플로깅 챌린지를 하기에 충분한 대상이 됐다. 쓰레기가 넘쳐났기 때문이다.

우리 집 발코니에 서면 사이공 강이 보였는데, 멀리서 보면 아름답지만 가까이에서 보면 심란하기 짝이 없었다. 근처에 난지도 같은 쓰레기 산이 없어도 강가에는 사람들이 먹다 버린 플라스틱 음료수병과 비닐봉지, 부서진 스티로폼 박스가 떠밀려와 쌓였다. 쓰레기뿐만이 아니었다. 강물에는 기다란 기름띠가 대형 화물을 실은 컨테이너들의 항로를 기록하고 있었다. 선박 위에서 생활하는 사람들은 오물을 강으로 쏟아내며 살아갔다. 신기한 건 그렇게 쓰레기가 넘실거리고 퀴퀴한 냄새가 나는 그 강에서 낚싯대를 드리우는 사람이 많았다는 것이다. 나는 가끔 베트남 생선 요리를 먹을 때마다 이 생선이 어디서 왔을지에 대해 의심했다.

이 지경이 될 때까지 베트남 정부도 마냥 손을 놓고 있던 건 아니다. 베트남 정부는 2005년과 2014년, 제품 생산자가 쓰레기를 수거하고 재활용까지 담당하는 방식으로 쓰레기를 줄이려 했었다. 물론 강제할 만한 실현 방법을 고안해내지 못했다는 게 문제였다. 베트남은 현재까지 매년 발생하는 폐기물의 75퍼센트를 땅에 묻고 있다. 동네 마다 쓰레기 산이 솟아나는 이유다. 베트남 언론들은 "쓰레기 문제는 정부의 골칫거리"라고 보도하곤 한다.

베트남 정부는 또다시 분리수거 정책을 펼치겠다고 발표했다. 수차례 시행착오를 겪은 제도임에도 불구하고 또다시 정책을 밀어붙이는 건 코로나 이후 전 세계적으로 포장 쓰레기가 늘면서 쓰레기 해결이 그 어느 때보다 절실해졌기 때문이다. 나는 그 기사를 보고는 우리 집 주방에 있던 분리수거 박스를 떠올렸다. 생수 박스의 뚜껑을 잘라 나란히 늘어놨던 나만의 분리수거함을.

이번에는 분리수거 정책 도입에 꼭 성공해 베트남 사람들의 집집마다 분리수거 박스가 놓이기를 바란다. 사이공 강 강변에 쓰레기 대신 나무와 꽃이 가득할 날도 그려본다. 붕따우 해변에서는 플라스틱 폐기물 대신 조약돌과 조개껍질만 집어 들고 싶다. 사이공 강에서 헤엄은 못 쳐도, 거기서 잡은 팔딱거리는 생선이 먹음직스러워 보이는 그런 날이 올 거라고 상상해본다.

TIV

채식·스포츠 등 떠오르는 웰빙 시장

소득이 증가하면 친환경은 물론, '건강하게 잘 사는 삶'인 웰빙에 대한 관심도 함께 높아진다. 특히 코로나 이후 베트남에 부는 '웰빙' 열풍은 과거 우리나라의 수준을 넘어서는 것처럼 느껴진다. 맥줏집과 식당이 가득했던 거리에 헬스장이 속속 들어서고, 새로 문을 연 채식 식당엔 젊은 고객이 자리를 메운다.

불교 문화가 일찍부터 자리 잡은 베트남에서 채식은 특별한 것이 아니다. 스프링롤이나 모닝글로리 볶음 같은 메뉴를 오래전부터 즐겨 먹었기 때문이다. '채소 없는 식사는 아플 때 약이 없는 것과 같다'는 속담이 있을 정도이다. 그럼에도 불구하고 최근 베트남 젊은 층 사이에서는 '채식'에 대한 관심이 급증하고 있다. 단어 검색량을 비교하는 구글 트렌드에 따르면 채식Ăn chay이란 단어의 검색 지수는 2023년 8월 말에서 9월 초, 81을 기록했다. 5년 전 수치(16)나 코로나 이전인 2019년 수치(24)의 네 배 수준으로 증가한 것이다. 특히 호찌민의 채식 검색 수치가 하노이에 비해 두 배가량 높은 것으로 나타났다. 실제로 1인 평균 소득이 다른 지역보다 높은 호찌민에는 1000개, 하노이에는 200개 넘는 채식 식당이 있는 것으로 알려져 있다. 호찌민에서만 3개의 비건 레스토랑을 운영하고 있는 '흄베지테리언'이나 하노이 '우담차이' '사두' 같은 식당이 대표적인 비건 레스토랑들이다. 채식에 대한 관심도가 높아지면서 미국 비욘드미트나 한국 언리미트 같은 대체육 브랜드들이 베트남 시장을 두드리고, 버거 프랜차이즈 KFC가 채식버거를 내놓기도 한다.

2022년 3월 코로나 봉쇄가 해제된 이후, 눈에 띄게 증가한 것 중 하나가 바로 '헬스장'이다. 아침마다 공원에 모여 운동하는 것이 일상화되어 있는 데다가 대단지 아파트의 경우 자체 헬스장을 갖고 있는데도 불구하고 헬스장에 등록해 전문적으로 운동하는 사람이 늘어난 것이다. 글로벌 통계 사이트 스태티스타에 따르면 베트남의 스포츠·피트니스 부문 매출액은 2019년 643만 달러에서 2022년 855만 달러까지 늘어났다. 이는 2026년 1101만 달러까지 상승할 것으로 예상된다.

하지만 아직까지 베트남에서 가장 인기가 있는 운동은 '달리기'이다. 운동화만 있으면 어디서든 쉽게 할 수 있는 운동인 데다가 지역별로 다양한 달리기 동호회가 있어 함께할 사람을 찾기도 쉽다. 테크콤뱅크, VP뱅크, 허벌라이프 같은 대기업들은 매년 마라톤 대회를 열고, 해당 대회에 참가하는 수천 명의 선수들을 대상으로 자사

상품을 홍보하거나 사회 공헌 활동을 펼친다.

최근에는 골프를 즐기는 인구도 늘어나고 있다. 과거에는 공무원들과 친목을 다지기 위해 '테니스'를 배워야 한다고 했는데 요즘엔 '골프'를 쳐야 한다고 한다. 해가 갈수록 골프장 예약이 어려워지고, 한국식 스크린 골프장이 늘어나고 있는 것도 골프 인구가 증가하고 있다는 방증이다.

다양한 운동이 인기를 끌면서 베트남 사람들이 운동용품에 쓰는 비용도 늘어나고 있다. 운동화나 수영복, 운동복, 테니스나 골프 클럽 같은 용품 매출 규모가 확대하고 있는 것이다. 2019년 9836만 달러였던 스포츠용품·의류·잡화 매출액은 2022년 2.7배인 2억 6560만 달러로 늘어났고, 2027년에는 4억 8570만 달러까지 늘어날 전망이다. 건강에 대한 관심이 높아지면서 건강기능식품이나 의약품 매출도 덩달아 높아지고 있다.

스마트폰이 만든
IT 강국의 두둣돌

베트남에서 휴대전화를 분실했다. 앞이 막막했다. 사람들에게 듣는 정보로 먹고사는 직업을 가진 사람이 휴대전화를 분실했다는 건 사업체를 도난당한 것과 마찬가지였다. 새 휴대전화를 사거나 번호를 받는 일은 어렵지 않았다. 문제는 다른 사람들이 내 번호로 알고 있는 바로 그 번호를 다시 받는 일이었다.

비상이 걸렸다. 당장 먹고살아야 하는 문제가 되니 정신이 번쩍 들었다. 내가 베트남에서 쓰던 전화번호는 베트남에 대해 아무것도 모르던 첫 입국 당시 공항에서 돈 주고 산 유심에 부여된 것이었다. 0326…(콤 바 하이 싸우…). 베트남어로 겨우 외운 번호가 익숙해진 게 엊그제인데, 이제 와서 방방곡곡 휴대전화 분실 소식을 알리고 새 번호를 외워야 한다니 막막하기만 했다.

가까운 휴대전화 가게에 가서 휴대전화를 분실했다고 말했다. 새 번호를 주겠다고 했다. '삑, 오답입니다.' 내가 원하는 답은 그게 아니었다. 나는 절대 내 전화번호를 잃을 수 없었다. 대뜸 가게로 뛰어 들어와 울며불며 매달리는 외국인을 곤혹스러워하던 직원이 시내에 있는 큰 가게로 가보라고 알려줬다. 우리로 치면 대리점과 본사 직영점의 차이일까. 주소가 적힌 종이가 성경이나 불경처럼 신성하게 느껴졌다.

그가 적어준 주소를 들고 택시를 잡아탔다. 또다시 매장에 가 최대한 불쌍한 표정을 지어봤지만 "새로 사라"는 말만 돌아왔다. 위급한 상황에서는 안 되던 베트남어도 되는 법. 나는 언제 베트남에 왔고, 내 친구들은 내 번호를 이것으로 알고 있고, 사실 내 직업이 기자라서 "새 번호는 안 된다, 안 된다, 절대 안 된다"라고 수없이 외쳤다. 곤란한 표정을 짓던 직원이 마지못해 신분증을 달라고 말했다. 야호! 소리를 지르며 거주증을 내밀었는데 또다시 안 된다는 말이 돌아왔다. 여권 등 신분을 증명할 수 있는 갖가지 서류를 더 들고 오라는 것이다. 그래, 절박한 사람이 우물을 파야지. 다시 택시를 타고 집에 가 서류를 챙겨왔더니 그가 말했다. "자, 이제 우리 통신사에 등록된 네 친구들의 연락처를 내놔."

내가 공항에서 받은 유심 칩은 다른 사람의 이름으로 등록되어 있다고 했다. 그도 그럴 것이, 나는 공항에서 말소된 유심 칩을 돈 주고 샀을 뿐 우리나라에서처럼 통신사 등록을 하지는 못했다. 문제는 그 통신사에서 번호의 명의를 나로 바꿔 새로 등록해주려면 해당 통신사에 나와 연결된, 내가 알고 있는 같은 이름으로 통신사에 등록된 전화번호 다섯 개가 필요하다고 했다. 일종의 인우보증

友保證인 셈이다.

곤란했다. 여기가 한국이었다면 사람들이 쓰는 주요 통신사는 세 개, 내 휴대전화에 저장된 번호는 5000여 개. 단순 계산만 해도 1000명이 넘으니 이 중 누구에게 전화하든 이 통신사에 자기 이름으로 등록한 사람 다섯 명 정도는 쉽게 나올 테지만 베트남은 달랐다. 다른 한국 사람들 역시 나처럼 공항에서 산 다른 사람 명의의 휴대전화를 쓰고 있을 가능성이 컸고, 내가 멋모르고 산 이 유심의 통신사는 요금이 비싸 다른 통신사를 쓰는 경우가 더 많았다. 베트남에 오래 산 지인을 추리고 이들의 번호를 하나하나 부를 때마다 직원이 내부 통신망에서 검색했다. 이름이 안 맞거나 해당 통신사가 아닌 경우가 나올 때마다 땀이 삐질삐질 흘렀다.

수십 명의 이름과 번호를 부른 뒤 나는 겨우 내 번호를 되찾을 수 있었다. 자주 가던 마트에서 포인트를 적립할 때도, 그랩을 부를 때도, 음식을 시킬 때도, "콤~바 하이 싸우"라고 익숙하게 부르던 그 번호. 나는 지금도 베트남에서 쓰던 그 번호를 1초 만에 읊을 수 있다.

베트남 만능 치트키, 스마트폰

손에 스마트폰이 있는 한 나는 한없이 게을러질 수 있었다. 쇼핑이나 음식 배달은 물론 친구 사귀기, 운동 수업 예약, 차량 호출과 청소 등 집안일까지 모든 걸 스마트폰 하나로 해결할 수 있었기 때문이다.

사소한 것까지 모두 스마트폰 앱으로 해결하다 보니 사람이 이렇게도 게을러질 수 있구나 싶은 날들이 생기곤 했다. 하루는 정말 꼼짝도 하지 않고 집 안에 누워 모든 걸 시켜 먹었다. 아침에는 음식 배달 앱에서 1500원짜리 음료를 시켜 먹었고 점심도 배달 음식으로 해결했다. 편의점이나 슈퍼 가기도 귀찮아 음료수와 과자까지 배달 앱으로 주문해 먹었다.

당시 집에서 5분 거리에 다섯 개 이상의 슈퍼가 있었다. 하나는 아파트 1층 주차장에 있어 엘리베이터만 타고 내려가면 도착할 수 있었고, 로비를 나가 1분만 걸어가면 대형마트가 있었다. 거기서 3분 정도만 더 걸어가면 한인 마트 두 곳과 편의점이 있었다. 직접 나갔어도 5분이면 될 거리인데 배달을 시키다니. 한국이었다면 배달료 때문에 엄두도 못 낼 일이다. 최근 한국의 배달 수수료는 1만 원 수준까지 올랐다는데 베트남에서는 한국 돈으로 300~1000원 수준에서 배달 수수료가 해결됐다. 비슷한 서비스를 제공하는 배달 앱이 늘어나면서 마케팅 경쟁도 불붙었다. 여기에서 파생된 각종 프로모션을 이용하면 배달 수수료를 내지 않고도 서비스를 이용할 수 있었다. 덕분에 마음껏 게으름뱅이가 되어 바닥에 눌어붙어 있을 수 있었다.

사실 베트남의 배달·호출 앱은 이미 한국을 능가한 지 오래다. 우리나라 배달 앱들은 배달 시간이 정확하게 나오지 않거나 배달 기사와 식당, 앱 간 소통이 불편하다는 지적이 끊이지 않는다. 그런데 베트남 배달 앱들은 상대적으로 저렴한 인건비 덕에 이런 문제를 해결할 수 있었다.

배달 주문을 넣으면 가게에 주문이 전송된 시간과 함께 메뉴를 준비하기 시작했다는 알람이 뜬다. 앱이 인근에 있는 배달 기사를 찾기 시작하면 얼마나 많은 기사가 근처에 있는지 나오고, 배정된 기사가 식당으로 이동하는 동선도 나온다. 배달 기사가 엉뚱한 데에 가 있거나 움직이지 않으면 메시지를 보낼 수도 있다.

인건비가 저렴한 만큼 고객 응대를 맡는 직원도 많다. 어느 날은 내가 주문한 메뉴가 품절이라며 기사가 전화를 해왔다. 외국인이라는 걸 안 그가 전화를 끊고 메시지를 보내기 시작했다. "다른 메뉴를 가져다줄까, 취소할까?" 등을 베트남어로 묻는 기사에게 영어로 답하자 내가 외국인인 걸 눈치챈 상담 직원이 채팅창에 합류해 소통을 도왔다. 외국인에게는 사실 이것만큼 감동적인 서비스가 어디 있겠나! 실시간 반응 속도가 한국 앱과 비교가 되지 않을 만큼 빠른데다가 주문 금액에 따라 적립해주는 포인트도 후한 편이라 그간 모은 포인트로 공짜 밥을 주문해 먹는 재미도 쏠쏠했다.

IT 강국, 대한민국?

베트남의 앱들은 발전을 거듭하고 있다. 그 속도만을 보면 우리나라보다 훨씬 더 빠른 수준이라는 걸 인정할 수밖에 없다. 'IT 강국, 대한민국'을 지금도 외칠 수 있는지 의문이 들었다. 규제에 막혀 새로운 시장이 열리려다 문을 닫는 한국과 달리 베트남 스타트업들은 정부의 전폭적인 지원 아래 정말 별별 시도를 다 하고 있기 때문이다.

코로나 전까지만 해도 베트남 차량 호출 업체들은 갖가지 서비스를 제공하며 시장 테스트에 나섰다. 차량 공유 서비스인 그랩은 이동에 필요한 택시나 렌터카, 오토바이 같은 교통수단은 물론이고 배달 서비스, 각종 할인 쿠폰 제공, 전자 결제까지 모두 제공한다. 호출 서비스는 계속 진화해 헬리콥터 호출, 트럭 호출 같은 서비스도 등장했다. 차량 호출업체 패스트고FastGo는 베트남 최초로 응급환자 이송이나 웨딩촬영용 '헬리콥터 호출 서비스'를 내놨다. 그리고 통신업체 비엣텔Viettel은 짐을 옮기거나 이사할 때 쓰는 트럭 호출 서비스를 내놓으며 시장 수요를 테스트한 바 있다.

현금 결제가 보편화된 베트남에서 카드 결제를 건너뛰고 전자 결제 시대를 연 것도 스타트업들이다. 공과금을 내는 것은 물론 길거리 노점상에서 500원짜리 고이꾸온(스프링롤) 하나를 사 먹을 때도 QR코드로 자동 결제하는 곳이 생겼다. 전자 결제가 보편화하면 현금 없으면 살 수 없다는 베트남에서도 지갑 없이 휴대전화 하나로 이동하고, 밥을 먹고, 커피도 마시는 생활이 가능해지는 것이다.

베트남은 우리나라가 한 계단 한 계단씩 밟아 이뤄온 것들을 몇 계단씩 뛰어넘고 있다. 내가 어릴 때만 해도 집 거실에 놓인 전화는 수화기에 꼬불꼬불한 선이 달려 있었고, 파란 부스가 있는 공중전화에서 딸각딸각 동전 떨어지는 소리를 들으며 통화하곤 했다. 무선전화기가 나왔을 때는 복도에 들고 나가 무전기처럼 써보며 신기해했고, 내가 처음 가지게 된 휴대전화는 번호가 016으로 시작되는 폴더폰이었다. 스마트폰이라는 걸 처음 가지게 된 것도 회사에 입사한 뒤였다. 공중전화에서 스마트폰으로 넘어오는 데 족히 20여 년이 걸린 우리나라와는 달리 베트남은 중간 과정이 생략된 채 스마트폰이 일상화된 세상으로 넘어온 나라다.

베트남은 이미 인도에 이은 IT 기지로 불린다. 앞서 인도는 유능한 이공계 인력을 중심으로 IT 소프트웨어 아웃소싱을 해 IT 산업을 키워왔다. 스마트폰 확산과 함께 미국과 유럽 등에서 시작된 IT 붐을 떠받칠 기술 인력이 부족해지자 글로벌 기업들이 인건비가 저렴하면서도 기술이 뛰어난 인도에 외주를 맡기기 시작했다. 요즘은 인도의 위상을 베트남이 이어받고 있다는 평가다. 베트남이 스타트업들의 테스트 베드test bed(시험 무대)로 떠오르고 있는 것이다. 인구 1억 명의 내수 시장, 평균 연령 32세의 젊은 나라인 베트남에서는 새로운 기술이나 서비스를 받아들이는 데 거부감이 없다. 그만큼 새로운 기술과 서비스를 실험하기에 좋다. 베트남에 진출한 한 벤처 업체 지사장은 "개발 관리 인력이나 외주 업체를 인도에 두는 경우가 많았는데 인도에 있던 지점을 베트남으로 옮기는 곳들이 생기고 있다"라며 "한국과 시간대가 맞지 않는 인도와 달리 베트남은 2시간밖에 차이 나지 않고 인건비는 더 저렴하기 때문"이라고 말했다.

'돈'의 움직임만 봐도 베트남의 기술력을 실감할 수 있다. 글로벌 투자 자본이 베트남으로 속속 몰려들고 있는 것이다. 규제로 스타트업의 발목을 잡는 우리나라와 달리 베트남은 스마트폰 보급률이 높고 이용자 수가 많다. 베트남 길거리에는 이미 '스몸비(스마트폰과 좀비의 합성어로, 스마트폰을 들여다보며 길을 걷는 사람)'들이 가득하다. 정부의 신사업 육성 의지도 강하다. 베트남 정부는 4차 산업 육성을 경제 발전의 동력으로 삼겠다고 밝혔다.

IT 강국이라는 수식어가 정말 한국의 것만일까. 베트남을 1980~1990년대 우리나라의 모습이라며 은근히 낮잡아보는 말을 들을 때마다 나는 가위바위보를 해 이긴 사람이 계단을 올라가는 게임이 떠오르곤 한다. 이미 베트남은 성큼성큼 계단을 뛰어오르고 있는데 한국은 가위바위보에서 계속 이길 거라는 낙관만 하고 있는 건 아닐까.

못 말리는 SNS 사랑

2023년 초 베트남의 소셜네트워크SNS 사용자 수는 전체 인구의 71퍼센트로, 약 7000만 명 수준이다. 통계를 작성한 데이터리포탈에 따르면 SNS를 사용하는 이용자 중 89퍼센트가 18세 이상이다. 아직 대학 진학률이 낮은 베트남 상황을 고려하면, 사회생활을 시작해 소비력을 갖춘 인구가 SNS의 주요 사용자라는 것을 알 수 있다. 사용자 중 50.6퍼센트가 여성으로 남녀 대부분이 SNS 사용에 적극적이며, 한 달에 평균 7.3개의 플랫폼을 이용하는 것으로 나타났다. 이들이 SNS에 사용하는 시간은 하루 평균 2시간 32분에 달한다.

베트남의 3대 SNS 플랫폼은 페이스북, 잘로Zalo, 유튜브로 이들이 전체 사용률의 90퍼센트 이상을 차지한다. 잘로는 현지 게임 업체가 만든 베트남 현지 기업의 메신저이고, 나머지는 해외 플랫폼이다. 각 플랫폼별 보급률을 따져보면 2023년 1분기 기준 페이스북이 95퍼센트로 가장 많고, 잘로(93퍼센트), 유튜브(90퍼센트)가 뒤를 잇는다.

최근에는 틱톡과 인스타그램의 인기가 급등하고 있다. 2019년만 해도 10퍼센트대에 불과했던 틱톡의 사용률은 2023년 1분기 기준 63퍼센트까지 증가했고, 인스타그램 사용률도 같은 기간 48퍼센트를 기록했다. 디시전랩이 베트남 온라인 사용자들을 대상으로 진행한 설문조사에 따르면 페이스북은 모든 연령대에서 가장 인기 있는 플랫폼이었고, Z세대로 불리는 젊은 층은 현지 메신저인 잘로 사용률이 낮고 인스타그램이나 틱톡 같은 신생 플랫폼 사용률이 높았다.

이 때문에 베트남에서는 SNS를 활용한 홍보나 이를 플랫폼으로 사용한 상업 활동이 활발한 편이다. TV 홈쇼핑보다 SNS에서 활동하는 인플루언서들을 통해 물건을 구입하는 비중이 높기 때문이다. 라쿠텐인사이트가 실시한 설문조사에 따르면 베트남 사람의 84퍼센트가 적어도 1명 이상의 인플루언서를 팔로우하고 있었고, 이들의 광고를 보고 물건을 구매해봤다는 사람의 비율도 77퍼센트나 됐다.

SNS 마케팅은 이커머스 시장을 키우려는 베트남 정부의 정책과도 맞아떨어진다. 2020년 베트남 총리가 발표한 전자상거래 발전을 위한 국가종합계획에 따르면 베트남 전자상거래 참여율을 전체 인구의 55퍼센트로 끌어올리고, 1인당 온라인 구매 금액을 연간 600달러 수준으로 높인다는 게 베트남 정부의 계획이다. 일반 구매자들을 대상으로 하는 온라인 매출액을 매년 25퍼센트씩 증가시켜 베트남 전체 매출액의 10퍼센트를 온라인 시장에서 발생시킨다는 계획도 함께 내놓았다.

하지만 베트남 시장에서 살아남기는 쉽지만은 않다. 그만큼 경쟁이 치열하기 때문이다. 베트남 과학기술부에 따르면 작년 기준 베트남의 스타트업은 약 3800개 정도였다. IT 기술이 발달한 만큼 이 시장에 뛰어드는 스타트업도 급격하게 늘고 있다. 전문가들은 "베트남에서의 소비 방식이 디지털 중심으로 빠르게 변화하고 있다"며 "2025년에는 전자상거래 시장 규모가 오프라인 식료품 소매업과 비슷한 규모로 성장할 것"이라는 전망을 내놓는다.

가난한
베트남

집 근처에는 부티크 소품 숍, 외국인 학교, 고급 빌라 단지, 수입 식자재 마트와 고급 마사지 숍, 맥주 펍 등이 있는 외국인 거리가 있었다. 7군에 있는 한인 타운과 달리 서양인과 베트남 부자들이 많이 사는 동네였다. 우리로 치면 성북동이나 한남동 같은 느낌이랄까. 이 거리에서 한국에서 보지 못한 '비싼 자동차'를 원 없이 볼 수 있다. 벤틀리, 람보르기니, 마이바흐 같은 고급 차들이 수시로 오갔다. 자동차라고는 승용차, 택시, 버스 정도밖에 구분하지 못하는 내 눈에도 비싼 차라는 게 티 났을 정도다. 이곳 역시 비가 오면 여느 베트남 동네처럼 길에 물이 가득 들어차고 길 곳곳이 파이는 건 마찬가지다. 사람들은 "베트남 차들은 우기 몇 번만 지나면 침수 차가 된다"라고 했지만 이 비싼 차들은 물을 가르며 다녔다.

한국에 돌아와 "베트남에서 본 벤틀리가 한국에서 본 것보다 많다"라고 했더니 다들 "말이 되느냐"라는 반응을 보였다. 한국 사람들은 베트남 시내를 돌아다니는 고급 자동차의 존재 자체를 믿지 못했다. 알지 못한 게 아니라 믿지 못했다는 말이 정확할 거다. 하지만 호찌민 시내 중심가와 대형 아파트 단지 쇼핑몰 등에는 벤틀리, 람보르기니, 맥라렌 같은 고급 차 매장이 떡하니 자리 잡고 있다. 베트남 상류층 사이에서는 외제차 '선물'이 유행이다. 2021년 1월부터 5개월 동안 '선물용'으로 들여온 수입차는 호찌민에서만 48대에 달했다. 벤틀리, 벤츠, 렉서스, 도요타 등의 브랜드였다.

한국에 돌아오니 '가난한 베트남'이라는 수식어를 '내 나라 대한민국'만큼 당연하고 자연스러운 명제로 받아들이는 사람이 별처럼 많았다. 베트남에 가게 됐다고 하니 "이왕이면 잘사는 나라로 가야 배울 게 많지" "왜 하필 못사는 나라에 가냐?"고 되묻는 경우도 있었다. 베트남에 와서 보니 베트남은 우리 생각보다 빠르게 발전하고 있었다. 경제적 상황도 숫자로 보이는 것과 달랐다. 왜 우리는 '가난한 베트남'이라는 명제에서 벗어나지 못하는 걸까.

가난한 베트남? 가난해야 하는 베트남?

아직 베트남에는 경제적으로 궁핍한 사람이 많은 게 사실이다. 메콩강 주변 사람들은 아직도 상하수도 시설이 없어 오물과 분뇨, 쓰레기가 그대로 흘러드는 강물을 길어 사용한다. 하노이와 호찌민 시내에도 사람 하나 겨우 누울 수 있는 1~2평짜리 쪽방에 부부나

형제자매 두세 명이 거주하는 경우가 많다. 이들이 함께 쓰는 공용 화장실은 벽에 기대어 놓은 커다란 널빤지 하나에 불과하다. 신체 부위를 겨우 가릴 만한 벽 뒤에 널빤지 화장실을 놓고, 이 앞의 공터에 쪼그리고 앉아 씻고 설거지하고 빨래한다. 이들은 실제로 가난하다.

'물가'에 대한 오해도 깊다. 어떤 사람들은 진심으로 베트남 물가가 짜장면 2000원 하던 1990년대 수준이라고 생각한다. 만 원짜리 한 장이면 한가득 장을 볼 수 있을 거라 착각하기도 한다. 그런 말을 들을 때마다 어디서부터 말해야 하나 막막해진다. "베트남에서는 쌀국수 한 그릇에 1000~2000원이라며?"라는 질문은 기본 세팅된 반응에 가깝다. 물론 4만 동짜리 길거리 쌀국수도 있지만 베트남 사람조차 이걸 매일 먹고 살지는 않는다. 10여 년 전 한국에 와 본 외국인이 김밥천국에서 1000원짜리 김밥을 먹었다며 "한국은 1000원이면 밥을 먹을 수 있는 나라"라고 설명하는 것과 비슷하게 느껴진다. 한국에 김밥을 1000원에 파는 곳이 있다고 해서 우리나라 밥 한 끼가 1000원 수준이 아닌 것과 같다.

한국 친구들이 베트남에 놀러 오면 가장 먼저 데려가는 가정식 식당이 있었다. 두 사람이 이것저것 시켜 푸짐하게 먹으면 4만~5만 원 정도가 나왔다. 수제 맥주가 맛있던 집 근처 맥줏집은 맥주 한 잔에 4000원 정도로 한국과 별로 다를 게 없다. 미슐랭 스타 출신 셰프의 프랑스 레스토랑은 가장 저렴한 코스가 10만 원이었다. 내가 좋아하던 베트남식 샤브샤브 뷔페는 1인당 1만 4000원 수준이었다.

"비싼 음식만 먹고 다니는 건 아니냐"라고 묻는 사람도 있다. 죄송하게도 그분들에게 매일같이 양념 안 된 당면만 들어간 군만두나 기본 재료 외에는 아무것도 들어 있지 않은 김밥으로 1년 삼시세끼를 때울 수 있느냐고 묻고 싶다.

거주비용도 높은 편이다. 내가 살던 아파트의 투룸 월세는 한국 돈으로 75만~90만 원 선이었다. "대궐 같은 집에 산 것 아니냐"라는 오해를 받기도 하지만 호찌민 시내에서 조금 떨어진 구축 아파트가 나의 보금자리였다.

숫자로는 보이지 않는 것

2022년 베트남의 1인당 국내총생산GDP은 4163달러였다. 같은 기간 한국의 1인당 GDP는 3만 2409달러다. 베트남은 한국의 8분의 1 수준에 불과하다. 하지만 이 숫자에는 베트남의 지하경제가 포함되지 않는다.

한 친구는 중국에서 유학하고 미국계 회사에서 일하고 있었다. 중국어와 영어를 자유자재로 구사하고, 한국 아이돌 그룹을 좋아해 독학한 한국어 실력도 만만치 않았다. 자신이 좋아하는 아이돌 그룹 멤버를 보기 위해 한 달에 한 번씩 한국과 일본으로 여행을 다녔다. 베트남 공무원의 평균 월급은 40만 원 수준으로, 직장인은 한 달에 40만~100만 원 정도를 받는다.

겉으로 보기에는 베트남의 여느 20대와 다를 것 없이 보이는 그가 어떻게 그렇게 자주 해외여행을 다니는지 궁금했다. 그는 "해외여행을 갈 때면 집에 있는 금고에서 달러와 한국 돈 등을 꺼내 간다"라고 말했다. 금고에는 달러 같은 현금뿐만 아니라 시계, 금 등을 보관한다고 말했다. 대체 무엇을 하는 집 여식인지 궁금해 결국 아버지 직업을 묻게 됐다. 그의 아버지는 호찌민 공산당과 연계된 사업체를 운영하고 있다고 했다. 금고에 있는 돈이 공식적인 통계에 잡히는 돈은 아니었을 것이다. 공무원이거나 사업을 하는 부모의 재력이 젊은 층의 생활을 뒷받침하고, 이들이 물려받은 부와 해외 경험, 교육을 기반으로 다시 상류층의 생활을 영위하는 것이다.

실제로 베트남에서 만난 친구 중에서는 '유학파'가 많았다. 한 파티에서 만난 베트남 친구는 "베트남에 온 지 4개월밖에 되지 않았다"라고 했다. 아무리 봐도 베트남 사람인데 무슨 소리인가 싶어 물어보니 프랑스에서 7년간 경제학을 공부하고 들어와 올해부터 베트남 은행에서 근무하고 있다고 했다. 집 근처 바비큐 집에서 일하는 아르바이트생은 호주에서 대학을 나왔다고 했고, 동네 펍에서 일하던 직원은 곧 영국으로 유학 간다고 했다. 베트남에서 만났던 친구들이 한국에 유학 와 있는 경우도 많다.

인구 1억 명의 베트남에는 우리나라보다 훨씬 더 많은 부자가 있다고 한다. 베트남 부자의 숫자는 앞으로도 늘어날 것으로 예상된다. 영국 나이트프랑크knightfrank가 내놓은 '부자보고서'에 따르면 베트남에서 2025년까지 최소 3000만 달러 이상을 가지고 있는 초고

액 자산가(슈퍼 리치)가 511명으로 늘어나고, 최소 100만 달러 이상을 가진 고액 자산가가 2만 5812명이 나올 것으로 예상된다.

베트남은 코로나 이전까지 수년간 6~7퍼센트대의 경제성장률을 기록해왔다. 전체 인구의 70퍼센트 이상을 차지하는 청년층이 베트남 경제를 뒷받침하고 있다. 베트남 청년들은 해외 투자를 이끌어내는 CEO이면서 내수 경제를 뒷받침하는 소비층이고, 글로벌 경험과 지식, 부를 가지고 있으면서 애국심까지 장착한 엘리트다.

나는 베트남이 이 청년층을 앞세워 빠르게 발전해나갈 것이라 예상한다. 그리고 언젠가는 이들이 우리를 위협할 수 있다고 생각한다. 애써 이들의 발전을 평가절하 하는 사람들을 만날 때면, 그들의 마음속에 베트남은 '가난해야 하는 나라'일 뿐이란 생각도 든다. 그들은 과거 중국에 대해서도 비슷한 태도를 취하지 않았을까? 하지만 나는 단호하게 말할 수 있다. 베트남, 무시하다가 큰코다친다.

베트남 허리가 두꺼워진다

베트남은 소득 계층상 '허리'인 중산층이 두터운 구조이다. 글로벌 경영 컨설팅 기업 맥킨지에 따르면 2000년만 해도 10퍼센트에 미치지 못했고, 2010년에도 15.7퍼센트에 불과했던 베트남 중산층(소비자구매력평가 기준 하루 평균 11달러 이상을 소비하는 사람)은 2021년 40퍼센트 이상으로 늘어났다. 맥킨지는 앞으로 10년간 베트남 중산층이 지금보다 3700만 명 증가해 2030년에는 전체 인구의 75퍼센트가 중산층에 편입될 것으로 예상했다. 베트남 보건부에 따르면 베트남 인구는 2023년 4월 기준 1억 명을 넘어섰다. 단순 계산해도 7500만 명 이상이 중산층이라는 것이다.

탄탄한 소비 계층인 중산층이 늘어나면 이를 기반으로 내수 시장이 확대되는 선순환이 이뤄진다. 실제로 베트남 국민의 1인당 평균 소득(2022년 기준)은 월 467만 동으로 전년에 비해 11.1퍼센트 증가했다. 코로나 기간 감소했던 1인당 평균 소득이 증가세로 돌아서 코로나 이전 수준을 회복한 것이다. 베트남의 내수 소비 증가율은 지난 10년 동안 연평균 7퍼센트로 필리핀(5.6퍼센트), 말레이시아 (3.1퍼센트), 태국(2.8퍼센트)보다 높은 수준을 기록했다. 매년 100만 명의 신생아가 태어나고, 150만 명이 중산층으로 올라서는 베트남 내수 시장이 글로벌 기업들의 신新시장으로 떠오르는 이유이다.

하지만 고질적인 '빈부격차' 문제는 여전히 문제로 지적된다. 베트남 통계청이 전국 4만 7000가구의 생활 수준을 조사해 2023년 5월 발표한 결과에 따르면 부유층과 빈곤층의 평균 소득은 여덟 배 가까이 차이가 나는 것으로 나타났다. 소득 상위 20퍼센트 부유 층의 월평균 소득은 1023만 동(약 436달러)으로 소득이 가장 낮은 20퍼센트 빈곤층의 7.6배에 달했다.

지역 간 편차도 큰 편이다. 도시 지역의 월평균 소득은 595만 동, 지방은 385만 동으로 200만 동 이상 차이가 났다. 전통적으로 경제 수도 역할이었던 호찌민시가 있는 남부 지역은 소득이 높고, 기업 이나 산업 기반이 없는 산간 지역의 소득이 적었다. 남동 지역은 월 평균 633만 동으로 가장 소득이 높은 지역으로 꼽혔고, 북부 산간 지역은 월평균 317만 동으로 소득이 가장 낮았다.

베트남에서도 빈부격차는 일반 국민들의 근로 의욕을 꺾고, 국민 간 불평등을 심화하는 심각한 사회 문제로 인식되고 있다. 한국 영화 〈기생충〉이 베트남에서 상영되자 베트남 언론들이 일제히 '한국 빈부격차' 문제를 기사로 다뤘다. 베트남 언론들은 "한국에는 거대한 소득 격차가 있고, 부유해야 한국 사회에서 성공할 수 있다는 조사가 나왔다"며 "한국 젊은이들은 점점 비관적이 되고 있다"고 보도했다. 베트남과 비슷한 사회 문제를 겪고 있다는 공감인 것이다.

하지만 베트남의 빈부격차는 더 심각해지고 있는 수준이다. 세계은행에 따르면 지난 1992년 0.357이었던 베트남의 지니계수는 2021년 0.373으로 전년에 비해 0.05포인트 상승했다. 빈부격차와 소득 불균형 정도를 나타내는 지니계수는 숫자가 '0'에 가까울수록 평등하고 1에 가까울수록 불평등하다는 의미이다.

최근 베트남 젊은 층 사이에서 '플렉스Flex'라는 단어를 쓰며 부를 과시하는 문화가 퍼지면서 상대적 박탈감은 더 심해지고 있다. 페이스북에 개설된 '마지막 순간까지 플렉스Flex to the Last Breath' 페이지는 설립된 지 두 달 만에 69만 명의 회원을 모았다. 이 페이지에서 젊은이들은 "부모의 지원으로 연간 8만 5000달러(1억 1000만 원)에 달하는 학비를 감당할 수 있었다"며 하버드대학과 듀크대학 같은 해외 대학 학생증을 인증하거나 해외 곳곳에서 유명인들과 찍은 사진을 올린다. 베트남 현지 언론은 VN익스프레스는 "젊은이들 사이에서 자신을 과시하는 '플렉스'가 유행하면서 다른 젊은이들의 자존감이 낮아지고 있다"고 보도했다.

★

베트남식
자본주의

고백하건대, 해외 발령을 받기 전까지 단 한 번도 베트남에 가본 적이 없었다. 다른 사람의 말과 인터넷, 책으로 모은 정보로는 베트남이 어떤 나라인지 구체적으로 그려지지 않았다. 그 나라 어느 곳에 내 한 몸 누일 수 있을지 막막할 뿐이었다. 휴가를 내서라도 베트남에 가볼까 했으나 매일 글을 써서 밥벌이를 하는 신문 노동자에게 그런 여력은 허락되지 않았다.

출국 날짜도 수시로 바뀌는 상황에서 집을 구해야 했다. 이러다 처음 가본 나라 길거리를 헤매는 건 아닐까 마음이 불안했다. 막막한 상황에 열심히 온라인으로 손품을 팔다 보니 인터넷 카페와 페이스북에 세입자를 구하는 글이 올라온다는 걸 알았다. 사기를 당하는 건 아닐까 걱정하면서 온라인으로 집을 찾아보기 시작했다. 불안하지만 어쩔 수 없지.

호찌민에 사는 외국인 그룹, 각 아파트 단지, 지역별 커뮤니티를 페이스북에서 찾아 줄줄이 가입했다. 베트남어로 글이 올라오는 곳은 내용을 알아볼 수 없으니 실패. 영어로 소통하는 곳부터 공략하기로 했다.

한국 사람이 몰려 있는 7군 한인 타운 푸미흥 지역은 처음부터 제외했다. 자녀를 한인학교에 보내야 하거나 한식당, 한인 마트 같은 인프라를 중요하게 생각하는 사람이라면 푸미흥이 좋은 대안이겠지만 나는 자유로운 1인 가구. 베트남에 혼자 살아볼 처음이자 마지막 기회일지 모르는데 한인 타운에 살기는 싫었다. 탈락!

외국인 세입자를 겨냥한 글이 자주 올라오는 아파트 단지들을 구글 지도에 표시하자 주거 단지의 위치가 대략 파악됐다. 한국에서도 그랬지만 베트남에서도 목 좋은 시내 한가운데는 월세가 상당히 비쌌다. 도시정비법 자체가 존재하지 않는 베트남에서는 재건축·재개발이 어려워 이미 3~4층짜리 건물이 빽빽한 시내에는 대규모 아파트 단지가 들어설 수 없다. 수십 년 전 터 잡은 구축 아파트들이 있기는 했으나 매물을 찾아볼 수 없었다. 시내에서 차를 타고 20~30여 분 떨어진 아파트들이 내가 살 수 있는 곳이었다.

도착하자마자 하노이로 기약 없는 출장을 갔던 터라 호찌민 숙소를 미리 구할 수 없었다. 호찌민행 비행기를 타러 공항에 가는 길에 에어비앤비로 숙소를 예약했다. 한국이나 미국, 일본에서와 별다를 거 없이 예약됐다. 베트남이 IT 선진국이라는 것에 감사했다. 가끔 상어가 해저 케이블을 물어뜯어 인터넷이 끊기기는 하지만(베트남의 인터넷 공급망이 불안할 때마다 나오는 농담이다). 한번 계약하면 꼼짝

없이 1년간 살게 될 집이니 아파트별로 하루 이틀씩 살아보며 비교해볼 생각이었다.

너무 가까운 이웃

'아파트 투어'의 첫 숙소는 1만 가구 규모의 대단지 아파트였다. 사이공 강을 끼고 있는 아파트로, 강가를 따라 뉴욕 센트럴파크를 본뜬 공원이 있었고, 공원 안에는 골프 퍼팅 연습장, 바비큐 시설, 각종 조형물이 있었다. 한인 타운만큼 한국 사람도 많이 살아서 단지 내에 한식당과 한인 마트도 많다.

예약해둔 숙소에 들어서자 대리석 바닥에 깔끔한 화장실이 있는 원베드 룸이 나왔다. '혼자 살기에 나쁘지 않겠다'는 생각으로 거실 커튼을 열어젖혔는데 건너편 집 거실이 훤히 눈에 들어왔다. 빨간 원피스 입은 여자아이가 배를 깔고 누워 스케치북에 그림을 그리고 있었다. 알록달록한 색연필 색깔이 보일 정도였다. 여기서 스케치북에 글씨를 써서 들고 있으면 반대편에서 대답할 수 있을 것 같았다. 베트남 사람들과 어울려 살겠다는 다짐으로 왔지만, 건너편 집과 유리창 너머로 서로의 생활까지 알고 싶지는 않았다. 다음 숙소를 어디로 할지 검색을 시작했다.

몇 개의 숙소에 머물고 나서야 알았다. 베트남 사람들은 가까워도 너무 가깝게 산다. 어느 아파트를 가든 앞집 옆집이 훤히 들여다보였다. 차이가 있다면 그게 거실에서 보이는지, 방에서 보이는지, 세탁실에서 보이는지가 다를 뿐이다. 베트남 아파트의 용적률은 보통 600~800퍼센트 수준. 용적률은 아파트가 얼마나 빽빽하게 지어져 있느냐를 측정하는 수치인데, 아파트 동 사이의 간격이 빽빽하다고 하는 우리나라 옛날 아파트들도 용적률이 200~300퍼센트 정도이다. 내가 처음 묵었던 아파트는 용적률이 무려 1000퍼센트에 달하는 곳이었다. 이웃들이 무엇을 하며 지내는지 훤히 보이는 이유가 있었다.

아파트 투어를 거쳐 내가 원하는 집의 조건이 대략 정해졌다. 사생활이 어느 정도 보장되면서 월세가 낮은 곳, 한국인이 아주 많지는 않되 외국인이 적당히 사는 곳. 가격에 맞춰 나는 시내에서 조금 떨어진, 지어진 지 조금 된 아파트에 자리를 잡기로 했다.

천기누설, 무릎 팍!

한국 기업들이 파견한 현지 주재원들은 한인 부동산을 주로 이용한다. 베트남으로 파견되는 주재원들이 많아지면서 아파트 단지마다 한글로 '부동산'이라고 적힌 간판을 쉽게 볼 수 있다. 한인 부동산을 이용하면 '베트남어-영어-한국어' 혹은 '베트남어-한국어'로 통역해주고, 한글로 된 계약서를 제공받는 서비스를 이용할 수 있었다. 회사로부터 주거비용을 지원받는 주재원들은 당연히 한국 부동산과 계약했다. 회사에서 돈을 대주는데 하지 않을 이유가 없다.

돌 맞을까 걱정하면서 공공연한 비밀을 누설하자면, 사실 한인 부동산의 역할은 따로 있다. 일정 요율로 수수료를 받고 업up 계약서를 작성해주는 일이다. 업 계약서는 실제 월세비용보다 높은 값의 월세를 계약한 것처럼 꾸민 서류다. 기업들은 계약서에 쓰여 있는 비용을 거주비용으로 지원해주는데, 실비를 기준으로 하는 경우가 많고 증빙 서류로 영수증을 첨부하도록 한다. 한인 부동산은 이 영수증을 위조해주고 그 대가로 수수료를 받는다. 1200달러짜리 월셋집을 계약하고 1900달러짜리 영수증을 써주는 식이다. 차액 일부는 부동산이 수수료로 가져가고, 나머지는 주재원들이 현금으로 챙기는 구조다. 모든 주재원이 이 서비스를 이용하는 건 아니지만 '어떤' 사람들은 분명히 이 서비스를 이용하고 있다.

각종 '서비스' 비용 때문인지 한인 부동산은 같은 매물도 현지 부동산보다 100~150달러가량 더 비쌌다. 내가 문의했을 때 같은 층, 같은 크기의 매물도 월 100달러를 더 비싸게 불렀다. 물론 한인 부동산의 가격에는 '한국어 서비스' 혹은 '한국인 맞춤형 서비스' 가격이 포함된 게 사실이다. 궁금한 점을 묻기도 수월하고 영어나 베트남어가 익숙하지 않은 사람은 번역 오류를 줄일 수 있다. 이런 비용을 얼마로 책정하느냐에 따라 한인 부동산이 비싸게 느껴지는지, 적정 가격이라고 생각되는지가 달라질 테지만 말이다.

나는 현지 부동산 업자를 찾기로 했다. 짧게나마 영어를 할 수 있는 베트남 부동산 중개업자를 찾았다. 베트남에서 매물 중개 수수료, 우리 표현으로 '복비'는 집주인이 지급한다. 세입자가 내는 '한 달 치' 월세가 중개업자가 받는 수수료다. 월세가 높을수록 가져갈 수 있는 금액이 커지기 때문에 중개업자들은 이왕이면 비싼 월세를 받는 곳으로 유도한다. 그래야 한 달 치 월세인 수수료를 많이 받을 수 있기 때문이다. 물론 임차인은 수수료를 내지 않아도 된다.

　마음에 드는 아파트 열두 곳을 추렸다. 돈만 많이 주면 집 구하는 건 어려운 일도 아니라는데 최대한 아끼려다 보니 쉽지 않았다. 마음에 드는 집 몇 군데를 골랐는데 케이블TV 이용료와 무선 인터넷, 관리비가 다 별도라고 했다. 그걸 다 더하니 100달러가 넘었다. 어떤 집주인은 관리비를 100달러 깎아줄 테니 월세를 150달러 더 달라고 했다. 조삼모사를 능가하는 계약 조건이었다. 심지어 동vnd이 아닌 달러 계약을 하는 건 불법인데!

　땡볕에 아파트들을 전전하며 집을 보러 다녔다. 며칠 사이 본 집만 스무 곳이 넘었다. 다른 중개업자들의 매물까지 적극적으로 알아봐준 빡빡머리 베트남 중개업자에게 적당한 가격의 집 세 군데를 알려주고 월세를 조금 더 깎을 수 있는지 문의해달라고 했다. 마침내 거실과 침실에서 다른 집이 보이지 않으면서 합리적인 가격을 제시한 집으로 계약을 했다. 나흘에 걸친 부동산 투어를 끝낸 그날, 집 앞 쇼핑몰에서 혼자 샤브샤브를 먹으며 자축했다. 이제 '우리 집'은 호찌민시 2군이다.

베트남식 자본주의

　사회주의국가 베트남에서 주거住居는 가장 '자본주의적인' 영역이었다. 아파트를 사고파는 것은 물론이고 살아가는 모든 것이 자본 논리로 움직였다. 이미 베트남 아파트 시장은 시세 차익으로 돈을 벌려는 투기 수요가 깊숙하게 들어와 있는 상황이었다. 로컬 아파트라면 우리 돈 4000만 원으로도 침실 두 개짜리 신축 아파트를 구매할 수 있지만 시내로 들어오면 가격이 크게 뛰었다. 지역과 크기에 따라 분양가가 1억 원에서 15억 원까지 벌어졌다. 30억 원대 타운하우스도 완판되는 곳이 베트남이었다.

　가장 의아했던 점은 국적이나 시기에 따라 차별적 가격이나 추가 금액을 부과하는 걸 당연하게 생각한다는 것이었다. 베트남 아파트들은 전체 단지의 30퍼센트를 외국인 물량으로 공급할 수 있는데 외국인에게는 베트남 사람들에게 분양하는 가격보다 10퍼센트가량 비싸게 팔았다. 아파트 분양업자들은 외국인에게 팔 수 있는 것보다 많은 물량을 외국인에게 판 뒤, 외국인이 자신의 아파트를 매매할 때는 무조건 베트남 사람에게 팔도록 강제해 외국인 보유 지분을 줄여나갔다. 추첨제로 아파트를 분양하는 행사에서는 유명인이나 재력가들을 VIP라고 내세워 따로 추첨한 뒤, 원하는 동·호수를 먼저 고를 수 있게 했다. 핸드백을 몇 개 사는지는 상관없지만, 집은 두 채 이상 사면 죄악시하는 우리나라에서 아파트 분양 기회를 차별적으로 제공했다면 난리가 났을 게 분명하다.

같은 아파트도 다른 가격으로 판다. 국가가 주택 공급량과 공급 방식, 가격에 대한 가이드라인을 제공하는 우리나라와 달리 베트남은 같은 아파트도 서너 개 그룹으로 쪼개 다른 가격으로 판매한다. 같은 물건을 언제 사느냐로 가격을 차별하는 것이다. 몇 개 호수를 묶어 1차 판매를 해보고 흥행에 성공하면 2차 판매에서는 가격을 올린다. 그렇게 3차, 4차까지 팔고 나면, 같은 아파트, 같은 층, 같은 크기의 윗집과 아랫집과 옆집의 가격이 제각기인 4중 가격이 된다.

그런데도 베트남 아파트를 사겠다는 사람들이 해외에서부터 몰리고 있다. 호찌민시의 강남·여의도로 불리는 신도시 투티엠에서 분양한 주상복합 아파트에는 4억~15억 원에 달하는 가격에도 추첨 때마다 1000여 명의 사람이 몰려들었다. 이들은 자신의 번호가 불리기를 기다리며 주말 오전부터 네다섯 시간씩 추첨 행사를 지킨다. 베트남 부자들은 물론 한국, 중국, 일본처럼 해외에서 온 사람도 눈에 띄었다.

코로나 이전에는 작은 호텔로 운영할 수 있는 건물 매물도 품귀 현상을 빚었다. 말 그대로 '부르는 게 값'이 되면서 베트남 건물주들의 배짱만 두둑해졌다. 베트남 시내 호텔 평당 가격이 1억 5000만 원까지 치솟고, 한 호텔은 산다는 사람이 나올 때마다 가격을 올려 호가가 2000억 원이 됐다는 소문이 돌았다.

베트남의 자본주의적 면모를 볼 수 있는 건 부동산 매매 시장에서만이 아니었다. 열흘 남짓 하노이 출장을 다녀온 다음 날 오전 9시였다. 나갈 준비를 하는데 집 전체의 퓨즈가 끊어진 것처럼 '팟!'

하는 소리가 나더니 모든 가전제품이 동력을 잃었다. 에어컨, 텔레비전, 냉장고 전원이 모두 꺼지고 인덕션도 불이 들어오지 않았다. 두꺼비집을 들여다봐도 뾰족한 수가 나지 않았다. 아파트 관리사무소에 가서 "갑자기 우리 집 전기가 모두 나갔다!"라고 하자 직원은 흔히 있는 일이라는 듯 "관리비 냈니?"라고 물었다. 우편함을 뒤져보니 출장 가기 전에 내고 갔어야 하는 전기세가 2주 정도 밀려 있었다. 공과금을 2주 안 냈다고 직원들이 출근하자마자 전기를 끊어버린 것이다. 냉장고 속 녹아가는 얼음과 뜨거워져 가는 집 안 공기를 생각하자 속이 탔다.

편의점에 달려가 공과금을 내고 전기가 돌아오기를 기다리고 있는데 '똑똑똑' 문 두드리는 소리가 났다. 아파트 관리사무소 직원들이었다. "당신 때문에 전력을 끊었다가 다시 연결하는 '서비스'를 해야 하니, 추가 금액을 내야 한다"고 말했다. 한국에서, 더 이상 들어갈 공간이 없어 수도세나 전기세 미납 고지서를 토해내는 우편함이나 미납 스티커가 겹겹이 붙여진 대문을 수없이 봐온 나에게는 2주밖에 되지 않는 베트남 관리업체의 인내심이 야박하게 느껴질 뿐이었다. 납부 시기가 지났다며 연체금을 받고, 이걸 다시 연결해주는 돈을 또 받겠다고?

흐물흐물 녹아내린 아이스크림과 물이 된 얼음, 미지근해진 코코넛이 "그러니까 제때 돈을 내야지"라고 말하는 것만 같았다. 그 어느 나라보다 '자본주의적 성향'이 강한 나라, 베트남이다.

This is Vietnam
TIV

베트남 부동산시장

베트남의 집값은 다른 아시아-태평양 국가에 비해 저렴한 편이지만 베트남 사람들이 소득을 모아 집을 사는 건 다른 국가에 비해 더 어려운 편이다. 글로벌 도시부동산 연구단체 더어반랜드인스티튜트가 발표한 '2023년 아시아-태평양 주택 보유 가능성 지수asia pacific home attainability index'에 따르면 호찌민 중간 주택 가격은 평균 29만 6000달러로 우리 돈 4억 원에 달한다. 부산(20만 6796달러)·인천(21만 728달러)·광주(16만 3809달러)보다 높지만 서울(52만 8831달러)에 비해서는 한참 낮은 수준이다.

호찌민 중간 주택 가격은 가계 중위소득(9100달러)의 32.5배 수준이었다. 중위소득 계층이 중간 가격대 주택을 구입하려면 32.5년간 급여 등의 소득을 모두 모아야 한다는 뜻이다. 이는 중국 선전(35배)에 비해 두 번째로 낮은 수준이고, 하노이(18.3배)와 다낭(26.7배) 하이퐁(21.4배)보다 높았다. 서울은 17.3배를 기록했다. 베트남 일반 국민의 중위소득을 기준으로 했을 때 다른 나라보다 집값이 비싸다는 뜻이다.

베트남의 부동산 가격은 규제의 빈틈을 타고 급등했다. 공공 택지 제도가 없는 베트남에서는 민간 기업에 의해 개발이 이뤄지는데, 해외 투자 자본 유입과 생활수준 향상으로 부동산 수요가 급등하자 민간 건설업체들이 토지 가격과 분양가를 과도하게 올린 것이다. 그사이 수익성이 높은 고급 아파트 공급은 늘어난 반면, 서민 아파트 공급은 줄어드는 불균형이 심화됐다. 실제로 호찌민시 건설국에 따르면 2023년 1~8월 분양을 승인받은 아파트는 14개 프로젝트, 1만 4300호에 달했는데 이 중 64퍼센트가 고급 아파트, 나머지는 중급 아파트였다. 외국인 수요가 높은 중·고가 아파트가 집중 공급되면서 2021년 이후 서민 아파트(㎡당 2000만 동 이하) 공급은 이뤄지지 않은 것으로 나타났다.

주택 공급의 불균형을 해소하기 위해 베트남 정부는 2022년 11월 "2023년까지 1130조 동을 투자해 하노이, 호찌민, 다낭, 껀터, 하이퐁 등 5개 주요 도시에 사회주택 140만 호를 건설하겠다"는 계획을 발표했다. 하지만 건설 자재 가격의 상승으로 주택과 공공 인프라 등의 건축비용이 높아지면서 계획한 물량을 맞출 수 있을지 의문이 제기된다. 코로나 이후 전 세계적으로 시멘트, 철강 등의 가격이 오른 데다가 교통망 확충을 위한 공공 건설 프로젝트가 대거 착공되면서 건설 자재 가격이 상승세를 기록하고 있다. 건설 기업의 수익이 악화하면서 폐업한 건설 기업도 늘어나고 있어 주택 물량 공급이 원활하게 이뤄지기 어렵다는 것이다.

부동산 기업발 경기 침체도 우려되는 상황이다. 공격적으로 부동산 개발 사업을 벌이던 베트남 기업들은 코로나 기간 부동산시장이 위축되자 자금 확보를 위해 주식시장과 채권시장에 뛰어들었다. 부동산시장이 둔화하면서 이들 기업으로 인한 부실채권 비중이 높아졌다. 신용평가기관 핀레이팅에 따르면 2022년 말 기준으로 부실채권을 보유한 기업 69개 중 43개가 부동산 기업이었고, 이들의 부실채권 규모는 78조 9410억 동으로 전체 부실채권의 84퍼센트에 육박했다. 베트남 정부는 부랴부랴 은행의 회사채 구입을 막는 규제를 내놓았다. 국내외 금융기관이 부동산 관련 기업에 과도하게 투자하는 것을 막기 위해서였다. 하지만 부동산 기업들의 재무 상황이 악화할 조짐이 보이자 2023년 3월 다시 일부 규제를 완화했다. 부동산 투기를 막겠다며 대대적인 규제에 나섰다가 장기 침체에 빠진 중국의 선례를 따를 수 없기 때문이다.

베트남 내에서 부동산 기업들의 재정 건전성을 우려하는 목소리가 높아지고 있지만 부동산 경기가 둔화하면서 은행들이 저당 잡힌 부동산을 매각해 부채를 만회하기는 쉽지 않을 것으로 보인다.

기회의 땅과 통곡의 땅,
두 얼굴의 베트남

울며 갔다가 울며 돌아오는 베트남. 현지 주재원들은 베트남을 이렇게 표현하곤 했다. 처음 "베트남으로 발령 났다"라고 하면 가족들이 "그런 나라에 가기 싫다"며 울며불며 난리를 치고, 현지 파견 생활이 끝나고 나면 다시 "한국에 가기 싫다"라며 운다는 것이었다.

실제로 가족들과 함께 베트남에 왔다가 한국에 돌아갈 때는 홀로인 주재원이 많았다. 자녀의 해외 거주 기간을 채워 특례 입학을 시키거나 국제학교에서 학업을 마치는 게 공식적인 이유였다. 하지만 사실은 여유로운 베트남 생활을 두고 한국의 빡빡한 생활로 돌아가기 싫다는 가족들을 설득하는 데 성공하지 못한 것이다. 가족들을 이끌고 이역만리 타국에 왔던 아빠들이 혼자 기러기가 되어 베트남에 남았다.

가족이 다 같이 한국에 돌아가더라도 적응이 마냥 쉽지는 않다고 했다. 베트남과 한국 생활의 간극이 큰 탓이다. 특히 어린 자녀들은 급격히 변한 환경을 받아들이기 힘들어한다고 했다. 어떤 꼬맹이는 "엄마, 우리 집 이제 가난해졌어?"라고 물었다고 했다. 갑자기 좁아진 집, 새벽같이 나가 밤늦게 들어오는 아빠를 보면서 '경제 상황이 나빠졌나' '장난감 살 돈도 없는 걸까'라며 불안해진 것이다.

또 다른 꼬맹이는 "한국 집에는 왜 수영장이 없느냐"라며 징징거렸다고 했다. 수영장만 없어진 건 아니었을 것이다. 매일 차를 태워주던 기사와 전용차도 없어졌을 테니. 베트남에서는 메이드(가정부)가 하던 청소와 빨래를 엄마가 하는 것도 아이들에게는 적잖은 충격이라고 했다. 처음부터 물으면 "원래 이런 거야" 하고 웃으며 넘길 텐데, 차마 부모에게 묻지 못하고 끙끙 앓는 아이들도 있는 모양이다.

어린 마음속에 있는 고민을 알아채지 못했던 부모들은 뒤늦게 아이의 마음을 알고 황당했다고 한다. 아이들에게 양국 간 물가 차이나 회사에서 지급되던 체류 지원비 등을 설명해봤자 알아들을 리없을 터. 베트남에서의 여유로웠던 생활은 기한이 정해진 것이었다고, 다시 그런 날이 올지 알 수 없다고 말하면 아이가 실망한 표정을 짓지는 않을까. 불안해하는 아이들에게 부모는 "그런 거 아니야, 걱정하지 마"라고 웃을 수밖에 없었을 것이다.

이런 간극은 현지 체류비와 월세 등의 지원이 많았던 대기업이나 공기업 주재원 가족에게만 해당하는 게 아니었다. 큰 지원 없이 살림을 꾸렸던 1~2인 가구도 나름 아쉬워하는 부분이 꽤 있었다. 주변 1인 가구 친구들은 '메이드'를 아쉬워했다. 청소, 빨래, 요리를 대신해주는 사람이 있다 없어지는 게 그렇게 불편하다는 것이다. 평범한 20~30대 1인 가구가 일주일에 두세 번 메이드를 불러다 쓸 수 있는 건 인건비 싼 나라에서만 누릴 수 있는 혜택인 게 분명하다.

우리 집을 부탁해

나는 베트남에서 단 한 번도 집안일을 대신 해줄 메이드를 부르지 않았다. 그걸 들은 사람들은 "베트남에서 무릎 꿇고 걸레질하는 한국인은 너 하나뿐일 것"이라고 말했다. 한 외국인 친구는 "우리 집 메이드를 한번 보내줄까?"라고 묻기도 했다. 그 마음이 고마우면서도 이게 따로 설명해 이해시켜야 할 만큼 특이한 상황인가 싶었다.

내가 메이드를 부르지 않는 건 혼자 사는 집에 외부인이 드나드는 것에 대한 불안과 집 안의 현금과 귀중품을 미리 챙겨서 보관해야 한다는 귀찮음, 그리고 어차피 혼자 사는 집인 데다가 바닥만 깨끗하면 신경 쓰지 않는 나의 천성이라는 게 복합적으로 작용한 결과일 뿐이었다. 하지만 1인 가구 기준, 한 달에 20만~30만 원만 지불하면 집안일에서 해방될 수 있다는 건 혜택인 게 분명했다. 인건비 비싼 한국에서는 상상할 수 없는 금액이다.

한국인들 사이에서는 '일 잘하는 메이드'를 선점하기 위한 경쟁이 치열했다. 일 잘하는 메이드라는 건 '한국적 정서를 이해하는 메이드'라는 의미와 비슷했다. 베트남 사람들의 언어와 한국인의 언어 사이에는 좁히지 못할 간극이 있었기 때문이다. 한국 사람이 "거실을 청소하라"고 하면 거실 바닥은 물론 거실에 있는 물건 정리도 좀 하고, 창틀에 먼지도 보이면 좀 닦고, 텔레비전 뒤나 소파 아래에 먼지가 쌓이지는 않았는지 두루두루 살펴보라는 말이다. 하지만 베트남 메이드들은 거실 바닥만 닦은 뒤 가만히 앉아 있는다고 했다. 한국 사람들은 답답해하고 베트남 메이드들은 하라는 대로 했는데 화를 낸다며 억울해하는 상황이 벌어졌다.

단어와 문장이 나오기까지 상대방의 뇌에서 거쳤을 두세 단계의 사고 과정을 짐작해 그 뜻을 파악하는 우리나라 사람들과 달리 표면적이고 직접적인 언어로 이해하는 베트남 사람과의 차이다. 베트남 사람들은 "어차피 돈 주고 부른 거, 시킬 게 있으면 명확하게 말을 하지!"라는 입장이고, 한국 사람들은 "그걸 어떻게 일일이 쫓아다니면서 말을 하냐. 척하면 척 알아들어야지!"라고 말하는 것이다. 어찌됐든 이런 이유에서 말하지 않은 일까지 알아서 해놓는 메이드들이 인기였는데 이들에 대한 스카우트 경쟁이 치열했던 모양이다. 메이드들도 몸값을 더 쳐주는 집으로 옮겨 다니기 시작했다. '이직'이 아니라 '이집' 시장이 펼쳐진 셈이다. "다른 한국 주재원 집에 갔더니 '부모님이 아파서 고향 집에 간다'며 일을 그만둔 우리 집 메이드가 있었다" "우리 집 메이드가 일 잘한다고 소문나면 다른 집에 뺏기니 말하지 말아야 한다" "다른 한국 사람이 집에 놀러 올 때면, 메이드를 숨겨둬라" 같은 이야기가 돌았다.

친구들은 "네가 베트남에서 메이드를 쓰지 않는 것은 한국에서는 누릴 수 없고 베트남에서만 누릴 수 있는 특권 중 하나를 잃는 것"이라고 했지만, 나는 끝내 설득당하지 않았다. 나는 종종 타일 바닥에 무릎 꿇고 앉아 바닥을 닦았다. 한국에 돌아와 방 청소 좀 하라는 잔소리를 들을 때면 베트남으로 돌아가고 싶은 생각이 들며 아쉬웠지만.

두 얼굴의 베트남

베트남은 두 가지 얼굴을 가지고 있다. 한국에 대한 우호적인 분위기, 문화적 동질성, 높은 성장률, 평균 연령 30대의 젊은 나라 같은 단어를 붙인 얼굴에 '기회의 땅'이라는 분칠을 했다. 하지만 민낯에는 피눈물 흘리고 오는 '통곡의 땅'도 있다. 코로나 이후 베트남에 있던 한국인 친구 절반 이상이 돌아왔다. 호찌민에서 가장 크고 유명하던 고급 한식 소고기 구이집이 매물로 나왔다. 달랏, 다낭, 하노이 등 대도시와 소도시는 물론이고 회사, 공장, 카페 등 업종을 가리지 않고 문 닫는 사람이 속출했다.

코로나 상황의 악화로 수입이 줄어든 건 그나마 나은 편. 베트남에서 흔하디흔한 사기 수법에 걸려 회사를 뺏기거나 거래처가 몽땅 사라져 눈물의 귀국길을 택하게 된 사람도 많았다. 회사를 뺏기다니, 우리에겐 생소한 말인 게 분명했다. 국가에 귀속되거나 법적 분

쟁에 져서 공동으로 소유하던 지분을 넘기는 게 아니면 개인이 운영하던 회사를 뺏긴다는 게 어떻게 가능한 건지 이해되지 않는 게 당연하다. 하지만 베트남에서는 '회사를 뺏겼다' '사업을 뺏겼다'라는 표현을 자주 듣게 된다. 종종 발생하는 일이기 때문이다.

한국 사람들은 외국인 소득에 부과하는 높은 세율을 피하려고 베트남 사람의 명의로 법인을 만들어 사업을 꾸리곤 한다. 베트남 사람 명의의 회사를 만들어, 베트남 사람 명의의 통장으로 돈을 주고받는 것이다. 이 과정에서 명의를 빌려준 베트남 사람이 사업을 함께 꾸려온 한국 사람을 내쫓는 일이 발생한다. 돈을 보면 눈이 뒤집어지는 걸까. "내가 이 회사를 차지할 테니 나가라" 한다고 말을 듣지는 않을 테니 다양한 방법이 동원된다.

가장 흔한 방법이 베트남 여성을 접근시켜 양도 서류에 도장을 찍게 하거나 내연 관계를 가족에게 알리겠다고 협박해 권리 행사를 막는 것이다. 베트남에 사는 한국 사람들 사이에서는 많이 알려져 있는, 아주 흔한 방법이다. 그럼에도 같은 수법에 당하는 사람이 끊임없이 나온다. 도박이나 마약의 중독성이 강하고 위험하다는 걸 알면서도 '돈을 딸 거야, 중독되지 않을 거야'라고 생각하게 되는 마음인 걸까. 알면서 당하고, 알면서 막지 못한다.

한 친구는 설 명절인 '뗏'을 보내고 왔더니 회사가 사라졌다고 했다. 공식 서류상 회사의 소유자이자 부사장 직책을 가진 베트남 사람이 법인 등록증과 통장, 각종 서류 등을 몽땅 들고 사라진 것이다. 그는 실제 사장인 한국인 대표에게 "나를 찾으려 하거나 기존 거래처에 연락해 거래하지 못하게 하면, 자녀가 다니는 학교에 네 사진을 뿌리겠다"라고 협박했다고 한다. 그 사진에 내밀한 사생활이 찍혀 있다는 건 듣지 않아도 알 수 있다. 좁디좁은 한인 사회에 소문이 나는 건 순식간이고, 가족 귀에 소식이 들어가는 것도 막을 수 없을 게 분명했다. 회사를 잃은 대표와 한국 직원들이 남아 망연자실했다. 사장이 회사를 포기하기로 결정하는 사이에 한국 직원들은 얼마 남지 않은 회사 물건들을 처분해 한국으로 돌아왔다. 황당하지만 '흔한' 수법이다.

경찰에 신고하면 되지 않겠느냐고 하겠지만 그것 역시 쉽지 않다. 서류와 통장 모두 그 사람의 이름으로 되어 있기 때문에 도망간 베트남 직원을 찾는다고 해도 차명 법인을 만든 자신의 불법행위를 먼저 고백해야 피해 사실을 호소할 수 있다. 법이 한국인의 편을 들어줄지도 의문이다. 하지만 베트남은 되는 것도, 안 되는 것도 없는 나라. 공안의 정보력으로 얼마든지 사람을 찾아낼 수 있고 두 사람 간의 합의를 이끌어내줄 수도 있다. 물론 그전에 공안을 어떻게 움직일 수 있겠느냐는 문제가 있지만 말이다.

걸리면 불법, 안 걸리면 합법?

베트남은 정말 되는 것도, 안 되는 것도 없는 나라다. 정부가 불법으로 정했느냐 아니냐보다 공안이 잡을 의지가 있느냐 없느냐가 실제 생활의 기준이 된다. 규정된 불법보다 공안의 의지가 생활의 규약을 만든다. 중소기업이나 영세 사업체를 운영하는 사업가들이나 소규모 가게를 운영하는 사람들은 시시때때로 바뀌는 기준에 더 크게 영향을 받았다. 수십 년째 아무 문제 없던 소화기의 개수가 문제가 되기도 하고, 외부에 세워둔 간판이 갑자기 불법 장치물이 되기도 한다. 단속에 걸리거나 지적을 받아도 '다음에 이렇게 하지 않아야겠다'는 생각보다 '인맥이나 돈이 부족했나'라는 생각이 먼저 드는 부작용이 만연하다.

온라인 카페에서는 "식혜 있습니다, 아메리카노 구해요" "짜다랑 식혜 바꾸실 분" 같은 글이 넘쳤다. 더운 베트남에서는 식혜가 유달리 그리워지는 건가 싶었는데, 환치기에 쓰이는 암어暗語였다. 짜다는 베트남의 동, 식혜는 한국의 원, 아메리카노는 미국의 달러를 뜻했다. 현지에서 동이나 달러를 받고 한국 계좌로 원을 넣어주는 식이다. 불법 환전이라 사기꾼이 많은데 경찰의 단속은 먼 것 같았다. 신고해도 제대로 수사해주지 않기 때문에 조심하라는 조언만 돌았다.

불법 비자도 횡행했는데 단속 시기일 때와 아닐 때 가격이 두 배씩 차이 났다. 유학생이거나 회사 주재원으로 파견된 게 아닌 경우, 우선 관광 비자로 들어온 뒤 돈 주고 산 비즈니스 비자나 거주증으로 거주하는 사람이 많았다. 비자 대행업체가 베트남에 만든 페이퍼컴퍼니의 직원인 것처럼 서류를 꾸며 거주 자격을 얻는 것이다. 3개월마다 캄보디아, 라오스 등 인접 국가 국경을 넘나드는 방법으로 3개월짜리 관광 비자를 받기도 한다. 1년짜리 비즈니스 비자 단속이 강화되면 불법 비자 발급이 중단되는 게 아니라 2년짜리 거주증 가격이 뛰었다.

베트남 생활이 마무리되어 갈 즈음, 복잡한 마음이 들었다. 나 역시 울면서 와서 울면서 돌아가는 베트남의 마수에 걸려버린 것이다. 한국에 가기 싫다고 매달릴 가족이 없는 혈혈단신이라 여기서 뭘 해서 먹고살 수 있을지를 고민했다. 친구와 머리를 맞대고 사업 아이디어를 짜봤지만 나에게는 역부족이라는 생각만 들었다.

이곳은 '되는 일도, 안 되는 일도 없는 베트남', 같은 일이 '의지'에 따라 되기도 하고 안 되기도 하는 곳이다. 그런데 나에게 안 되는 걸 되게 바꿀 수 있는 인맥과 능력이 있는지, 그런 자금력이 충분한지, 결론을 예측하지 못하는 환경을 꿋꿋하게 견뎌내며 버틸 수 있을지 의문이 들었다. 기회의 땅, 그리고 통곡의 땅. 이곳은 두 얼굴의 베트남이다.

최저임금 인상, 독일까 득일까

2022년 베트남의 1인당 국민총소득GNI은 4010달러이다. 베트남 국민 한 사람이 한 달에 330달러 정도를 벌어들였다는 말이다. 2023년 1분기 베트남 근로자의 월평균 소득은 790만 동으로 달러로 환산하면 320달러 정도이다. 전년 같은 기간에 비해 57만 8000동이 늘어났다. 베트남은 코로나 기간을 제외한 최근 몇 년 새 최저임금이 급격하게 상승했다. 임금의 베이스가 되는 최저임금이 매년 5~7퍼센트씩 상승하자 근로자의 임금도 덩달아 올랐다.

2022년 베트남의 평균 임금 상승률은 12퍼센트로 전 세계에서 가장 높은 수준을 기록했다. 미국 블룸버그는 2023년 베트남의 실질 임금 상승률이 4퍼센트에 달할 것으로 예상하면서 베트남이 실질 임금 상승률이 가장 높을 것으로 예상되는 국가 2위로 조사됐다고 밝혔다. 영국 보험중개업체 에이온은 2024년 아시아 국가 대부분의 실질임금이 오를 것으로 전망하는 가운데 동남아 국가 중 베트남이 7.9퍼센트로 가장 높을 것이라는 보고서를 내기도 했다. 코로나 기간 2년간 동결됐던 베트남의 최저임금은 2022년 7월부터 다시 한 자릿수 인상률로 오르고 있는 상황이다. 이는 동남아 전반의 현상이기도 하다. 일본 경제매체 니케이아시아는 "신흥국 대부분이 직원들을 붙잡아 두기 위해 큰 폭으로 임금을 올렸다"며 "내년에도 기업들은 노동력 유지를 위해 물가상승률 이상으로 임금을 올릴 수밖에 없을 것"이라고 해석했다.

최저임금으로 베트남의 월급을 따지면 우리나라의 10분의 1조차 되지 않는다. 숙련도나 업태, 경력이나 특기 등 다양한 요소에 의해 달라지는 게 월급이지만 어쨌거나 그 임금의 기본이 되는건 최저임금이다. 우리나라와 달리 베트남은 1지역부터 4지역까지 총 4개 지역으로 나눠 최저임금을 차등 적용한다. 2023년 7월 1일부터 적용되는 최저 월급은 1지역 468만 동, 2지역 416만 동, 3지역 364만 동, 4지역 325만 동이다. 1지역과 4지역의 임금 차이가 한 달에 143만 동이나 난다. 1지역에는 하노이와 호찌민 등 베트남 대도시와 이들 지역 인근의 공업 단지인 하이퐁, 동나이, 빈증 등이 포함된다. 다낭, 냐짱 같은 대표적인 관광지역과 껀터, 닌빈, 하이즈엉, 박닌, 타이응웬 등이 3지역, 그 외의 외곽과 지방 지역이 4지역으로 분류된다.

베트남은 지난 2013년 최저임금을 17.4퍼센트, 2016년 12.5퍼센트 올리는 등 10퍼센트가 넘는 인상 폭을 유지하다가 2017년에야 한 자릿수(7.3퍼센트)로 인상 폭을 줄였다. 코로나 첫 해였던 2020년에는 최저임금을 5.5퍼센트 인상했으나 코로나로 인한 경기 침체가 심각해지자 2021년과 2022년 초까지는 최저임금을 동결했다. 하지만 다시 최저임금을 5퍼센트 이상씩 올리고 있는 것이다.

베트남의 의류, 봉제 공장이나 제조업체 등을 운영하는 업체들은 최저임금의 급격한 인상이 국가 경쟁력을 갉아먹는다며 아우성이다. 글로벌 본사들의 주문량은 코로나 이전 수준으로 회복되지 않았는데 노동자 임금은 다시 오르고 있기 때문이다. 베트남 섬유산업연맹이나 섬유의류협회·봉제업체 등은 "베트남 노동자에 대한 임금 인상이 생산 가격에도 영향을 미쳐 결국 글로벌 시장에서의 경쟁력을 낮춘다"고 주장한다. 생산비용이 높아지면 인도네시아 같은 다른 경쟁 국가에 일감을 뺏긴다는 것이다. 실제로 코로나 이후 대부분의 섬유 봉제업체들은 주 6일 근무가 기본인 베트남에서 주 5일만 공장을 돌려 인건비를 줄이고 있고, 일부 신발 제조업체들은 신규 주문이 줄어들어 운영이 어려워지자 대규모 구조조정을 단행하기도 했다. 호찌민에 있는 한 한국 의류업체는 경영난으로 근로자 611명을 해고하려다가 호찌민시 공단관리청의 제재로 해고 계획을 철회했고, 호찌민 최대 신발 제조업체는 올해 초 전체 직원의 10퍼센트인 5000명을 감원한다는 계획을 내놓았다. 베트남에서는 2023년 2분기 섬유, 신발, 전자부품 제조 등에서 근무하던 근로자 21만 7800명이 직장을 잃었다.

베트남 사막에서
바다까지

봄, 여름, 가을, 겨울, 사계절이 뚜렷하고 계절별 아름다움을 느낄 수 있는 나라, 한국. 어릴 때부터 당연한 듯 주입되어온 이 문장을 의심하는 사람이 나뿐일까. 더위까지는 어떻게 참아보겠는데 추위는 정말 괴롭다. 옷을 껴입어도, 두꺼운 양말을 신어도 깨질 것 같은 손과 발. 도대체 이런 추위의 계절이 있어 좋다는 건 누구의 입장인 것인가! 나와 반대로 '아무리 벗어도 더운 여름'이 괴롭다는 사람도 넘친다. 좁은 땅덩어리에서 어느 지역을 가도 피할 수 없는 한국의 사계절, 이게 정말 좋은 건가 싶은 생각이 들 수밖에 없는 것이다.

나에게는 호찌민 날씨가 딱 맞았다. 내가 베트남을 사랑하게 된 건 호찌민에서 살았기 때문일 수도 있다. 푹푹 찌는 한여름 땡볕 더위를 기본으로 하면서도 팔을 감싸 안게 만드는 선선한 바람도 느낄 수 있는 곳. 그게 바로 호찌민이었다.

특히 우기의 저녁에는 춥지는 않지만 살짝 닭살이 돋을 정도로

쌀쌀한 바람이 불어오곤 했다. 사이공 강을 타고 불어오는 밤바람이 피부에 찰싹 붙어 있던 습기를 스치고 지나가면 살짝 한기가 도는 것이다. 뼛속까지 시린 바람은 아니지만 오소소한 느낌이랄까. 나는 이런 밤 날씨가 좋았다. 기온이 26~27도 정도로 떨어지는, 반팔을 입고 있어도 되지만 긴팔을 입거나 가벼운 옷을 하나 걸쳐 입으면 좋은 그런 날씨. 물론 그 날씨도 너무 덥다며 나를 의아하게 보는 사람들이 많았지만.

우리나라가 전 국토가 '동일하게' 사계절을 겪는다면 베트남은 우기·건기로 나뉘는 2계절, 우리와 비슷한 4계절 등 지역별 계절 수가 다르다. 호찌민 같은 경우에는 우기와 건기의 온도 차가 작은 편인데, 뜨거운 여름과 추운 겨울이 있는 하노이는 사계절의 간극이 우리와 비슷하게 느껴졌다. 중국 국경과 맞닿아 있는 북부 고산 지역인 '사파Sa pa'는 한여름에도 최고 기온이 20도 초중반에 머물 정도이고 추울 때는 10도 이하로 떨어져 별다른 대비 없이 갔다가 얼어 죽을 뻔했다는 후기가 넘친다. 달랏도 한낮에는 반팔과 반바지를 입어도 되지만 새벽이나 밤에는 얇은 패딩 잠바를 입어야 할 정도로 춥다.

지역별로 확연히 다른 날씨는 같은 나라에서도 이국적인 느낌을 느낄 수 있게 했다. 국내선을 탔는데도 공항에 내리자마자 피부에 닿는 공기의 온도가 확연히 다를 때면 먼 타국에 온 것 같았다. 낯선 공기를 맞닥뜨리는 순간, 가슴이 두근두근 설레는 건 나뿐일까. 각자 원하는 기후의 지역에 가서 살 수 있다면 좋을 것 같은데, 결국 직장인들은 회사가 툰드라 지역에 있다고 해도 근처에 살겠다고 하겠지.

동남아 유일의 사막 보유국

이렇게 지역별로 날씨가 다르다는 걸 알고 있어도 아무런 대책 없이 여행을 가는 건 내 천성이었나 보다. 생각해보면 하노이, 달랏, 무이네, 호이안…. 내가 갔던 대부분의 지역에서 추위로 고생을 했다. 남부 지역 사이공 출신의 한국인은 붕따우나 호짬처럼 사이공 아래쪽이 아닌 지역은 다 춥다고 느꼈던 것 같기도 하고, 변온동물도 아닌데 온도 변화에 민감한 개인적 특성도 있을 테다. 호이안에서 긴소매 옷을 찾아 입었을 때는 친구가 "아픈 거 아니야?"라고 물었을 정도이니까. 춥다는 핑계로 카디건과 니트, 패딩 조끼 등을 사기 위해 스스로를 속였는지도 모른다.

다른 지역은 그렇다 치더라도, 사막이 춥다는 사실은 베트남에서 처음 느꼈다. 상식이나 문자로 사막이 춥다는 '지식'은 당연히 알고 있었지만, 가방에 옷을 챙겨 넣을 때 이걸 떠올리지는 못했다. 사막에 가본 적이 없었으니 말이다. 지글지글 끓는 사막은 한낮의 장면일 뿐이었다는 걸, 새벽의 사막은 얇은 카디건이나 바람막이 하나로 이겨내기 어렵다는 걸 진짜로 알게 된 것은 동남아 유일의 사막 '무이네'에서였다.

베트남은 동남아 유일의 사막 보유국이다. 호찌민에서 5시간 정도 차를 타고 가면 나오는 무이네에도 사막이 있었다. 나는 지금까지 사막을 본 적이 없었다. 끝없이 펼쳐지는 부드러운 모래가 있다는 사실을 텔레비전이나 영화, 사진을 통해 알고 있었을 뿐이었다.

무이네를 가기로 하고 밤새 달리는 슬리핑 버스를 탔다. 밤늦게 호찌민에서 출발해 그다음 날 새벽에 무이네에 도착하고, 사막 투어를 한 뒤 호찌민으로 돌아오는 일정이었다. 가는 길부터가 고난이었다. 히터 같은 건 애초에 써본 적도 없을 것 같은 작은 버스의 창문에는 사람들의 입김이 허옇게 내려앉았다. 가만히 앉아 잠을 청하자니 하노이의 겨울보다도 추워서 이가 덜덜 떨렸다. 추위에 떨며 도착한 사막의 지평선 위로 빨간 해가 모습을 드러냈다. 내 생애 첫 사막 일출이었다. 부드럽게 흘러내리는 모래와 커다랗고 빨간 태양. 태양이 자신의 존재감을 뽐내려는 듯 이내 피부에 닿는 공기의 온도가 바뀌기 시작했다.

무이네는 바다와 사막이 함께 존재한다는 것만으로도 특별한 지역이다. 모래사장이 드넓은 바닷가는 아니었지만 고기 잡는 어부들이 바다 위에 띄워둔 알록달록하면서 둥글둥글한 바구니 배가 절경이었다. 바다 위에 작은 찻잔을 띄워놓은 것 같았다. 발이 푹푹 빠지는 사막을 걸으며 바다 위에 동동 떠 있는 바구니 배를 보니 엉뚱한 시나리오를 상상하게 됐다. 무이네의 사막은 바닷가 옆 백사장들을 죄다 떼어 한곳에 들이부어 만든 게 아닐까. 이 동네 모래사장으로는 부족했을 테니 다른 동네 바닷가 백사장까지 빌려다 만들었을 것이다. 사막이 있을 것 같지 않은 동네에 사막이라니, 일부러 만든 게 틀림없어. 사막 어딘가에서 미처 치우지 못한 조개껍질이나 불가사리가 나오는 건 아닐까. 시간이 많고 새로운 환경을 맞닥뜨리니 엉뚱한 상상만 하게 된다.

운수 좋은 날

그날의 시작은 나쁘지 않았다. 미세먼지 농도 수치가 300을 넘는 최악의 날씨였지만 하노이에서는 흔한 일이었다. 버스를 타기 전 딸기도 먹고 커피도 한잔 마셨다. 가는 길에 휴게소에 들러 짝퉁 델리만쥬도 사 먹었다. 그렇게 2시간을 달려 도착한 그곳은 3000여 개의 섬이 절경을 이룬다는 '하롱베이'였다.

친구를 졸라 함께 하롱베이 투어에 가자고 한 건 "하롱베이에 가지 않고 베트남을 봤다고 할 수 없다"라는 말에 자극받아서였다. 2층짜리 대형 크루즈선에 몸을 싣고 통킹만을 떠다니기 시작했다. 3억 년 동안 깎이고 쓸린 석회암 섬들이 안개 속에 사라졌다가 나타나기를 반복했다. 허옇게 눈앞을 메운 흰 안개까지 더해지자 섬들의 모습이 먹으로 농담을 조절한 수묵화로 담겼다.

고개를 돌릴 때마다 한 장 한 장 수묵화가 늘어났다. 중간에 내린 섬에서 종유석이 가득한 동굴을 탐험하고, 베트남 전통식으로 준비된 뷔페와 요리 수업도 즐겁게 마쳤다. 선실 안팎을 오가며 감탄을 반복할 즈음 크루즈선이 바다 한가운데 멈춰 섰다. 작은 배를 타고 원숭이 섬에 방문하는 체험을 할 순서였다.

커다란 뗏목 같은 대나무 보트와 카약 중에 선택할 수 있었는데 여행 가이드가 은근히 카약을 권했다. 추가 비용을 내야 하는 걸 보니 가이드의 수입에 영향을 미치는 것 같았다. 큰 배보다 작은 배가 접근성이 더 좋겠지 싶어 카약을 타기로 했다. 드넓은 바다에서 터널처럼 깎인 문을 지나 들어가니 절벽 곳곳에 다소 공격적인 원숭이들이 가득했다.

재미있게 구경하고 다시 터널을 빠져나오는데, 커다란 대나무 보트가 우리 쪽으로 가까이 다가왔다. 아래에 카약이 있다고 소리를 질렀다. 아슬아슬 잘 피해갔다고 생각했는데 배가 카약의 뒤꽁무니를 '쿵' 하고 밀며 지나갔다. 순식간에 카약이 뒤집혀 물속에 처박히고 말았다. 겨우 몸을 빼내 옆으로 빠져나왔는데 친구가 뒤집힌 카약의 밑에서 허우적거리고 있었다. 정신없이 카약을 밀고 뒤집는 사이 중국인 관광객들이 탄 대나무 보트가 다가와 우리를 구해줬다. 그 와중에 낄낄거리며 영상을 찍는 사람도 있었다. 구명조끼 뒷덜미를 붙잡혀 대나무 보트에 기어 올라가는 모습이 가관이었을 거라고 생각했지만, 화딱지가 났다.

영상을 찍어주겠다는 가이드에게 휴대전화를 맡긴 나는 괜찮았지만 친구는 피해가 막심했다. 새로 산 안경이 바닷속 어딘가로 사라지고 영상 촬영기기도 떠내려갔다. 크루즈선의 방 하나를 빌려 대충 바닷물을 씻어내고 수건을 두른 채 앉아 있으니 부잣집 크루즈선에 구조된 불법 어선의 선원들 같았다. 서로의 꼴을 보니 처지가 처량하고 한심해 보여 한참을 웃었다. 이런 일이 아니면 언제 유네스코 세계문화유산에 빠져보겠냐며 서로를 위로하고 나니 현실을 자각할 수 있었다.

문제를 꼽자면 구명조끼를 입으라는 것 외의 유의 사항이나 안전 조치가 없었던 것, 별다른 교육 없이 직접 배를 몰도록 한 것, 좁은 입구에 과하게 많은 사람이 몰리는 데도 별도의 안내가 없던 점 등 지적할 것 투성이었지만, 여기는 베트남 아닌가.

우선 투어 비용에 포함된 보험으로 배상받을 수 있는지를 알아보기로 했다. 여행 가이드를 불러 보험 접수를 해달라고 하니 난감한 표정을 지었다. 물적 피해가 컸던 친구가 간략하게 사고 경위와 피해 품목, 연락처 등을 적어 넘겼다. 여행 가이드는 쪽지를 집어 들고 가면서 이렇게 말했다. "홈나이 덴꾸아(오늘 재수가 없네)~." 한국 관광객들이 못 알아들을 거라 생각했겠지만, 애써 웃어넘기려던 마음에 생채기가 나고 말았다. 우리도 마찬가지네요, 흥!

그날 하노이로 돌아온 우리는 길바닥에서 숯불을 피워놓고 닭발 구이와 베트남 전통주를 먹으며 액땜 아닌 액땜을 했다. 그리고 약 일주일 뒤, 하롱베이에서 배가 뒤집혀 관광객이 사망했다는 기사가 나왔다. 이번에는 카약이 아니라 커다란 대나무 보트가 뒤집히는 바람에 배 밑에 깔린 사람이 미처 빠져나오지 못했다고 했다. 우리가 바다에 빠졌을 때가 떠올라 아찔한 동시에, 그때 우리가 강하게 문제를 제기했다면, 하다못해 이런 사고가 벌어질 수 있다는 걸 안내하라고 항의했다면 사고를 막을 수 있었을까 하는 자괴감이 들었다.

"오늘 재수가 없다"라고 투덜거렸던 그 가이드는 다음 투어에 온 사람들에게는 뭐라고 했을까. 그에게는 그날이 김첨지의 '운수 좋은 날'이었을까. 팁도, 추가 투어 비용도 받은 그는 결국 아무런 책임도 지지 않았으니 운수 좋은 날에 비교할 것도 안 되려나.

안전 의식이나 제도가 정립되어 있지 못한 베트남의 모습을 보자면, 이건 정말 우리의 1980~1990년대와 다를 게 없다 싶다. 베트남에 사는 동안에는 이곳의 제도나 장비가 안전하기를 기대하지 말고 스스로 조심하는 수밖에 없다고 하던 누군가의 말이 번뜩 스쳐갔다. 즐겁게 시작해 슬퍼진 하롱베이였다.

This is Vietnam
TIV

한국인 반가운 베트남 관광업계

해외 관광객은 베트남에서 수입의 한 축을 담당한다. 코로나 이전까지만 해도 베트남 GDP의 10퍼센트를 관광업이 차지할 정도로 국가 경제에서 큰 비중을 차지하기 때문이다. 베트남은 전체 관광 수입 중 60퍼센트를 자국민이 아닌 해외 관광객을 통해 벌어들인다. 코로나로 해외 관광객이 입국하지 못하자 다낭이나 냐짱처럼 해외 관광객을 상대로 장사해 먹고살던 관광 지역 경제가 휘청거리기도 했다. 코로나로 입국이 막힌 지 2년 만인 2022년 3월, 베트남 관광이 재개됐다. 그해 베트남을 방문한 해외 관광객 수는 360만 명이었다. 코로나 이전인 2019년의 20퍼센트 수준에 불과하다.

해외 관광객 유치를 위해 베트남 정부는 2023년 8월, 새로운 비자 정책을 도입하기로 했다. 한국 등 13개국 국민을 대상으로 무비자로 체류 가능한 기간을 종전 15일에서 45일로 연장한 것이다. 한국과 일본, 독일, 프랑스, 이탈리아, 스페인, 영국 및 북아일랜드, 러시아, 덴마크, 스웨덴, 노르웨이, 핀란드, 벨로루시 등 13개국 국민은 여권 종류나 입국 목적에 상관없이 무비자로 45일간 베트남에 머물 수 있다. 복수 입국이 가능한 전자 비자E-VISA 기간도 30일에서 90일로 늘어났다. 80개국 국민만 발급받을 수 있었던 전자비자도 모든 국가로 확대했다. 13개 공항, 16개 육로 국경 관문, 13개 해상 국경 관문에서 전자비자로 출입국할 수 있게 됐다. 당장 무비자 체류 기간이 늘어나면 투자나 관광 목적으로 입국하는 외국인 관광객들의 편의성이 확대될 것으로 기대된다. 인근 국가를 함께 묶어 출장을 오는 비즈니스 수요도 늘어날 거라는 예상이다.

베트남 정부는 2023년 800만 명의 해외 방문객을 유치해 관광 수입을 30퍼센트 늘리겠다는 목표를 내세우고, 다양한 관광업 육성 정책도 내놓았다.

우선 신규 항공 노선을 대폭 늘린다. 국영 베트남항공과 베트남 저가 항공사인 비엣젯이 인도 뉴델리·뭄바이와 베트남 하노이·푸꾸옥을 잇는 신규 노선을 신설했더니 2019년 베트남을 찾은 해외 관광객 중 1퍼센트에 불과했던 인도 관광객이 2022년 4퍼센트까지 늘었다고 한다. 인도네시아, 일본, 태국을 잇는 하늘길도 늘어났고, 한국에서는 무안, 부산 같은 지방 공항에서 베트남으로 연결되는 직항 노선을 취항하기도 했다. 2030년까지 전국 공항을 30개로 확대해 접근성도 높인다는 계획도 내놓았다.

골프 관광 등을 늘려 1인당 소비 금액을 높이는 전략도 쓴다. 베트남 정부는 2025년까지 베트남 내 골프 코스를 현재의 두 배 수준인 200개까지 확대한다는 계획이다. 골프장 이용과 관광을 엮은 고급 관광 코스를 개발한다는 것이다.

중국인 관광객도 베트남이 기다리는 손님 중 하나이다. 중국이 자국민의 해외 단체 관광을 허용한 다음 달인 2023년 4월, 베트남을 방문한 중국인은 11만 2000명으로 전월보다 61.5퍼센트나 급증했다. 코로나 전인 2019년만 해도 베트남을 찾는 중국인은 월평균 42만 5000명에 달했다.

그래도 여전히 베트남 관광업계의 제1 고객은 한국인일 것으로 예상된다. 2023년 1~8월 베트남을 찾은 관광객 780만 명 중 한국인은 220만 명으로 전체 해외 관광객 중 29퍼센트로 가장 많은 비중을 차지했다. 2위 중국(95만 명)과 3위 미국(50만 3000명)의 두 배에서 네 배에 달하는 수치이다.

베트남 최대 명절
뗏의 경제학

크리스마스, 밸런타인데이에 옥토버페스트까지 온갖 기념일을 다 챙기는 베트남 사람들이지만 뭐니 뭐니 해도 가장 큰 명절은 우리나라의 설 명절과 같은 '뗏'이다. 매해 빨간 날(공휴일)을 체크하는 직장인이라면 베트남 최대 명절 뗏을 부러워할 수밖에 없다. 이 기간 동안 베트남 대부분의 회사가 약 2주간 휴가를 가기 때문이다.

뗏은 거리의 색깔로 먼저 알 수 있다. 노란색 매화꽃과 분홍색 복숭아꽃이 도시를 알록달록 물들인다. 매화꽃은 집안의 악귀를 쫓아낸다는 뜻이고, 복숭아꽃은 건강과 재물을 의미한다. 꽃 축제가 열리는 거리와 광장이 아니어도 이 시기에는 온통 꽃밭이다. 마트도 음식점도 가정집도 꽃이 넘실거린다.

추석 명절이 없는 베트남 사람들은 뗏에 우리의 1년 치 정성을 다 들인다. 명절이 시작되기도 전부터 온 시장과 슈퍼, 길거리 곳곳이 술렁인다. 공식적인 명절 휴무는 정부가 지정하지만 베트남 사람들은 3주간 명절을 준비하는 게 전통이다. 우선, 뗏 3주 전에는 새 물건을 들이고 명절 선물 등을 준비한다. 2주 전에는 신들에게 제사를 지낸다. 1주 전에는 명절 분위기로 집을 장식하고 손님을 맞을 준비를 한다. 명절이 사나흘인 우리나라는 명절 후 '명절 스트레스' '명절 증후군' 기사로 도배되는데, 3주간 명절을 준비한다는 건 얼마나 큰일일지 가늠이 되지 않는다.

이들이 유달리 긴 명절 연휴를 보내는 이유는 '명절 대이동'에 필요한 시간을 확보하기 위한 것이기도 하다. 베트남은 위아래로 긴 나라. 남부 호찌민시에서 북부 하노이시까지 이동하는 데 기차로만 1박 2일이 걸린다. 대부분의 사람이 기차 대신 오토바이를 몰고 이동하는데, 귀향 시간이 30~40시간씩 걸리기도 한다. 나는 오토바이를 30분만 타도 엉덩이에 알이 배길 것 같은데, 웬만한 지방은 직접 운전해서 가는 베트남 사람들이 그저 신기할 뿐이다.

베트남 명절은 우리나라의 그것과 상당히 닮았다. 직접 경험하면 별로 반갑지 않은 명절 교통 체증도 비슷하다. 양손 가득 선물을 들고 고향 집을 찾는 사람들이 고속도로를 가득 메운다. 위에서 사진을 찍으면 고속도로에 오토바이 헬멧을 빽빽하게 심어놓은 것처럼 보일 정도다. 버스 터미널과 기차역은 귀성객으로 붐비고, 백화점에는 금으로 만든 잉어, 용, 말 등 고급 선물이 즐비하다. 대형마트에는 베트남 전통 의상인 아오자이와 명절 선물 세트가 전진 배치된다.

회사들은 고향을 찾는 직원들을 배려해 열흘 이상의 휴일을 준다. 2주를 통으로 쉬는 곳도 부지기수다. 이 기간 동안 회사들은 말 그대로 개점 휴업 상태다. 베트남에 주재원으로 나와 있는 한국인 직원들은 이 기간이 "괴롭다"라고 말한다. 공식적인 뗏 휴무 기간이 시작되기 전부터 현지 직원들은 물론, 업무 상대방도 모두 고향에 가 아무도 없는데 한국 본사에서 "왜 일을 하지 않느냐" "빨리 확인 좀 하라"고 닦달한다는 것이다. 한국 시간에 맞춰 '빨리빨리'를 시전 해야 하는 한국 주재원들이 베트남 명절을 맞아 2주 간 쉬겠다고 하 면 한국에서는 어떤 반응을 보일지도 궁금했다. 아마 뜨악한 표정 으로 "그래서 너도 쉬겠다고?"라고 말하겠지. 갑자기 등 뒤에 서늘 한 느낌이 든다.

미각으로 와서 청각으로 아는 뗏

나에게 뗏은 작고 달콤한 주황색 감귤로 떠오른다. 뗏이 다가오 면 우리나라 금귤보다는 크고 조생귤보다는 작은 베트남 귤 무더기 가 시장 곳곳에 자리 잡는다. 희한하게 동네 마트에서는 볼 수 없는 그 귤이 시장에는 가득하다. 나뭇가지가 붙어 있는 작은 귤 무더기 를 비닐봉지에 그대로 담아 오토바이를 달달달 타고 집에 온다. 편 한 옷으로 갈아입은 뒤 얇은 껍질을 벗겨낸 귤을 통째로 입 안에 밀 어 넣는다. 입 안에 가득 찬 귤을 와구와구 씹으면 우리나라 귤보다 신맛은 덜하면서 달콤한 맛은 강한 과육이 입 안 가득 터진다. 호찌민의 뗏은 한국의 설과 같다는 말이 어색하게도 해가 길고, 더운 날씨이지만 손이 노랗게 될 만큼 귤을 먹으면 조금은 설 명절 같은 기분이 들었다.

길거리에서는 빨간색과 금색으로 장식된 달력과 연하장, 장식품을 팔았다. 동네마다 자리 잡은 사찰은 곱게 아오자이를 차려입은 여성들로 붐볐다. 한껏 꾸민 그들은 사진사를 대동해 기념사진을 찍으며 젊은 날을 기록했다. 가짜 돈을 태우거나 향을 피우며 소원을 비는 어르신들은 누구보다 진지한 표정으로 머리를 조아렸다. 기도의 내용은 분명 가족들의 행복과 번영을 비는 것이겠지. 도심 광장이나 고층 건물에서는 화려한 불꽃놀이가 벌어졌다. 폭죽이 터지는 소리가 나면, 밥을 먹던 사람도, 커피를 마시던 사람도 창문가에 몰려가 올 한해도 무탈하고 행복하기를 기도했다.

뗏 명절은 청각으로도 느낄 수 있다. 명절이 다가올 즈음이면 "뗏 뗏 뗏 뗏 뗀 조이(설 설 설 설날이 왔어요)"라는 가사가 여기저기서 들려왔다. 매년 들리는 같은 노래이지만 다른 노래이기도 하다. 매년 뗏 명절을 맞아 새로 작곡되거나 리메이크되기 때문이다. 나는 한국에 와서도 이 노래를 벨소리로 해봤다.

기업들은 매년 '뗏 전용 뮤직비디오'를 새로 제작한다. 기업 광고를 위해 만든 뮤직비디오를 누가 보겠나 싶지만 인기 가수와 탄탄한 스토리를 갖춘 이 뮤직비디오들은 꽤나 인기 있는 편이다. 가끔 유튜브에서 인기 있는 뮤직비디오라고 추천해줘서 보다가 '광고용'이라는 걸 알고 깜짝 놀라기도 했다. 실제로 탄산음료 브랜드 '미린다'가 2019년 설 명절을 맞아 가수 빅 프엉과 함께 내놨던 뮤직비디오 '지난날은 잊어버려요'는 조회 수 1억 5000만 회를 넘어서는 등 대박이 났다. 미린다는 해당 영상을 시작으로 매년 후속곡을 제작해 지난 2021년 세 번째 버전을 내놨다.

베트남 시장에 진출한 우리 기업들 역시 뗏 마케팅에 공을 들인다. 삼성전자도 설 명절을 맞아 뮤직비디오를 내놨고 롯데도 꾸준히 명절 뮤직비디오에 협찬한다. 오리온은 설 명절마다 뮤직비디오는 물론이고, 복숭아 맛 초코파이 같은 한정판 상품을 내놓아 인기를 끈다. 아쉽게도, 품절 대란이라 나는 맛볼 수 없었다.

과시하기를 좋아하는 데다가 손님을 섭섭하지 않게 대접해야 한다는 생각이 강한 베트남 사람들은 명절 기간에 통 큰 소비를 이어 간다. 고급 간식과 과일 매출이 늘고, 친지들과 함께 나눠 마실 맥주나 와인 소비도 크게 늘어난다. 뗏 명절 동안 가구당 지출 금액이 평소의 두 배로 늘어난다는 조사 결과도 있다.

베트남 백화점 곳곳에는 누가 살까 싶을 정도로 화려하고 비싼 선물들이 들어찬다. 금색, 노란색, 빨간색 포장지로 화려하게 감싼 선물과 와인 같은 고급술이 인기다. 아이가 있는 가정에서는 한국 브랜드인 오리온 과자 세트도 좋아한다. 한국 초코파이와 쌀 과자는 베트남 안에서도 고급 간식류로 꼽히기 때문이다. 명절 선물과 음식을 호기롭게 준비해서인지 명절 동안의 지출을 감당하지 못해 은행에서 대출받는 사람도 있다고 한다.

가족들과 모여 맛있는 음식을 나누고 그간의 안부만 물으면 되는

데, 만나서 그간의 앙금을 풀다 설전을 벌이는 건 한국과 똑 닮았다. 베트남에서도 명절 동안 교통사고와 폭력 사건이 늘어난다고 한다. "결혼하라" "공부는 잘하고 있니" 같은 덕담 아닌 덕담에 스트레스를 받는다는 친구들이 많은 걸 보면 베트남이든 한국이든 명절 분위기는 똑같구나 싶다. 제발 다음 해에 만날 때는 오랜만에 본 가족끼리 좋은 말만 하고 지내는 명절이 되기를. 이것도 만국 공통의 소원인가 보다.

기업들에게는 무서운 뗏

한 후배는 베트남 초보인 나에게 "뗏 기간에 굶어 죽을 수 있어요"라고 경고했다. 가게도, 슈퍼도, 음식점도 문을 열지 않기 때문에 미리 장을 봐두라는 것이었다. 요즘 시대에 듣기 힘든 '아사餓死' 위협에 물과 라면, 냉동식품과 과일을 잔뜩 채워놓고 명절을 보냈다. 이 기간에 여행을 떠났던 사람들은 "식당도, 관광지도 문 연 곳이 없었다"라며 후회하기도 했다.

2주간의 뗏 휴무가 끝났다고 모든 사람이 일상에 복귀하는 것은 아니었다. 단골 식당의 주인은 명절이 끝나도 가게 문을 열 생각을 하지 않았다. 이 가게는 거의 3주 만에 문을 열었고, 나는 세 번이나 허탕을 쳤다.

기업들은 뗏 때마다 여러 가지로 마음을 졸인다. 큰돈을 내어 두

둑이 명절 상여금을 쥐여 보낸 직원들이 말도 없이 그만두는 경우가 많기 때문이다. 회사마다 다르겠지만 한국 업체들의 경우 월급의 70~100퍼센트 수준의 명절 상여금을 지급한다(1년 이상 근무한 직원 기준). 설 명절이 다가오면 "다른 회사는 보너스 얼마 정도 지급하나요?"라며 시세를 묻는 업체 사장님들이 많아진다. 식당이나 기업들이 직원들에게 추가 지급하는 상여금 개념의 돈에 시세가 있을리 만무하지만 시세가 형성된 모순적 상황이다.

베트남 직원들에게는 뗏 명절 보너스가 당연시되면서 '열세 번째 월급'으로 불릴 정도다. 현지 언론들마저 "뗏 보너스는 정부의 장려 사항"이라며 은근한 강요를 한다. 하지만 2주 휴가에 명절 상여금까지 쥐여 보냈어도 직원이 돌아오지 않으면 말짱 도루묵이다. 휴가를 받아 고향에 갔던 직원들이 고향 집에 눌러앉거나 인근 회사에 취직하는 일이 심심치 않게 일어난다. 돌아오지 않는 직원에게 연락해보면, 그제야 "더 좋은 조건인 회사가 있어 이직했다"고 통보하는 경우도 많다.

명절 상여금이 적어 회사에 배신감(?)을 느낀 직원이 그만두기도 한다. 실제로 베트남에서 진행한 어느 설문조사에서는 베트남 사람 네 명 중 한 명이 "뗏 보너스가 적으면 회사를 그만두겠다"라고 응답했다. 베트남에서 사업체를 운영하는 한 사장님은 "회사 사정이 어려워 명절 상여금을 주지 않겠다고 하면 당장 노사분규가 일어날 것"이라고 말했다.

실제로 코로나 이후 사정이 어려워진 한 운동화 제조업체가 뗏 상여금을 예년보다 낮게 책정하자 근로자 1만 4000여 명이 대규모 파업을 벌였다. 직원들은 정부가 긴급 중재에 나선 뒤에야 업무에 복귀했다.

최근에는 명절에도 고향을 찾지 않고 시내에서 친구들과 시간을 보내는 젊은 층이 많다고 한다. 일자리가 많을 때는 갑자기 그만두는 이들이 많아 걱정이었지만 코로나 이후에는 회사 운영을 할 수 있을지가 더 큰 고민이라는 말도 들린다. 코로나 이후 베트남 정부도 '명절 기간 귀향 자제'를 요청하기도 했다. 민족 대이동이 코로나 확산을 가속화할까 봐 두려웠던 탓이다.

그래도 지난 뗏 명절, 베트남 친구는 상다리 부러지게 차려낸 명절 밥상 사진을 보내왔다. 고향 집에 모여 가족들과 먹기 위해 차린 식탁이었다. 나도 다음엔 친구네 명절 식탁에 젓가락 한 짝을 올려보기로 했다. 어르신들이 좋아한다는 달랏 와인도 한 병 사 들고 가야지.

짧아서 더 소중한 공휴일

9월 2일 베트남 독립 기념일이 다가오면 베트남 친구들 사이에서 '불꽃 축제가 잘 보이는 곳'이라는 정보가 돈다. 독립 기념일마다 벌어지는 불꽃놀이를 감상하기 좋은 명소를 공유하는 것이다. 독립기념일의 공식 명칭은 국경일로, 프랑스 식민 통치 이후 베트남을 점령했던 일본이 2차 세계대전에서 패망하자 1945년 9월 2일 호찌민 주석이 하노이 바딘 광장에서 독립을 선언한 후 '베트남민주공화국(북베트남)'을 설립한 것을 기념하는 날이다. 베트남에서는 공휴일에 각 지역별로 다양한 축제를 벌이는 경우가 많은데 이벤트를 좋아하는 베트남 사람들은 이런 소소한 축제들을 찾아가는 걸 낙으로 삼곤 한다.

베트남 휴일은 정부가 발표하는 공휴일과 노동법상에서 규정하는 휴일, 두 가지로 나뉜다. 뗏 연휴와 독립기념일 같은 국가 공휴일은 노동보훈사회부에서 기간을 정해 발표한다. 기업들은 정부가 지정한 기간만큼 연휴를 즐길 수 있도록 근무 일정을 조정하거나 초과 수당 등으로 보상해야 한다. 연휴 기간 야간 근무자에게는 통상 임금의 최소 세 배에 달하는 초과 근무 수당을 지급해야 한다.

베트남에서 가장 큰 명절은 설 명절과 같은 음력 1월 1일 '뗏'이다. 뗏 연휴가 7일로 정해지면 주 5일 근무하는 기업에서는 하루만 연차를 내면 최대 10일을 쉴 수 있다. 음력 8월 15일은 뗏 쭝투라고 부르는 '중추절'로, 우리나라의 추석으로 해석되지만 공식적으로 휴무를 갖는 명절이 아니다. 조상에게 감사하는 마음으로 달을 닮은 월병을 나눠 먹고, 아이들에게 명절 선물을 주는 정도의 의미이다.

뗏만큼 베트남 사람들이 기다리는 것은 홍왕기념일(음력 3월 10일)과 통일절(4월 30일), 노동절(5월 1일)로 이어지는 '황금 연휴'이다. 우리나라의 개천절과 비슷한 홍왕기념일은 베트남의 시조 홍왕의 기일이다. 이날에는 국가주석 등 고위공직자들이 베트남 북부 푸토성에 있는 홍왕 사원을 찾아 반랑Van Lang국 건국에 공로를 세운 18명 왕 모두에게 제사를 지낸다. 통일절의 공식 명칭은 남부해방 기념일로, 북베트남 정규군이 남베트남 정권의 상징인 사이공 대통령궁에 진입해 정권을 잡으면서 베트남전쟁이 공식 종료된 1975년 4월 30일을 기념하는 날이다.

4월 말에서 5월 초로 이어지는 황금 연휴 기간에는 대체휴일을 포함해 4~5일가량의 긴 연휴가 주어지는데 전국 관광지가 사람들로 북적인다. 실제로 2023년 홍왕기념일과 통일절, 노동절로 이어진 5일 연휴 동안 전국 관광지 숙박업소 투숙률은 60퍼센트, 유명 관광지 투숙률은 95~100퍼센트에 달했다. 베트남 관광총국은 "5일 연휴 동안 관광매출은 24조동(10억 2400만 달러)로 전년 대비 9퍼센트 증가했다"고 밝혔다.

하반기에는 9월 2일 독립기념일이 유일한 휴가이다. 일반적으로 한 해의 마지막 날인 12월 31일과 새해 첫날인 1월 1일은 새해 연휴로 지정해 쉰다.

베트남은 공휴일이 유달리 적은 나라이다. 연휴나 휴무에 초과 수당을 지급해야 하는 기업들로서는 공휴일이 적은 것이 투자 매력도를 높이는 요인이기도 했다. 하지만 베트남에서도 워라밸을 추구하는 분위기가 형성되면서 정부 역시 휴일을 늘려주는 분위기이다. 실제로 베트남 정부는 2021년부터 독립기념일을 이틀 연휴로 지정해 기념일 당일의 앞이나 뒤로 하루를 더 쉬도록 했다. 그럼에도 불구하고 베트남의 공휴일은 총 10여 일가량으로 한국의 3분의 1에도 미치지 못했다.

'코리안 프렌들리'의 불편한 진실

"이 남자 알아?" 외국인 친구가 한 남성의 사진을 불쑥 내밀었다. 아파트 복도에서 한국인처럼 보이는 남성이 경비원들에게 붙들려 있었다. 친구가 살고 있는 대단지 아파트 커뮤니티에 퍼진 사진이라고 했다. "한국인 남성이 베트남 여성과 싸우다가 집 밖으로 물건을 집어 던졌대. 큰일 날 뻔했어. 집주인을 찾아서 당장 저 사람을 내쫓아야 한다고 난리야."

확인해보니 며칠 전, 한국인 남성이 아파트 창문으로 텔레비전 같은 가전제품을 집어 던졌다고 했다. 무려 38층에서였다. 이곳은 1만 가구가 거주하는 호찌민 시내 최대 규모의 아파트. 사건이 벌어진 시간은 직장인은 출근하고 아이들은 학교에 가는 오전 7시였다. 천만다행으로, 아래층 가게들의 차양만 부서졌을 뿐 사람은 다치지 않았다. 누구 하나라도 맞았다면 즉사했을 상황이었다. 베트남 공안이 출동해 그를 체포했다. 마약에 취한 상태로 베트남 사람인 동거

녀와 다투다 벌인 일이라고 했다. 그의 체포 사진이 급속히 퍼져나 갔다. '한국인 남성이 베트남 여성을 때렸다' '베트남 여성을 납치한 거다' 같은 흉흉한 소문도 함께 퍼져나갔다.

마침 당시에는 한국에서도 동영상 하나가 공분을 일으키고 있었 다. 국제결혼을 한 한국인 남편이 베트남 부인을 폭행하는 영상이 었다. 어린아이가 울며 엄마에게 매달리는데도 남성은 마치 샌드백 처럼 여성을 때렸다. 해당 영상이 공개되자 국내는 물론, 베트남도 들끓었다. 하노이에서 주재원으로 근무하는 30대 한국인 남성이 엘 리베이터에 탄 여성의 신체를 만졌다는 기사와 16세 소녀에게 "몇 살이냐"라며 추태를 부렸다는 기사도 비슷한 시기, 베트남 언론을 장식했다.

낯부끄러운 범죄가 잇달아 터지자 베트남 젊은 층들이 들끓었다. 인터넷 커뮤니티와 페이스북 등에는 "이래도 오빠oppa가 좋으냐"라 는 댓글이 달렸다. 한류 문화 사이트에서도 "한국 남자를 왜 좋아하 느냐" "베트남 사람에게 함부로 대하는 한국인들을 찾아내 죽여버 리겠다"라는 과격한 반응이 나왔다. 온라인 커뮤니티에서는 '오빠' 로 통용되는 한국 남성에 대한 부정적 경험들이 공유되기 시작했 다. 베트남 현지 언론들은 베트남 여성과 한국 남성의 매매혼을 비 판하는 기획 기사를 냈다. 코리안 프렌들리Korean friendly 대신 한국인 혐오인 '코리안 헤이트Korean hate'가 세력을 키워가고 있었다. 주베트 남 한국 대사관과 영사관에서 "반한 감정으로 인한 범죄를 예의 주 시하라"라는 회의가 열릴 정도였다.

골프장에서 만난 여자 캐디는 한국말을 곧잘 했다. "언니, 나 한국말 해요"라며 자신의 한국어 실력을 뽐내던 그는 "내 남자친구 한국 사람이에요"라며 나에게 사진을 보여줬다. "남자친구가 잘해줘요?"라고 물으니 "지금 남자친구 때리지 않아요. 남자친구 착해요"라고 답했다. 코리안 헤이트가 몇몇 사건으로 인해 시작된 걸까? 내 대답은 '노No'이다.

코리안 프렌들리라는 착각

베트남에 도착해 첫 일주일간 그 누구도 나에게 '박항쎄오'를 언급한 적이 없었다. 예상 밖이었다. 내가 베트남에 오기 전, 베트남에 가봤다는 사람들은 전부 "베트남 사람들은 한국 사람만 보면 '한국? 박항쎄오!'라고 외친다"라고 했었기 때문이다. 베트남에 가본 적 없는 사람들도 "베트남 사람들은 한국 사람들에게 친절하다더라" "한국 사람이라고 하면 모두 너를 도와줄 테니 살기 편할 것"이라고 말했다. 진짜 베트남 사람들은 한국인인 나를 '무조건' 반겨줬을까? 결론부터 말하자면, 반은 맞고 반은 틀렸다. 내가 베트남이나 중국, 일본 사람처럼 보이지는 않을 텐데, 그 누구도 먼저 알은체하거나 박항서 감독의 이야기를 묻지 않았다. 관광지에서 느낀 코리안 프렌들리를 베트남 국민들의 보편적 감정으로 착각하는 한국 사람들이 그만큼 많았다는 뜻이다.

베트남의 친한親韓 정서가 거짓이라는 말은 아니다. 베트남 곳곳에서는 손쉽게 한국의 흔적을 발견할 수 있다. 미국이나 일본에서 한국의 흔적을 발견하려면 한인 타운을 방문해야 하지만, 베트남에서는 한인 타운 외의 지역에서도 한국을 만날 수 있다. 시내에 즐비한 한식당이나 아파트 단지마다 있는 한인 마트는 물론이고, 한국 사람이라고는 한 명도 살지 않는 시골 마을 슈퍼에도 초코파이, 카스테라, 메로나 같은 한국 제품이 즐비하다. 한국 드라마나 케이팝에 흥미를 갖고 한국이라는 나라 자체에 관심이 많은 젊은 층도 있다. BTS, NCT 같은 한국 아이돌 그룹 팬들도 많다. NCT 팬이었던 베트남 친구는 나보다 한국을 방문하는 일이 더 잦았다. 단체 팬 미팅, 멤버 생일 파티 등 이유도 다양했다. 그들은 정말로 한국에 대한 애정도가 높다.

하지만 베트남 사람들의 코리안 프렌들리를 맹목적이거나 감정적인 정서로만 해석한다면 이들을 이해하기 어렵다. 이들의 친한 정서는 실리적·기회적 측면이 크기 때문이다. 한국어를 배우고 한국 문화를 익히고 싶어 하는 건 좋은 직장에 다니고 월급도 많이 받을 수 있는 확률을 높이는 일이다. 베트남에 투자하는 한국 기업의 숫자가 늘면서 한국어가 가능한 직원의 수요가 점점 더 많아지고 있기 때문이다.

한국어를 잘하는 학생들은 대학을 졸업하기도 전에 입도선매立稻先賣될 정도다. 베트남 국립대학인 인문사회과학대학(인사대) 한국어학과는 베트남 입시에서 입시 결과 커트라인이 가장 높은 학과다.

성적이 가장 좋은 학생들이 몰린다는 뜻이다. 이 학과의 학생들은 말 그대로 직장을 '골라서' 갈 수 있다.

삼성이나 LG 등 대기업들은 졸업 후 몇 년간 해당 기업에서 근무하는 조건으로 대학 재학 기간에 장학금을 지급한다. 졸업 후 자기네 회사에 입사하도록 학생 때부터 점찍어놓는 것이다. 그마저도 계약 기간이 끝난 뒤에는 몸값을 높여 이직하는 경우가 많아 골머리를 앓는다. 공장에서 제품을 조립하거나 생산하는 일반 사원은 현지 채용으로 채울 수 있지만 한국인 관리자나 한국 본사와 소통할 수 있을 정도로 언어가 능통한 사람은 구하기 쉽지 않다. 하노이 인사대 한국어학과 교수는 "중소기업에서도 '장학금을 지급할 테니 졸업 후 우리 회사에 취직할 한국어학과 학생을 연결해달라'고 한다"라면서 "대기업 수요만으로도 재학생의 수가 부족하다"라고 말했다.

동시통역이 가능한 수준이 되면 굳이 취직하지 않는다. 프리랜서로 일해도 높은 수입이 보장되기 때문이다. 베트남 진출을 도모하는 기업이나 투자자가 많아지고, 코트라KOTRA나 대한상공회의소, 중소기업중앙회 등 공공기관의 세미나 같은 행사가 폭증했던 때에는 '통역 대란'이 일어났을 정도다. 통역사를 구하기 어려워진 건 물론이고 이들의 몸값도 치솟았다.

나도 통역을 구하지 못해 발을 동동 구른 적이 있다. 미중 무역 갈등에 관련한 인터뷰를 해야 하는데, 이런 내용을 통역할 수 있는 사람들은 일정이 빡빡해 시간을 맞출 수 없다고 했다. 가격은 둘째 치고, 시간을 맞춰줄 사람을 인맥을 총동원해 겨우 구했다. 2시간에 30만 원 정도를 지급했는데, 통역사는 "회사 이름을 봐서 절반 가격 이상으로 깎아준 것"이라고 말했다. 시세가 어느 정도 되나 알아보 니 일반 통역이 시간당 15만 원에서 20만 원 정도. 고급 통역은 부 르는 게 값이라 했다. 한동안 "내가 한국어는 어느 정도 하니, 베트 남어를 열심히 공부해서 통역사로 진로를 바꿔 야겠다"는 우스갯소 리를 했었지만 내 베트남어 습득 속도를 보니 쫄쫄 굶을 게 분명해 서 때려치웠다.

'반짝' 유행이 아니랍니다

베트남 인사대 한국어학과는 매년 10월에 한글날 기념행사를 연 다. 인사대뿐만 아니라 베트남에 있는 모든 한국어학과가 모여서 여는 가장 큰 행사다. 각 학교가 돌아가면서 행사를 여는데, 한국어 를 배우는 학생들이 모두 모여 여는 축제에 가깝다. 한국어를 배우 는 학생들은 이 행사를 위해 공연과 장기 자랑, 게임 같은 프로그램 을 준비한다.

내가 있던 그해 10월, 제10회 한글 페스티벌이 열렸다. 몇 주 전 부터 한국어학과 교수님들이 "꼭 와서 봐야 한다"라고 해 구경이나 가보자며 집을 나섰다. 나는 '적절하지만 지루한 학술 발표에 장기 자랑이라는 이름을 달았지만, 적당하게 교훈적인 퍼포먼스를 섞은

형식적인 행사'를 예상하며 큰 기대는 하지 않았다. 하지만 나는 이 행사에서 울컥 눈물이 솟고 말았다. 내 예상이 완전히 빗겨나간 것이다.

행사가 열린 인사대는 나도 수업을 들으러 오갔던 학교였다. 이날은 내가 지금까지 본 것 중 가장 많은 사람이 모여 있었다. 주말의 학교답지 않게 학생들로 가득 찬 교정 한가운데에서 풍물놀이패가 빙글빙글 상모를 돌리고 있었고, 그 옆에는 김밥과 파전을 파는 부스가 있었다. 강당에서 열린 한국어 퀴즈 대회에서는 "아쟁과 함께 두 줄로 된 현악기는?" "제주의 소형 화산체인 이것은?" 같은 질문이 쏟아졌다. 빠르게 답을 적는 학생들과 달리 한국인 심사 위원들은 "답이 뭐더라?" "저걸 어떻게 알지?"라며 술렁였다. 학생들이 답을 맞힐 때마다 "한국 사람보다 낫다!"라는 감탄이 쏟아져 나왔다.

오후가 되자 캠퍼스에서는 '케이팝 랜덤 댄스 게임'이 시작됐다. 무작위로 노래를 틀면 해당 노래의 안무를 아는 사람이 나와서 춤을 추는 것이었다. 노래마다 정확한 안무를 아는 학생들이 십여 명씩 뛰쳐나왔다. 최근 유행하는 노래도 있었지만 슈퍼주니어나 신화, 샤이니, 원더걸스 같은 다소 연식이 있는 그룹의 노래도 섞여 나왔다. 최소 베트남에서는 '한류'가 최근의 것이나 새로운 것은 아니라는 말이다.

해외에서는 모두 애국자가 된다고 하지만, 진심으로 즐거워하는 이들의 표정을 보니 괜히 울컥하며 감동이 밀려왔다. 형식적인 행사일 것이라는 나의 예상이 완전히 빗나간 것도 한몫했다. 학생들이 준비한 연극 〈말모이〉의 마지막 장면에서는 "사람이 모이는 곳에 말이 모이고, 말이 모이는 곳에 독립의 길이 있다"라는 문장이 떠오르며 독립 운동가 역할을 한 학생들이 한데 모였다. 전문 배우들의 연기가 아니었지만 진짜로 '말'을 잊은 우리 국민의 울화를 담은 것 같은 진지한 표정이었다. 나의 모국을 사랑해주는 이들의 마음이 전해져 눈물이 왈칵 차올랐다.

한국어를 배우는 목적이 경제적인 것이든, 문화적인 것이든 한국에 대해 관심을 두고 진지하게 탐구하는 베트남 사람의 수는 계속해서 늘어나고 있다.

베트남에서 한국학과나 한국어학과가 설치된 곳은 4년제 대학에 있는 42곳을 포함해 총 60곳(2023년 기준)이다. 2017년만 해도 23개였는데 꾸준히 늘어나고 있다. 학생 수 역시 같은 기간 9600명에서 2만 5000여 명으로 늘었다. 중·고등학교에서도 한국어 교육을 본격적으로 시작했다. 2019년 제2외국어 과목에 선정됐던 한국어는 1년만에 제1외국어로 승격했다.

한국 사대주의의 종말

하지만 베트남 사람들의 친한親韓 감정이 영원할 거라는 기대는 하지 않는 게 좋다. 한국 사람과 일하는 베트남 사람이 늘어나고 베트남 거주 한인이 증가하는 만큼 어글리 코리안Ugly Korean들로 인한 반한反韓과 혐한嫌韓 감정도 날로 커지고 있기 때문이다.

젊은 층에서는 '한국 사대주의'에 대한 반감이 심해지고 있다. 특히 해외 유학을 다녀온 베트남 부유층이나 고학력 젊은 층들은 "왜 우리가 한국에게 굽신거려야 하느냐"라는 주장을 펼친다. 역설적이게도, 베트남 사람들의 반한 감정은 이들이 한국에 관심을 가지기 시작한 '경제적 동기'에서 시작된다. 베트남 사람들은 '실리적'인 측면에서 한국을 좋아하고 우호적으로 대하는데 일부 한국인들은 이를 '지위'의 차이로 오해한다. 베트남을 '못사는 나라'로 정의하고, 국가의 경제력 차이가 개인 간의 지위 차이를 만드는 것으로 착각하는 것이다. 쉽게 말하면 베트남 사람들을 무시한다는 말이다.

이런 부조리는 베트남에서 '오빠'로 대변되는 한국 남성만의 문제가 아니다. 책가방을 멘 어린 한국 학생들이 베트남 종업원들에게 막말하는 걸 봤을 때의 충격은 아직도 잊지 못한다. 성별은 물론이고 나이를 막론하고 벌어지는 부끄러운 한국의 민낯이다.

베트남 사람들에게 직간접적인 피해를 주는 한국인이 늘어나는 것도 반한 감정을 키운다. 외국인이 투자한 베트남 공장 중 파업이 가장 많이 발생하는 곳이 바로 한국인 소유 공장이다. 전체 파업의 30~40퍼센트가 한국인 소유 공장에서 일어난다. 한국 기업의 수가 많기 때문이기도 하지만, 영세 업체들의 빈번한 임금 체불, 부당 대우 등이 파업의 이유라는 분석이다. 직원들의 돈을 떼먹고 야반도주하는 사업장도 많다.

요즘 새로 생겨난 문제로는 '라이따이한'도 있다. 라이따이한은 베트남전 당시 파병됐던 한국인 병사와 베트남 여성들 사이에 태어난 아이들을 부르는 말이다. 전쟁이 끝나자 한국 군인이나 노동자들이 베트남 여성과 아이를 버려둔 채 귀국해 사회 문제가 됐다. 베트남전이 끝난 지 40년이 지났는데, 새로운 유형의 라이따이한들이 생겨나고 있다고 한다. 베트남 여성과 사귀다가 아이가 생기면 모른 척 한국으로 돌아가는 사람이 아직도 많기 때문이다. 코로나 이후 베트남에 성매매 관광을 가는 이들은 줄었지만, 현지에서 돈을 주고 베트남 여성의 성을 사고파는 일은 여전하다.

나는 그런 이야기를 들을 때마다 양공주, 양색시 혹은 그보다 더 혹독한 이름으로 불리던 우리나라 여성들을 떠올린다. 생활고 때문에, 자식을 키워야 해서 혹은 다른 어떤 이유들로 돈을 벌기 위해 외국인 남성들을 상대하던 여성들이 우리에게도 있었다. 우리는 이 일들을 슬픈 과거로 정의하고 있다. 이 일을 우리가 다시 재현해야만 할까.

한국어 배우는 베트남 엘리트들

베트남 입시에서는 의대나 법대, 경영학과보다 인기 있는 학과가 '한국어학과'이다. 주베트남 한국대사관이 발표한 2023~2024학년도 베트남 대학 입시 결과에 따르면 하노이 국가대학교 한국어학과의 합격 커트라인은 40점 만점에 36.15점으로 전체 25개 학과 중 1위를 차지했다. 중국어과(35.75점), 영어과(35.39점)보다 높은 수준이다. 하노이 외국어대학교에서는 36.23점, 하노이 인문사회과학대 한국학과는 26.25점을 받아야 한국어학과에 들어갈 수 있었다. 입시 성적이 우수한 학생들이 한국 관련 학과에 들어갈 수 있는 것이다.

대학에 진학하지 않더라도 한국어공부에 열심인 학생들이 많다. 베트남은 전 세계 85개국 중 일반인을 상대로 한국어와 한국 문화를 가르치는 세종학당의 수와 수강생, 국내 파견 교원 수가 가장 많은 국가이다. 베트남 세종학당은 22곳, 수강생은 1만 8000명을 넘어섰다. 세종학당은 2021년 베트남 지상파 방송 VTV7과 한국어 교육 프로그램을 공동 제작했는데, 유튜브에서 조회 수 43만 회를 넘어섰다. 교육 영상이 인기 예능 동영상을 능가하는 조회 수를 기록한 저변에는 한국어를 배우고 싶어 하는 베트남 수요가 뒷받침됐기 때문이라는 분석이다.

한국어공부 수요가 많은 건 한국어가 기업에 취직하거나 자기 사업을 하는 데 있어 가장 유리하게 써먹을 수 있는 기술로 취급받기 때문이다. 대학교를 갓 졸업하고 괜찮은 기업에 취직한 베트남 직원의 월급이 800만 동 수준일 때 초보 수준의 한국어만 해도 1500만 동 이상, 한국어를 유창하게 하는 직원은 3000만 동 수준을 가져갈 수 있다. 한국 직원들을 상대로 강의를 하거나 이들을 가르칠 만큼 자연스럽게 한국어를 구사할 수 있는 직원들은 8000만 동도 받는다고 한다. "영어를 하면 월급이 두 배, 한국어를 하면 월급이 세 배"라는 말이 나온다.

삼성·LG 같은 대기업이 대규모 공장을 세워 진출하면서 한국어를 할 줄 아는 베트남 사람들의 몸값은 가파르게 치솟았다. 한국어를 할 줄 안다고 해서 비싼 월급을 주고 뽑아놨더니 어린아이 수준밖에 되지 않는 경우도 흔하다. 통역이 중간에서 의미를 자기 마음대로 바꿔 전달하는 바람에 계약상 큰 손해를 입었다는 사례도 넘쳐난다. 사장의 말을 통역하는 직원이 사실상 회사의 실세로 군림하며 다른 직원들에게 갑질을 일삼아 회사 분위기를 흐리는 경우도 비일비재하다.

이 때문에 최근 한국인들 사이에서도 '한국어 가능 직원 몸값이 과대평가돼 있다'는 말도 나오고 있다. 베트남에서 사업을 하려면 한국인 사장과 관리자가 통역의 말이 잘 전달됐는지 파악할 수 있을 정도의 베트남어는 구사해야 한다는 당연한 공감대도 형성되는 중이다. 이 때문에 베트남어를 할 줄 아는 한국인 관리자를 구하는 기업도 늘고 있다.

한국어 능통자를 찾는 기업의 수요는 더욱더 높아질 것으로 예상된다. 미중 갈등 이후 중국을 대체하는 세계의 공장으로 '베트남'이 급부상했기 때문이다. 삼성, LG, 효성 등 대기업이 베트남을 전진 기지 삼아 공장 신설과 산업 단지 조성 등 투자를 늘리고 있다. 대기업을 따라 베트남으로 공장을 옮긴 협력업체는 물론, 중소·중견 업체들도 베트남으로 생산 거점을 옮기고 있다. 한국 기업에 대한 베트남 구직자들의 호감도도 높기 때문에 한동안 베트남 엘리트들의 한국어 배우기 열풍은 계속될 것으로 보인다.

북한 공작원이
베트남 여성에게 접근한 까닭

    어느 날 회사 선배들이 "영화배우로 데뷔했다며?"라고 물어왔다. 이게 무슨 뜬금없는 소리인가 싶어 알아보니 한국에 개봉한 다큐멘터리 영화 〈암살자들〉 이야기였다. 내가 북한 김정은 위원장의 이복형 김정남 피살사건을 다룬 다큐멘터리 영화 〈암살자들〉에 나온다는 것이었다. 2021년 영화 개봉을 앞두고 기자들을 대상으로 시사회를 했는데 문화부 선배들이 영화에서 익숙한 후배의 얼굴을 찾아냈다고 한다. 궁금했다. 김정남을 살해한 베트남 여성 '도안 티 흐엉'이라는 이름을 잊지 못하는 기자로서, 내가 어떤 모습으로 박제되어 있는지 알고 싶었다. 당장 영화표를 끊었다.

    나의 베트남 생활은 '북한'으로 시작됐다고 해도 과언이 아니다. 집을 구하기 위해 휴가를 써서 임기보다 일찍 출국했는데, 제2차 미북 정상회담이 열리는 바람에 곧바로 취재 현장에 투입됐다. 그렇게 처음 가본 베트남이라는 나라에서 처음 마주한 현장은 '정상회담'이 됐다.

호찌민에서 하루를 자고 그다음 날 하노이로 갔다. 국경을 넘은 것도 아닌데 전혀 다른 세상에 놓였다. 햇빛이 쨍쨍하다 못해 타들어갈 것 같은 호찌민과 달리 하노이는 비행기가 미세먼지로 만들어진 검은 구름을 뚫고 들어가고 나서야 모습을 드러냈다. 축축하고 음습한 런던 날씨와 비슷하다 싶었다. 한겨울 베이징 날씨와도 닮아 있었다. 희뿌연 안개가 드리워 가시거리가 나오지 않는 회색 도시.

정상회담 준비로 길 곳곳이 통제된 도시는 영상으로 본 북한과도 닮아 있었다. 골목길에는 커다란 탱크가 대로변을 향해 포구를 겨눈 채였다. 소총으로 무장한 군인들이 줄지어 돌아다녔다. 길을 지나가려는 사람을 공안들이 수시로 막아댔다. 뭐가 뭔지 모르는 상태로 북한 김정은 위원장의 숙소 앞 작은 호텔에 짐을 풀었다.

떼려야 뗄 수 없는 북한과의 인연

정상회담이 시작되자 미국 트럼프 대통령과 북한 김정은 위원장 숙소, 정상회담장 같은 주요 장소 인근의 도로에 사람이 가득 찼다. 길거리 옷가게와 좌판에서는 트럼프와 김정은 위원장의 얼굴을 그려놓은 티셔츠가 불티나게 팔렸다. 한국 사람인 내 시선으로는 두 사람의 얼굴에서 '귀여움'만 떼어다 만든 캐릭터도, 그 두 캐릭터를 함께 그려놓은 티셔츠도 어색함을 넘어 기괴해 보이기까지 했다.

그래도 그게 가장 인기 있는 기념품이었는지, 곳곳에서 보였다.

한 베트남 여자아이는 색동저고리 한복을 입고 성조기와 인공기를 흔들고 있었다. 아이의 아버지는 카메라를 든 내 앞에 아이를 세우고 국기를 흔들라고 시켰다. 하노이에 모인 사람들은 다른 사람의 머리 너머로 앞을 볼 수 있는 높은 곳이라면 어디든 기어 올라갔다. 각국 기자들과 정치 유튜버, 시민들이 섞여 한 무리로 우르르 밀려다녔다. 굳이 땅에 발을 딛지 않아도 사람과 사람 사이에 끼어 몸이 이리저리로 이동하고 있었다.

목적지가 있던 나는 틈이 생기는 족족 몸통을 들이밀어 봤지만 벽은 쉽게 뚫리지 않았다. 어디에 가든 공안들이 쳐놓은 바리케이드에 막히곤 했다. 프레스PRESS 딱지를 보여줘야 바리케이드를 빙 둘러 갈 수 있는 좁은 통로를 터 줬는데, 아예 막다른 길로 연결되기도 했다. 그러면 다시 인파를 뚫고 다른 길을 찾아야 했다. 베트남에 처음 가본 초짜에게는 고난도의 길 찾기였다.

정상회담 장소인 메트로폴 호텔 앞에 가까워져 갈수록 인구 밀도는 높아져 갔다. 앞으로 가려고 시도할 때마다 영어, 일본어, 프랑스어 등 다양한 추임새와 욕지거리가 날아들었다. 공안들은 바리케이드를 빡빡하게 쳐놓고 앞으로 밀려오는 사람들을 곤봉으로 툭툭 쳐댔다. 얼마 뒤 트럼프 대통령이 탄 방탄 차량 '비스트'가 모습을 드러냈다. 카메라 셔터 소리와 깜빡이는 플래시에 귀와 눈이 얼얼해졌다.

나는 주로 김정은 위원장이 묵은 멜리아 호텔 앞에서 무작정 '뻗치기(기다리는 것)'를 했다. 김 위원장은 멜리아 호텔 22층 스위트룸에, 나는 근처 4만 원짜리 호텔에 묵고 있다는 것이 다를 뿐.

협상은 결렬됐다. 취재팀끼리 저녁을 먹고 멜리아 호텔 앞을 지나는데 바리케이드 안쪽에 한국인처럼 생긴 사람이 보였다. '저기는 통제구역인데?' 이상한 느낌이 들어 뛰어가 보니 북한 측 인사였다. 갑자기 기자회견을 열겠다고 했다. 한밤중 기자회견이라니! 노트북을 가진 기자가 회견장에 들어가고 나머지는 외부 상황을 취재하기로 했다. 다른 곳에 있던 타사 기자들이 뒤늦게 뛰어왔다. 머리를 감다 그대로 뛰쳐나왔다는 사람도 있었다. 현장에 들어가지 못한 기자들이 몰리면서 바리케이드 앞은 이내 아수라장이 됐다. 고성이 오가는 하노이의 밤, 꿉꿉했던 습기는 비로 바뀌어 부슬부슬 내리기 시작했다. 우리가 저녁을 다른 동네에서 먹었다면? 반대쪽으로 지나갔다면? 생각만 해도 아찔했다.

김정은 위원장이 북한으로 가는 기차에 오르자 다른 기자들도 각자의 자리로 돌아갔다. 베트남 생활을 시작해야 하는 나는 마지막 취재 인원으로 하노이에 남았다. 나는 김정은 위원장이 떠난 멜리아 호텔 스위트룸에 가볼 생각이었다. 돈을 낼 테니 문을 열라며 신용카드까지 꺼내 들었지만 거절당했다. 계단을 통해 걸어올라 가다가 경비요원들에게 붙잡혀 호텔 밖으로 쫓겨나고 말았다. 비가 그쳤는데도 하노이 하늘은 탁한 회색빛이다. 호텔 앞을 화려하게 꾸몄던 꽃들은 인부들에 의해 사정없이 뽑히고 있었다. 우울한 날이었다.

방콕에서 하노이까지

다시 영화 〈암살자들〉로 돌아와 보면, 필름 안의 나는 하노이 공항에서 김정남을 살해한 베트남 사람 '도안 티 흐엉'을 기다리고 있었다. 목이 빠져라 그녀를 기다리는 모습이 카메라에 잡혔었나 보다.

흐엉이 풀려나기 전날, 나는 태국 방콕에 있었다. 태국의 새 국왕인 마하 와치랄롱꼰, 라마 10세의 대관식 취재를 위해서였다. 69년 만에 열리는 태국 국왕의 대관식이었다. 이를 위해 전 세계 기자들이 태국 정부에 취재 신청을 하고 승인받는 과정을 거쳤다. 태국은 이미 다섯 차례 정도 방문했을 정도로 좋아하는 나라였다. 내 생에 단 한 번뿐일, 화려하고 다양한 프로그램으로 유명한 태국 국왕의 대관식을 취재할 수 있다는 것에 설렜다. 대관식 즈음, 흐엉이 풀려날 수 있다는 걸 알고 있었지만 당시만 해도 정보기관들은 "흐엉이 풀려나더라도 말레이시아에서부터 언론 노출을 막고, 베트남 공안의 보호와 감시가 계속될 것"이라고 관측하고 있었다.

나는 태국 호텔에 짐을 풀었다. 길거리 팟타이로 저녁을 먹고 내일 있을 취재를 준비할 겸 외신을 검색하는 데 분위기가 이상했다. 흐엉이 석방될 것으로 추정되는 시간이 공개되고 변호인의 공식 입장이 보도되고 있었다. 인도네시아와 말레이시아, 베트남 언론의 특성상 해당 정보가 보도된다는 건 '정부'가 이를 허락했다는 뜻이었다. 아니, 정부가 이 정보를 공개함으로써 얻는 이득이 있다고 판단했다는 것이었다. 돌아가는 상황이 심상치 않다는 느낌이 들었다.

당장 하노이로 가야겠다고 회사에 보고했지만 우선 대기하라는 지시가 떨어졌다. 섣불리 결정하기에는 정보가 부족했다. 밤새 상황을 주시하는 수밖에 없었다.

다음 날, 태국 문화부에 가서 취재 등록을 하고 돌아오는 길에 "흐엉을 찾아보라"는 지시를 받았다. 이미 시간은 정오를 가리키고 있었다. 지금 당장 비행기를 타도 흐엉보다 공항에 빨리 도착할 수 있을지 장담할 수 없었다. 휴대전화를 손에 든 채 캐리어만 겨우 우겨 닫고 호텔을 나왔다. "너 어디 가니"라는 호텔 프론트 직원에게 전화하겠다는 손짓만 하고는 뛰쳐나왔다. 하지만 방콕 시내는 대관식 준비로 봉쇄된 상황. 겨우 잡은 택시는 "공항에 가자"라는 말에 손을 휘휘 저었다. '따불'을 외쳐 잡은 택시 안에서 비행기를 찾기 시작했다. 흐엉보다 먼저 하노이에 도착할 수 있는 비행기는 딱 한 대. 교통 체증에 거북이걸음을 하는 택시로 이 비행기가 이륙하기 전에 공항에 도착할 수 있을지 가늠하기 어려웠다.

간신히 공항에 도착해보니 이미 수화물 접수가 끝난 상태였다. 기내에 반입할 수 없는 물건은 모두 버리고 탈 테니 표를 달라고 했다. 평소 5만~15만 원이면 살 수 있는 표인데 70만 원 가까운 가격을 불렀다. 카드도 안 되고, 영수증도 끊어줄 수 없다고 했다. 비행기 푯값은 모두 태국 바트, '현금'으로만 달라고 했다. 발권하는 직원조차 "다음 비행기를 타라"며 말렸다.

가지고 있는 모든 카드를 동원해 현금을 뽑았다. 캐리어 깊숙이 숨겨뒀던 비상금까지 전부 털었다. 직원이 손으로 써준 간이영수증한 장만이 내가 돈을 냈다는 걸 증명했다. 온 힘을 다해 뛰어 비행기를 탔다. 이제 날아가기만 하면 된다.

하노이 노이바이 공항에 도착해서야 마음이 놓였다. 한국 기자들이 없어 다행이었다. 동료 기자들과 함께 있으면 힘이 되고, 혼자 있으면 나만 아는 무언가가 생길까 기대하는 게 기자들의 이중적인 마음이다. 지루한 뻗치기가 시작됐다. 오후 5~6시면 도착할 것 같다던 그는 밤 10시가 다 되어서야 도착했다.

한국은 자정에 가까운 시간. 한국에서는 "사진은 포기하고 기사부터 마무리하자"는 연락이 왔지만 영화배우처럼 화려하게 복귀한 그의 모습을 싣지 않을 수 없었다. 내가 직접 찍은 흐엉의 모습이 지면에 실렸다. 한 사람을 죽이고도 분홍색 캐리어에 뾰족구두, 화려한 색상의 스카프를 두른 그의 모습에 많은 사람이 비판의 목소리를 냈다. 그리고 그 현장에 있었던 덕에 나는 영화 배경의 '기자 1'로 데뷔하게 됐다.

남겨진 분홍 캐리어

본격적인 취재는 이제부터였다. 흐엉을 좇아야만 했다. 어느새 하노이에는 장대 같은 비가 주르륵 내리고 있었다. 잠을 포기한 채 1박에 2만 원도 하지 않는 숙소를 하나 잡았다. 운전기사와 차량, 통역을 구해야 했다. 그날 새벽, 급하게 구한 운전기사와 통역과 함께 미리 알아둔 흐엉의 고향 집을 찾아갔다. 하노이에서 차로 2시간 넘게 걸리는 시골이었다.

동이 트면서 주변이 보이기 시작했다. 그의 고향은 논밭이 끝없이 이어지는 농촌이었다. 작은 개천을 가운데 두고 승용차 한 대가 겨우 지나갈 수 있을 만한 길이 양쪽에 있고, 집들은 그 길로 대문을 낸 채 늘어서 있었다.

나는 일본에서 온 방송사 기자와 함께 집 건너편에서 뻗치기를 시작했다. 공안으로 보이는 남성이 "어디서 왔느냐" "흐엉은 여기 없으니 가라"며 말을 걸었다. 그는 "누구시냐"라는 질문에는 답하지 않았다. 오토바이를 끌고 나타난 흐엉의 아버지는 "어제 오전 1시쯤 흐엉과 함께 집에 도착해 이웃, 친척들과 2시간 동안 함께 저녁을 먹었다"라며 "흐엉이 어디 갔는지는 모른다"라고 말했다. 교수형과 종신형을 오가며 죽을 고비를 넘나들다 돌아온 딸이 어디 갔는지 모른다니, 믿을 수 없었다.

주변의 이웃집들을 찾아다니기 시작했다. 이웃 주민들은 "어제 흐엉이 '하노이 친구'와 함께 왔는데, 부모와 만난 뒤 다시 하노이로 떠났다"라고 말했다. 하노이 친구는 공안으로 추정됐다. 흐엉의 부모는 "이렇게 돌아왔으니 됐다" "마음고생하기는 했지만 받아들였다"라는 말만 반복했다.

"북한 사람들은 처벌받지 않았는데, 딸만 고생하지 않았냐"라고 묻자 "그런 이야기는 모른다"라며 자리를 떴다. 흐엉의 집에는 CCTV가 설치되어 있었다. 2~3년 전에 설치한 것이라고 했다. 김정남 살해 사건이 발생했을 즈음이다. 흐엉의 방에는 사람이 누운 흔적이 없었다. 이불은 머리맡에 가지런히 개어져 있었다. 방구석에는 분홍색 캐리어만 덩그러니 놓여 있었다.

흐엉을 다시 만난 건 스크린에서였다. 영화에서 그는 "사건 전까지는 세상이 분홍색이라고 생각했지만, 이제 진짜 세상은 분홍색이 아니라는 걸 안다"라고 말했다. 나는 그 말을 들었을 때, 그의 방에 놓여 있던 분홍색 캐리어가 생각났다. 철없는 20대 여성의 분홍색 인생을 망친 이들은 죄책감을 느끼고 있을까. 가난했기 때문에, 기회가 없었기 때문에, 철없는 꿈을 꾸었다는 이유로 정치적 음모에 휘말린 그의 삶은 보상받을 수 있는 걸까. 혹시나 그를 만날 수 있다면 그의 손을 한번 꼭 잡아주고 그날의 이야기를 하고 싶다.

This is Vietnam
TIV

베트남의 실용적 경제 외교

베트남은 2023년 조 바이든 미국 대통령의 방문을 계기로 미국과의 관계를 최고 수준의 양자 관계인 '포괄적 전략적 동반자' 관계로 격상했다. 2013년 7월, 첫 번째 양자 관계인 포괄적 동반자 관계를 구축한 지 10년 만에 최고 수준의 양자 관계를 맺은 것이다. 베트남은 다른 나라와 총 세 단계의 양자 관계를 맺는데, 미국과는 중간 단계인 전략적 동반자 관계를 뛰어넘어 최고 수준으로 두 국가의 관계를 격상했다. 미국과 베트남의 협력 관계를 더 공고히 하겠다는 신호탄으로 해석된다. 앞서 베트남이 포괄적 전략적 동반자 관계를 체결한 국가는 중국, 러시아, 인도, 한국 등 4개 국가뿐이었다.

사회주의 국가 하면 '북한'을 가장 먼저 떠올리는 우리나라 사람들에게는 미국과 베트남의 이런 친밀한 관계가 의아하게 느껴질 수 있다. 하지만 베트남과 북한의 외교적 스탠스는 상당한 차이가 있다. 세계의 외톨이로 스스로를 고립시킨 북한과 달리 베트남은 외교적 이득을 취할 수 있는 국가라면 어떤 국가에게든 개방적인 태

278

도를 취한다. 그 어느 나라도 적을 만들지 않고, 필요한 것을 취하는 '실용적 경제 외교'를 추구하는 것이다.

미국의 속내는 수년간 지속되어온 미중 갈등 속에서 중국을 견제할 수 있는 대체 국가로 베트남과의 관계를 공고히 하겠다는 것이다. 중국에 수차례 침략받았던 베트남에서는 중국에 대한 여론이 좋지 않은 게 사실이다. 우리가 일본과 독도 문제로 갈등을 겪는 것처럼 베트남 동해(중국명 남중국해)를 두고 군사적 갈등이 고조되곤 한다. 하지만 베트남이 미국의 편에 서서 중국을 배척할 것이라고 믿는 건 오판이다. 베트남은 동해 문제 같은 현안에 한정해 "중국의 주장에 단호히 반대한다"고 밝힐 뿐 중국에 등을 돌리진 않는다. 중국 역시 바이든 대통령 방문 직후 리창 중국 총리와 팜민찐 베트남 총리와의 양자 회담을 진행하고, 아세안 정상회의에서 "외부 방해를 제거해 보편적 발전의 길을 개척하기 위해 노력해야 한다"고 강조했다. 미국을 외부 방해로 정의하고, 미국의 친親 베트남 정책을 견제하는 것이다. 미중 갈등이 베트남의 몸값을 더욱더 높여주고 있다는 해석이 나온다.

우리처럼 식민지배의 역사로 얽힌 일본에게서도 적극적으로 경제적 실리를 취한다. 베트남은 일본에게서 공적개발원조ODA를 받아 지하철과 고속도로 등을 건설해 도시 인프라를 갖춰왔다. 일본은 지금까지 베트남에 216억 달러의 ODA를 제공한 최대 공여국으로 등극했다. 베트남 전체 ODA의 30퍼센트를 일본이 투자했다. 그럼에도 불구하고 베트남은 동남아 국가 중 유일하게 일본이 장악하지 못한 국가로 꼽힌다. 한국 업체들이 베트남에서 선전하고 있기 때문이다. 일본은 베트남에 대한 투자를 더 늘린다는 계획이다. 베트남과의 수교 50주년을 맞은 2023년, 일본 정부는 코로나 이후 베트남의 사회 경제적 회복과 지역 교통 인프라 확충, 농업개발사업 등을 지원하기 위해 4억 달러가 넘는 ODA 프로젝트를 지원하기로 약속했다.

한국은 2018년 베트남과 포괄적 전략적 동반자 관계를 맺었다. 2022년 한-베트남 수교 30주년을 맞아 당시 정부 출범 이후 첫 국빈 자격으로 응우옌 쑤언 푹 당시 베트남 국가주석이 방한하기도 했다. 이후 베트남을 답방한 우리 대통령이 2030년까지 40억 달러의 유상 원조를 약속하고, 향후 10년간 한국국제협력단KOICA을 통해 3000만 달러 규모의 과학기술 공동 연구를 지원하겠다고 약속했다.

베트남의 실리적 외교 정책에서 중요한 것은 역사도, 감정도 아닌 게 분명하다. 어느 국가의 편도 들지 않고, 어떤 국가와도 척지지 않으며 원하는 것을 얻어내는 것. 베트남의 철저한 실용 외교 정책이다.

코로나 모범 국가가
폐쇄됐다

귀국이 얼마 남지 않은 시점이었다. 연일 들려오는 한국 소식이 심상치 않았다. 코로나라는 듣지도 보지도 못한 바이러스가 창궐했다고 했다. 중국, 박쥐, 바이러스… 익숙지 않은 단어들이 떠돌고 있었다. 21세기 대한민국에서 역병이 창궐하다니, 믿기지 않는 걸 떠나서 황당하다는 감정이 먼저였다. 상황은 갈수록 악화하는 듯했다. 한국에서 마스크 품귀 현상이 벌어졌다고 했다.

마스크를 사야 하나 고민하는 사이, 베트남에 있는 한국인 상인들이 한국에서 중국, 베트남으로 보내진 마스크를 빼돌려 다시 한국인들에게 비싼 값에 팔고 있었다. 거무튀튀한 오토바이 매연이 검은 궤적을 그리며 지나다닐 때도 마스크를 쓰지 않던 나는 서랍 구석에 처박혀 있던 10장들이 마스크를 하나 발견했다. 무슨 일이 벌어질지 전혀 예상하지 못하는 동안, 약국 앞에 사람들이 두세 시간씩 줄을 서기 시작했다.

확진자가 처음 발생한 곳은 하노이에서 40킬로미터가량 떨어진 농촌 마을이었다. 중국 우한에서 온 베트남 사람이 뗏 명절을 보내기 위해 돌아오면서 그의 가족과 친인척을 만난 게 문제가 됐다. 이들이 확진 판정을 받으면서 베트남에서도 코로나바이러스에 대한 공포가 확산하기 시작했다. 확진자가 여섯 명에 불과한데도 베트남 정부는 해당 지역을 20일간 봉쇄했다. 총으로 무장한 공안들이 마을로 들어가는 길목을 지키고 있다고 했다. 완벽한 '통제'로 확산을 막는 방식이었다.

하지만 호찌민은 여전히 평화로웠다. 마스크 한 장이 수만 원을 호가하는 것과 더불어 '국외로 마스크 반출 금지'라는 초유의 사태가 벌어졌다. 시세 차익을 노리는 사람들이 마스크 사재기에 나섰지만, 여전히 호찌민 사람들은 마스크를 쓰지 않은 채 다녔다. 마스크를 품귀 현상은 여전했지만 당장의 필요가 아닌 비상용 사재기에 불과했다. 낮에는 사람들로 카페가 와글와글했고, 밤이면 맥줏집마다 술잔을 든 사람들이 넘실거렸다.

분위기가 묘하게 변한 건 한국의 코로나 상황이 심각해지면서부터였다. 베트남 친구들이 "한국은 원래 컬트cult(광신적 종교 집단) 국가야?"라고 물어왔다. 당시 한국에서는 대구의 신천지 교회를 중심으로 코로나가 확산하고 있었다. 그들은 "너희 나라에서 이상한 종교를 믿는 사람 수천 명이 코로나 바이러스에 감염됐다고 들었어"라고 했다. 컬트라니… 영화나 드라마, 소설 장르를 말할 때 말고는 들어본 적 없던 단어였다. 그들에게는 처음 들어보는 종교가 이상하게 보였을 테다. 친구들에게 "신천지라는 종교가 대중적이지는 않다" "우리나라도 개신교, 천주교, 불교의 비중이 높다"고 주절주절 설명을 늘어놨다. 친구들은 고개를 끄덕였지만, 한국인들을 보는 시선이 미묘하게 바뀌기 시작했던 게 바로 그 시기였던 것 같다.

그때까지만 해도 평화로웠던 호찌민을 활보하던 나는 확진자가 늘어나기 시작했다는 하노이를 걱정하고 있을 뿐이었다. 사람들의 바뀐 시선을 처음 피부로 느낀 건 달랏에서였다.

1박 2일로 달랏에 놀러 갔다가 기념품점에 들어갔는데, 주인아주머니가 소리를 지르기 시작했다. 대충 들어보니, 한국 사람이 왜 우리 가게에 들어왔냐는 것이었다. 한국의 코로나 확산세가 심각하다는 뉴스를 본 듯했다. 그냥 나갔어도 되는데, 귀신이라도 본 듯 멀찍이 도망치며 소리를 지르는 아주머니 모습에 괜히 억울한 마음이 들었다. "우리 집 사이공이거든!"이라고 어설픈 반박을 한마디 던지고는 조금 불쾌한 기분으로 가게를 나왔다.

이런 일은 베트남에서만 벌어지는 게 아니었다. 영국이나 일본, 미국 등 다양한 나라에서 한국인에 대한 기피나 혐오 반응이 나오고 있다고 했다. 처음 가본 달랏에서 노트북을 펴고 기사를 썼다. '코리안 포비아가 세계 곳곳으로 확산한다'는 내용이었다. 숙소에 앉아 기사를 쓰는 동안 호텔 직원이 방문을 똑똑 하고 두드렸다. "너의 일정과 돌아갈 집 주소를 따로 받아놓으라는 공안의 요청이 있었다"고 말했다. 이때까지만 해도 코로나가 사람들의 행동을 어떻게 얼마나 제약할 수 있을지 나는 전혀 상상하지 못했다.

과민 반응? 아니, 생존 본능!

돌아와 보니 호찌민에서도 한국인을 꺼리는 분위기가 스멀스멀 퍼지는 중이었다. 남한을 뜻하는 'South Korea(사우스 코리아)'가 'Corona(코로나)'와 합쳐져 'South Korona(사우스 코로나)'라는 단어로 불리고 있었다.

한국 친구들과 로컬 노래방을 찾아갔더니 직원이 곤란하다는 표정으로 입구에서부터 우리를 막았다. 당혹스러운 표정으로 가게 안에 들어갔던 그가 다시 나오더니 "노래방 기기가 고장 나서 손님을 못 받을 것 같다"라며 우리를 돌려보냈다. 한국인들이 많이 찾지 않는 로컬 노래방이기는 했지만 나와 친구들은 종종 가던 곳이었다. 안에 있는 베트남 손님들의 노랫소리가 쩌렁쩌렁한데 노래방 기기가 고장 났다니!

또 다른 노래방으로 갔더니 카운터 앞에서 토론회가 열렸다. 직원들은 "한국 사람이다" "한국은 코로나가 많다"라며 대책을 의논하기 시작했다. 어설픈 베트남어로 "우리는 사이공에 사는 사람이다" "우린 건강하고, 코로나도 없다"라고 쏘아댔다. 그들은 머쓱하게 웃으며 방을 내어줬다.

여기까지는 귀여운 에피소드. 상상하지 못했던, 눈에 보이지 않는 불상의 공포는 사람들을 예민하고 공격적으로 만들었다. 한 친구는 엘리베이터에서 내쳐졌다고 했다. 층마다 한식당이 있는, 평소에도 베트남 사람보다 한국인 손님이 더 많이 오가는 대형 건물에서였다. 엘리베이터에 있던 베트남 사람들이 닫힘 버튼을 누르는 속도보다 친구의 탑승 속도가 더 빨랐던 게 문제였다. 베트남 사람들이 공포스러운 표정을 지으며 그에게 "내려!"라고 소리쳤다고 한다.

한국 회사에 다니는 베트남 직원들은 "한국 직원들 때문에 불안해서 회사에 나오지 못하겠다"라고 선언했다. 매일같이 얼굴을 마주 보고 밥을 먹던 직원들이고, 한국 직원들이 최근 자리를 비운 적 없다는 것도 알고 있는 이들이었다.

그들의 논리는 이러했다. "한국인 직원들이 직접 한국에 가지 않더라도 이들의 가족이나 지인이 한국에 다녀왔을 수 있고, 이들에게 코로나바이러스를 옮아올 수 있다"라는 것이었다. 코로나 바이러스의 정체도, 전파 경로와 감염 시 예후도 명확하지 않은 때였다. 회사를 셧다운할 수는 없기에 한국인 직원들 전체가 재택근무로 전환됐다. 마사지숍이나 네일숍들은 예약받을 때 국적을 물었다. 한국인이라고 대답하기는 쉽지 않았다.

한국의 인구 대비 확진자 수가 세계 최고 수준에 달하고 베트남 확진자 수는 많지 않을 때였다. 베트남 사람들이 느끼는 공포 수위는 한국을 능가했다. 당장 확진자가 나온 것도 아닌데 이렇게 과민하게 반응할 필요가 있나 싶은 생각과 함께 갑자기 변해버린 그들의 태도에 마음에 상처를 입은 게 사실이다. 하지만 그들의 상황을 고려해보면 생존율을 높이기 위해 선택할 수밖에 없는, 어쩔 수 없는 수단이었다는 생각이 든다.

베트남에서는 병원에 가기가 쉽지 않다. 베트남의 한 대학 교수는

"베트남 대학병원 의사들의 실력은 좋은 편이지만 인프라가 턱없이 부족해 일반인들이 쉽게 갈 수 없다"라며 "출산이 임박한 산모, 수술을 기다리는 환자들이 대형 병원 복도에 자리를 깔고 누워 있다"라고 말했다.

실제로 베트남 사람들에게 병원은 가까운 곳이 아니다. 보건소 역시 사람들로 미어터지고 개인 병원은 턱없이 비싸다. 그나마 왕진 가방을 들고 가정 진료를 하는 의사들 정도가 접근 가능한 수준인데 대부분 은퇴한 개인 의사들이다. 진료라고 해봤자 링거나 주사를 놔주는 데 그친다.

외국인에게도 베트남 병원은 멀고 먼 존재다. 외국인이 진료를 받으러 가면 혈액검사, 바이러스 검사 등의 명목으로 온갖 추가 비용을 붙인 뒤 약은 딱 두 번 먹을 것밖에 주지 않는다. 다시 오라는 것이다. 필요없는 검사를 다 뺐는데도 우리 돈으로 25만 원 정도가 청구됐다. 병원 문턱이 이렇게 높나 싶었다.

멀고 먼 병원 대신 가까운 게 약국이다. 의약분업이 이뤄지지 않은 베트남에서는 약국에서 살 수 있는 약의 종류가 다양하다. 웬만한 증상으로는 병원을 가지 않고 자가 진료하는 사람들이 대부분이다. 그 덕에 판매하는 약의 단위부터 다르다. 피곤하면 편도선이 자주 붓고 속이 쓰린 증상이 잦은 나는 캔디형 인후두 소염제와 위장약을 달고 살았다. 베트남 약국에서 판매하는 약의 단위는 한국의 두 배에서 다섯 배 수준으로 많았다. 약을 구하기 어렵지 않고 가격도 저렴한 탓에 오남용이 우려되는 건 내가 의약분업의 나라에 살고 있는 한국인이라 그런 것일 거다.

어찌 됐든 이들에게 자가 진료가 불가능한 '코로나'라는 새로운 병은 신종 바이러스에 대한 죽음의 공포와는 다른 영역의 공포가 함께하는 셈이다. 베트남에서 보험에 가입한 사람은 열 명 중 한 명 수준에 불과하다. 그마저도 보장 금액이 많지 않다. 이 때문에 자가 진료를 통해 약국에서 약을 사서 막을 수 없는 모든 병은 이들이 과민하게 반응해야 하는 질병이 된다. 코로나가 나을 수 있는 병이라 해도 베트남의 의료 시스템상 병원 치료를 받기 어렵다는 점, 병원 치료를 받더라도 경제적 파탄에 이를 수 있다는 것이 또 다른 공포의 실체인 셈이다. 이들의 코리안 포비아 그리고 코로나 포비아는 '병원'에서만 치료 가능한 병에 대한 공포와 맞닿아 있다.

베트남의 코로나 상황이 조금 진정되나 했더니 국제 상황이 좋지 않았다. 이내 국경이 폐쇄되고 하늘길도 끊겼다. 예정된 출국일을 앞당겨야 했다. 집주인에게 "조금 일찍 계약을 마무리하자"라고 했더니 흔쾌히 수락했다. 보증금 등 나머지 업무를 처리해야 하는데 부동산 중개인만 보내겠다고 했다. 부동산 중개인은 마스크를 쓴 채 최소한의 것만 확인하고 황급히 떠났다. 바이러스에 감염됐을지 모를 한국인 세입자를 빨리 떠나보내고 싶었던 것 같다. 다행히 친구들은 내 손을 붙잡고 "Don't go(가지 마), 한국은 위험해"라며 눈물을 글썽였다. 아쉬움을 곱씹을 새도 없이 당장 챙길 수 있는 것만 싸서 집을 나섰다. 그리고 나는 한국으로 가는 마지막 비행기의 마지막 발권자가 됐다. 창문 너머로 베트남 땅이 멀어져 갔다.

사회주의 베트남의 민낯

어느 날, 텅텅 빈 베트남 대형마트 매대의 사진을 받았다. 친구가 사는 아파트에서 확진자가 나오자 아파트 단지 봉쇄를 예상한 사람들이 대형마트를 쓸어갔다고 했다. 가격표 위에 붙은 품목명으로 이 매대 위를 채웠던 것이 무엇이었는지 짐작할 수 있었다. 감자, 고구마, 당근… 먹을 수 있는 모든 게 사라졌다. 쇼핑 카트를 생수나 휴지, 라면으로 가득 채운 사람들이 길게 줄 서 있었다. 총을 든 군인들의 막사가 아파트 한가운데에 설치됐다. 아파트 단지 입구마다 검문소가 놓였다. 봉쇄 단위가 개별 아파트 단지에서 도시 전체로 넓어졌다. 다낭, 호찌민, 하노이… 봉쇄 지역이 늘어갔다.

모든 시민이 집 밖으로 나올 수 없는 록다운(봉쇄)에 들어가자 군인들이 생필품 배달을 시작했다. 김밥천국 메뉴판처럼 생긴 생필품 세트 품목을 보고 세트 번호를 고르면 가져다주는 식이다. 콤보 1, 콤보 2, 콤보 3 등으로 나뉜 메뉴마다 배추, 브로콜리, 감자 등이 적혀 있었다. 막상 물건을 받아보면 먹어도 되나 싶은 것들이 온다고 했다. 인터넷에는 록다운 기간 동안 배달할 생필품을 쇼핑하던 어린 군인이 여성용품 앞에서 머리를 긁적이고 있는 사진이 돌았다. 당황한 뒷모습만으로도 어린 나이라는 게 보였다.

한국인 친구는 잠깐 슈퍼에 갔다 오려고 아파트 로비 밖으로 한 발자국 내디뎠다가 총 든 공안에게 붙잡혔다. 공안은 우리 돈으로 40만 원 수준인 800만 동을 벌금으로 내라고 했다. 유학생인 척 빌며 "돈이 없다"라고 호소해 400만 동으로 깎았다고 했다. 사람들을 가둬두고 군인들이 장을 봐주는 시스템에도 결국 한계가 와서 나중에는 집마다 시장에 방문할 수 있는 허가증을 내어줬다.

한때 세계보건기구WHO로부터 '국제사회의 모범'이라 불리던 베트남의 방역은 순식간에 무너졌다. 2020년 1월 22일, 첫 코로나 확진자가 발생했던 베트남은 모든 국제선 입국을 금지하고 국경을 폐쇄하는 등 엄격하고 강력한 조처를 했다. 4월 말부터 하루 확진자가 다섯 명 이내로 줄어들었다. 같은 해 7월 2차 확산이 시작됐으나 영업금지, 모임 금지 등의 초강수를 두며 확산세를 막아 베트남은 모범 방역국으로 꼽혔다. 하지만 캄보디아와 중국에서 온 불법체류자들과 종교 모임에서 확진자가 발생하기 시작했다. 독립기념일을 포함해 4월 말부터 5월 초까지 이어지는 황금연휴는 코로나가 전국으로 확산하는 기폭제가 됐다. 호찌민시를 비롯한 남부를 중심으로 전국적인 코로나 대유행이 시작됐다. 코로나 2년 차인 2021년의 일이다.

한국에 있던 나는 매일같이 베트남의 확진자 수 추이를 살폈다. 다시 눈을 비비고 체크해봐도 확진자 수가 수십만 명에 달했다. 이래서는 하늘길이 뚫리려야 뚫릴 수가 없었다. 친구들은 "베트남 관광 재개할 것" "일부 지역에 한해 관광객 입국을 허용하겠다"라는 기사가 나올 때마다 링크를 보내줬다. 하지만 며칠 뒤면 다시 확진자 수가 폭등하고, 다시 한번 대형마트 매대가 텅텅 비었다. 하지만 곧 코로나 확진자 관리에 매달리던 어느 날부터 베트남 정부도 코로나 규제 완화를 고민하고 있다는 소리가 들렸다. 호텔, 관광, 요식업 등 외국인 관광객에 종사하던 베트남 사람들은 물론, 외국 기업의 투자로 사업을 진행하던 기업들까지 위기를 맞았기 때문이다. 외국인 주재원들이 본국에 돌아가자 베트남 부동산시장도 휘청거리기 시작했다. 부동산 임대료가 하락하고, 외국 주재원을 상대로 하던 식당들이 폐업하기도 했다.

어느 순간부터 베트남에 가기로 했는데 가지 못하거나, 베트남에 도착했는데 길을 잘못 찾아가는 꿈을 꿨다. 꿈에서는 가게마다 배어 있는 향신채 냄새와 쿰쿰한 고기 육수 우리는 냄새, 길거리를 메우는 화로 연기, 작은 오토바이가 뿜어내는 매캐하고 묵직한 매연 냄새, 피부에 감기는 끈적한 습기가 느껴지지 않았다. 눈물 나도록 그리운, 나의 오감에 찰싹 붙은 베트남의 모든 공기 말이다. 꿈에서 깨어나면 짙은 그리움에 밤의 어둠마저 더 짙어지는 느낌이 들었다.

어느 하루도 그립지 않은 적이 없었다. 길거리에 모여 앉아 맥주잔을 부딪치고, 오토바이 안장에 앉아 앞사람 등짝의 열기를 느끼며, 밤늦게까지 공원 벤치에 앉은 사람이 가득한 곳. 낮은 구름이 손에 잡힐 듯 가깝고, 비구름과 내가 달리기 시합을 해야 하는 곳. 피부에 내려앉은 습기가, 지글지글 끓는 더위가, 매캐하게 섞인 오토바이 매연의 공기가 그리움으로 새겨지고 말았다. 그리고 지난 2022년 3월 15일. 베트남 정부가 2년 만에 한국을 비롯한 13개 국가를 상대로 무비자·무격리 입국을 허용했다. 나는 그날 곧장 베트남

행 비행기 티켓을 끊었다. 며칠 뒤, 호찌민 떤선녓 공항 문을 나서자 매캐한 매연 냄새와 사람들의 땀 냄새가 섞인 끈적한 공기가 나를 맞았다. 그래, 여기다. 눈물 나게 그리웠던 나의 사이공.

에필로그

베트남에서 살던 집 앞에 메트로 1호선 역사驛舍가 완공됐다. 드디어 역세권이 된 것이다. 5년 전에도 '곧' 개통할 거라던 메트로 1호선은 코로나 기간 공사를 거의 진행하지 못했고, 코로나 이후에도 별다를 것 없는 상황이었다. 달라진 게 있다면 건설 자재와 쓰레기가 쌓여 있던 공사장이 조금 멀끔하게 정리됐을 뿐이라는 것일까. "곧 개통될 것"이라는 장담과 "상황이 어려워 미룬다"는 변명이 반복되면서 '메트로 1호선 개통'이라는 단어가 당연한 구문舊聞으로 느껴질 즈음, 갑자기 집 앞에 역이 생긴 것이다. 그것도 아주 번듯하게.

내가 "메트로 1호선을 타보고 싶은데 대체 언제 개통한다는 거냐"고 할 때마다 지인들은 "10년 전에도 곧 개통될 거라고 했었어"라며 내 기대를 무심히 짓밟곤 했다. 하지만 그들도 "드디어 개통되는 걸 보는구나"라며 감탄했다. 지하철이 모세혈관처럼 얽혀 있고, 노선도가 끊임없이 연장되는 서울에 살던 사람들이 뭐 이런 것에 감탄을 하나 싶겠지만 베트남에서 '계획'이 실현되는 시기는 언제나 미지수. 그 계획이 실현되면 베트남 사람도 아닌데 괜히 뿌듯해지는 이상한 감정이 드는 것이다.

베트남은 언제나 이렇다. 10년 전부터 뚫릴 거라던 도로가, 5년 전에 완공될 거라던 시설이, 2년 전에 보수한다던 인프라가 올해도 내년에도 감감무소식인 경우가 부지기수다. 계획은 수시로 바뀌고, 그날 그 시간이 돼봐야 진행이 될지 말지 알 수 있다. 확실하게 못 박았던 일정이 애매모호한 계획이 되고, 계획이 다시 두루뭉술한 기대가 되는 그런 상황이 수시로 벌어진다. 그렇게 포기를 하고 있을 때면, 갑자기 완성된 결과물이 떡하니 나타나 사람을 놀라게 하는 것이다.

사람들은 "베트남은 대체 언제까지 '가능성이 큰 나라'에 머무는 거야?"라고 묻는다. '성장 가능성이 큰 나라' '새로운 기회의 땅' 같은 수식어들이 새로운 것이라고 하면 거짓말이다. 10년 전에도, 5년 전에도 베트남은 '가능성' '기회' 같은 수식어를 품은 나라로 불리곤 했다. 이런 말들이 '확보되지 않은 가능성'을 빌미로 해외 자본의 투자를 이끌어내고, 실리를 얻기 위한 수사修辭에 불과하다고 의심하는 사람이 많다. 한편으로는 그 말도 맞다. 해외 자본에 기대 경제 발전을 이루는 베트남이 담보로 내세울 것은 지금보다 더 나을 것이라고 믿는 국가의 미래밖에 없을 테니까.

베트남에 사는 사람들끼리도 "베트남의 '성장 가능성'이라고 하는 건 언제까지 유효한 말일까?"에 대해 논하곤 한다. 최근에도 베

293

트남에서 지인들과 비슷한 이야기를 나눴는데, 그중 한 가지 이야기가 기억에 남는다.

지금으로부터 10년도 더 전에 모 회사 주재원으로 베트남에 온 지인은 "처음 왔을 당시만 해도 할 일이 별로 없었다"고 말했다. 그 회사가 베트남에서 하고 있는 굵직한 사업이 없었기 때문이다. 다른 기업들이 손대지 않은 새로운 사업 거리를 찾기 위해 비행기를 타고 이동한 뒤 또다시 차를 타고 3시간 이상을 가야 하는 지역을 많이 돌아다녔다고 한다. 우리로 치면 시골 깡촌 같은 곳들이다. 발전 가능성이 큰 지역을 찾아 그 지역의 고위 공무원들과 사업가들을 만나고, 이들이 좋은 조건에 공장부지나 사업 아이템을 내놓게 하는 게 일이었다. 그는 같은 지역을 수십 번씩 방문하는 일이 흔했는데 "발전 가능성이 큰 우리 지역에 투자하라"는 공무원과 사업가들의 호언장담과 달리 그 지역의 풍경은 변하는 것이 하나 없었다고 한다. '정말 이 지역이 발전할 수 있을까' 의심될 때쯤 높은 건물이 하나 생기나 싶더니 순식간에 주민들이 살고 있는 집이 멀끔한 벽돌집으로 바뀌고, 도로가 깔리더니 건물들이 우르르 들어섰다고 했다. 그가 말했다. "마흔 번을 찾아가도 똑같았던 그 지역의 풍경이 나머지 열 번을 방문하는 동안 천지개벽 수준으로 변하더라"라고. 이 말을 들으며 무릎을 쳤다. 맞다, 베트남은 바로 그런 곳이다.

나는 큰 컵에 스포이드로 한 방울씩 물을 떨어뜨리는 상상을 했다. 아주 느리게, 스포이드로 한 방울, 한 방울씩 '가능성'이라 불리는 말을 큰 컵에 모은다. 그렇게 모은 물방울로 어떻게 목을 축일까 싶을 만큼 더디고, 답답할 것이다. 베트남에 왔던 사람들도 돌아서면 바뀌는 트렌드, 상황이 닥치니 다른 소리를 하는 사람들, 언제 처리될지 알 수 없는 행정 절차, 왜 반려됐는지 모를 서류들에 쉽게 지쳐 포기하고 한국으로 돌아가곤 한다. 하지만 컵에 담긴 물이 목을 적실만큼 차올라, 베트남이라는 컵 바깥에 있는 한국까지 적시려면 이미 물이 가득 차 있는 컵에도 포기하지 말고 물방울을 똑, 똑, 떨어뜨려야 한다. 표면장력이 깨지는 순간이 오면, 물방울 하나가 아니라 위에 있는 물 전체가 흘러내려 컵 바깥까지 적실 수 있다. 베트남에서 '가능성'이란 말만 믿고 했던 노력들이 차고 넘치려면 그만큼 오랜 시간이 필요하다는 것이다.

사람들은 다시 묻는다. 대체 왜 이런 베트남에 왜 투자해야 하느냐고. 정치·외교적 문제로 한국 기업을 쫓아낸 전력이 있는 데다가 혐한 감정이 더욱 심화하고 있는 중국, 시차와 문화가 다른 인도, 일본의 시장점유율이 높은 필리핀·태국 같은 나라들과 비교하면 답이 나오지 않을까. 인구 1억 명에 평균 연령 32세, 시차가 2시간밖에 나지 않는 데다가 20~40대 젊은 층이 전체 인구의 절반을 차지하는 베트남. 지금, 우리가 집중해야 하는 시장임이 분명하다.

여전히 베트남은 '가능성'을 논하는 단계에 불과하다. 아직까지는 해결해야 할 현안도 많다. 하지만 지금부터 한 방울 한 방울, 베트남이라는 컵에 물을 떨어뜨리지 않으면 이 컵을 채울 수 없다는 건 누구나 알 수 있다. 이미 다른 나라들은 오랜 기간 베트남에 공을 들이고 있다.

코로나 기간 '임대' 딱지가 도배됐던 시내에는 글로벌 패션 브랜드 매장과 생활용품 전문점, 화장품 매장이 다시 들어섰다. 코로나로 가게가 문을 닫아 고향에 돌아갔던 식당 직원은 한국식 미용실을 열었다고 알려왔다. 오전에 반짝 여는 시장 가던 길에는 QR코드를 읽어 들여 메뉴를 주문하고, 영수증까지 받는 최신식 레스토랑이 생겼다. 같은 길을 수십 번 다닐 때도 바뀌지 않던 풍경들이 요즘은 돌아서고 나면 바뀌어 있는 느낌이다.

나는 아직도 매일 베트남이 궁금하다. 오늘은 어디가 바뀌었을지, 어떤 신박한 일들이 벌어질지, 새로운 풍경이 어떻게 펼쳐질지 기대가 가득하다. 내 주변의 사람들도 빠르게 변화하는 우당탕탕 베트남에서 오늘도 '콤싸오'를 외치며 별일 없다는 듯 살아가는 베트남 사람들과 친구가 되어보길 바란다.